国家社科基金
后期资助项目

精准扶贫理论与实践研究

Theoretical and Practical Research on
Targeted Poverty Alleviation

段洪波 著

社会科学文献出版社
SOCIAL SCIENCES ACADEMIC PRESS (CHINA)

国家社科基金后期资助项目
出版说明

后期资助项目是国家社科基金设立的一类重要项目，旨在鼓励广大社科研究者潜心治学，支持基础研究多出优秀成果。它是经过严格评审，从接近完成的科研成果中遴选立项的。为扩大后期资助项目的影响，更好地推动学术发展，促进成果转化，全国哲学社会科学工作办公室按照"统一设计、统一标识、统一版式、形成系列"的总体要求，组织出版国家社科基金后期资助项目成果。

全国哲学社会科学工作办公室

目 录

第一篇 历程篇

第一章 导论 … 3
第一节 研究背景 … 3
第二节 研究目的与意义 … 4
第三节 研究内容与方法 … 6

第二章 中国反贫困的伟大历史进程 … 8
第一节 农村经济体制改革推动扶贫阶段（1978～1985 年）… 9
第二节 有计划、有组织的大规模扶贫开发阶段（1986～1993 年）… 10
第三节 "八七"扶贫攻坚阶段（1994～2000 年）… 11
第四节 以贫困村为单位的综合性扶贫阶段（2001～2010 年）… 13
第五节 精准扶贫新阶段（2011 年至今）… 14

第二篇 理论篇

第三章 贫困概述 … 17
第一节 贫困的定义与贫困线 … 17
第二节 贫困的成因与危害 … 20
第三节 贫困理论 … 24

第四章 贫困成因理论 … 28
第一节 环境因素致贫 … 28

第二节　教育、文化因素致贫 ………………………………… 32
　　第三节　制度因素致贫 ………………………………………… 36
　　第四节　经济结构因素致贫 …………………………………… 38

第五章　基于不同方法的贫困识别理论 …………………………… 44
　　第一节　从营养摄入标准角度识别贫困 ……………………… 44
　　第二节　从收入水平角度识别贫困 …………………………… 49
　　第三节　从恩格尔系数角度识别贫困 ………………………… 52
　　第四节　从多维度识别贫困 …………………………………… 53
　　第五节　关于精准扶贫中贫困识别的问题 …………………… 59

第六章　贫困线测度标准与贫困监测方法 ………………………… 63
　　第一节　贫困标准定义的发展 ………………………………… 63
　　第二节　我国农村贫困标准测算方法 ………………………… 65
　　第三节　我国农村贫困标准的调整 …………………………… 68
　　第四节　国际贫困标准与中国农村贫困标准 ………………… 71
　　第五节　贫困监测方法 ………………………………………… 74

第七章　反贫困概述 ………………………………………………… 81
　　第一节　反贫困的定义 ………………………………………… 81
　　第二节　反贫困理论 …………………………………………… 87
　　第三节　反贫困理论形成的影响因素 ………………………… 90

第八章　扶贫帮扶理论 ……………………………………………… 92
　　第一节　财政扶贫理论 ………………………………………… 92
　　第二节　片区扶贫攻坚理论 …………………………………… 95
　　第三节　教育扶贫理论 ………………………………………… 101
　　第四节　产业化扶贫理论 ……………………………………… 104
　　第五节　可持续发展理论 ……………………………………… 106
　　第六节　资产收益扶贫理论 …………………………………… 113
　　第七节　迁移式扶贫理论 ……………………………………… 117
　　第八节　内生动力扶贫理论 …………………………………… 120

第九章　精准扶贫与贫困退出理论 123
- 第一节　精准扶贫下的精准脱贫理念 123
- 第二节　精准脱贫与贫困退出 124
- 第三节　贫困人口退出标准及理论基础 125
- 第四节　贫困户退出标准及理论基础 130
- 第五节　贫困村退出标准及理论基础 133
- 第六节　贫困县退出标准及理论基础 138

第十章　其他视角下扶贫相关理论 143
- 第一节　精英治理与精英俘获视角 143
- 第二节　社会资本理论视角 147
- 第三节　社会救助视角 150
- 第四节　旅游扶贫视角 151

第十一章　多元化贫困理论 156
- 第一节　权利贫困理论 156
- 第二节　心理贫困理论 159
- 第三节　文化贫困理论 162

第三篇　实践篇

第十二章　云南省扶贫开发的实践案例 169
- 第一节　云南省贫困特征概述 169
- 第二节　云南省扶贫开发的主要实践措施 174

第十三章　河南省南召县扶贫开发的实践案例 189
- 第一节　南召县扶贫开发的必要性 189
- 第二节　南召县扶贫开发现状分析 195
- 第三节　南召县扶贫开发的对策建议 201

第十四章　泉州市扶贫开发案例 208
- 第一节　泉州市农村扶贫开发现状分析 208
- 第二节　泉州市现阶段扶贫开发存在的问题及其成因分析 212

第三节　泉州市精准扶贫开发政策的优化建议 …………………… 215

第十五章　河北省易县扶贫开发案例 …………………………… 219
第一节　易县扶贫开发现状 …………………………………… 219
第二节　易县脱贫攻坚工作主要举措 ………………………… 221
第三节　易县脱贫攻坚进展和成效 …………………………… 224
第四节　易县脱贫攻坚工作先进典型 ………………………… 230

第十六章　河北省威县扶贫开发案例 …………………………… 234
第一节　威县扶贫开发现状 …………………………………… 234
第二节　威县"两不愁，三保障"政策落实情况 …………… 237
第三节　威县脱贫攻坚工作初步成效及展望 ………………… 244

第十七章　河北省故城县扶贫开发案例 ………………………… 247
第一节　故城县扶贫开发现状 ………………………………… 247
第二节　故城县主要扶贫举措 ………………………………… 251

参考文献 ………………………………………………………………… 262

结　语 ………………………………………………………………… 266

第一篇

历程篇

第一章 导论

第一节 研究背景

精准扶贫的提出和发展具有一定的时代背景意义。我国是人口大国，新中国成立伊始经济发展比较落后，多数人口尚不能解决温饱问题，中国共产党从民生角度出发，将解决人民群众的温饱问题作为国家发展的重要任务。1949年至今，我国政府一直努力解决农村贫困这个难题。1978年以前，我国实行的是计划经济体制，为了发展经济和解决农村贫困问题制定了一系列的方针政策，但是在某些特殊时期这些方针政策并没有持续发挥作用，所以在那个阶段我国的减贫成效并不明显。1978年以来，我国经济体制深入改革、经济发展迅速。在农村经济体制改革的带动下，贫困治理问题也受到越来越多的关注，我国政府顺应经济发展趋势，逐渐采取规模比较大的、更强有力的、效果更显著的扶贫政策和措施。

21世纪以来，我国经济高速发展，各项扶贫措施也在积极发挥作用，贫困地区以及贫困人口的生活水平都有了很大的改善。我国的扶贫标准也在顺应经济发展不断提升，21世纪之前我国的扶贫重点主要是解决贫困人口的温饱问题，而现阶段扶贫工作更注重贫困地区的持续发展能力，在保证良好生态环境的情况下，实现贫困地区经济又好又快发展是党和政府的重要工作目标。"十三五"时期扶贫工作已经到了攻城拔寨的关键时期，该时期也是决胜小康的重要历史阶段，但返贫情况的频发致使现阶段脱贫攻坚形势变得更加严峻，在这一新时期扶贫工作主要面临五大难题。第一个难题是贫困人口数目庞大。直至2015年底，以当时的国家扶贫标准来衡量，我国贫困人口仍然有5575万，在"十三五"期间要达成5575万贫困人口脱贫和832个贫困县摘帽这一目标，每年需要有1000万以上的贫困人口脱贫。第二个难题是减贫的难度逐渐增加。我国的减贫效益从2010年的26.1%下降至2014年的14.9%，这表明随着扶贫工作的不断深入，减贫效益递减的问题凸显，减贫幅度有所收窄，减贫的难度越来越大。第三个难题是特困地区的脱贫任务最为艰巨。特困地区大多是生态型贫困、社会发育型贫困的地区，也包括边境地区、地方病频发的地区，这些地区的发展大多受地理条件限制，生存条件较为恶劣、基础设施建设不足、社会治理较为滞后，脱贫任务最为艰巨。第四个难题是贫困人口自身内生动力不足。一方面，建档立卡的贫困人口总体文化水平比较低，受教育程度为初中以下的人口占比92%左右，缺乏适应社会的能力；另一方面，70.8%的贫困村缺少集体经济，而且现在农村人口老龄化问题严重，农村的经济发展欠缺活力，扶贫项目很难开展。第五个难题是返贫压力比较大。贫困人口抵御风险的能力还很弱，经常会发生因病、因学、因房等返贫的情况。通过对国务院扶贫办建档立卡信息系统收集的数据进行分析，笔者发现，全国贫困总人口中有42.2%的贫困人口是生病导致贫困、有35.4%的贫困人口是没有钱导致贫困、有22.3%是没有技术和自身发展能力导致贫困，其中因缺乏劳动力而致贫的占16.8%、因缺乏教育而致贫的占9%、因残疾而致贫的占5.8%、其他原因导致贫困的占9.6%，在扶贫过程中一扶就脱贫、不扶就返贫的现象很突出。

在我国扶贫开发工作面临新形势、新任务的背景下，党中央肩负着伟大的使命和责任，立足于落实中国梦，深入实际、掌握大局、深谋远虑，不断深入实施扶贫开发工作，提出了精准脱贫的战略性思想，走上了一条精准脱贫的新道路。

第二节 研究目的与意义

要保证到2020年实现全面建成小康社会的百年奋斗目标，夺取脱贫攻坚战的胜利，就必须实施精准扶贫策略，确保在2020年实现全面精准脱贫，使贫困人口与全国人民一起享受改革开放的成果，共同奔赴小康。精准扶贫政策的实施涉及按期完成全面建成小康社会的奋斗目标，实现国家的长治久安，为建成富强、民主、文明、和谐、美丽的社会主义现代化国家打下坚实的基础。本书以新形势下的精准扶贫工作为出发点，重点叙述精准扶贫涉及的理论内容，讨论相关的扶贫实践案例，具有前沿性和创新性。

一 研究目的

本书力图系统地介绍贫困和反贫困的相关理论，从经济学、社会学、管理学等视角出发，将各种理论串联起来，最终以实际案例解释理论内容，并以理论为基础指导实践，为我国精准扶贫工作提出可行的措施与对策。

二 研究意义

（一）为贫困与反贫困理论的发展贡献研究思路

学者一直重点关注着贫困和反贫困这一研究主题，但是直到现在也没有建立起科学完整的分析框架，相关的理论知识散落在经济学的其他理论体系中，而且其他学者在研究贫困和反贫困问题的时候只是为了满足自己研究所需，借鉴使用了部分贫困和反贫困的相关理论，而没有深入地研究和发展该理论。所以现阶段需要做的是，总结现在已有的贫困与反贫困的理论成果，使其理论化、系统化，为贫困与反贫困理论的进一步发展贡献研究思路，同时为贫困与反贫困的深化研究奠定理论基础。

（二）创新扶贫理论为扶贫工作提供实践指导

我国是人口大国，贫困一直是我国发展过程中的一个重点问题。发展不均衡，我国有些地区的贫困问题由来已久，致贫原因复杂，其中就包括人口增速过快、医疗卫生条件落后、教育资源有限、经济发展水平低等问题，这进一步导致了贫困区域的贫困户难以走出贫困的泥潭，对脱贫工作提出了很大的挑战。在新形势下，传统的单一扶贫模式，如政策兜底、资源开发、对口扶贫支持等方式，将难以满足未来与贫困作斗争的需要。因此，需要进一步创新扶贫思路、措施、方式，以本书理论为基础，在未来工作中引入扶贫开发新思路，以适应中国经济发展的新形势。

随着我国不断推进扶贫开发工作，一些新兴的扶贫开发方式正在逐步形成，例如知识扶贫、科技扶贫等方式。知识扶贫是提高贫困群众的受教育程度，逐渐加强他们本身的生产生活能力，使其自我"造血"能力增强，逐渐摆脱贫困。科技扶贫能够引领贫困人口利用科技走向富裕生活。

（三）拓展精准扶贫理论并为扶贫工作提供实践依据

在我国，人民是国家的主人。党和政府的各项工作都是为人民服务，中国共产党始终坚持以人民为中心，只有真正实现人民的利益，党的执政基础才能牢固。改革开放以来，我国的扶贫工作开展得轰轰烈烈，有7亿农村贫困人口脱离了贫困，这体现了我党坚持为民、服务于民的执政理念。虽然我国扶贫开发工作获得一定的成果，但是扶贫任务在现阶段更为艰巨，因为经过多年的扶贫工作，大多数容易解决的问题得到了解决，余下的问题属于触及根本的、难解决的问题，在夺取全面建成小康社会伟大胜利的道路上贫困问题仍然是很大的障碍，也是我们目前工作的重心。小康应当是全国人民的小康，要消除贫困、实现全体人民的小康，需要我们有更大的决心、更清晰的思路、更精准的措施、更团结的力量，来完成脱贫攻坚的目标。

我国极为看重扶贫开发工作，党的十八大以后更是将其上升到了前所未有的高度，现在我国有清晰的扶贫开发工作目标，少数贫困人口愁吃、愁穿的问题得以解决，贫困地区人民的生活水平和生活质量有所提高。当前扶贫工作重点是建设贫困区域的基础设施，保护当地的自然环境，创造一切条件使当地贫困人民实现小康生活。

为实现这一目标，党和政府创造性地提出了精准扶贫。精准扶贫贵在"精准"，它改变了过去"一刀切"的扶贫方式，是对扶贫方法的巨大创新。因此，本书对相关理论进行了系统总结，力图为我国精准扶贫实践提供理论依据，通过第三篇对案例的分析，可以达到实践检验理论的目的。

第三节　研究内容与方法

一　研究内容

本书主要研究精准扶贫的理论基础，秉持从理论到实践，再从实践到理论的认知路线，将理论与实践紧密联系，重点介绍精准扶贫的理论内容，再将这些理论应用到实践中去，通过具体案例来印证理论正确性。

整本书分为三篇共十七章。第一篇是历程篇，涵盖了第一章和第二章，其中第一章是导论，第二章重点介绍我国反贫困的伟大历史进程。

第二篇是理论篇，包含第三章到第十一章。第三章主要介绍了贫困的界定方法以及相关理论等内容；第四章从环境，教育、文化，制度，经济结构四个方面介绍贫困的产生原因；第五章主要介绍基于不同贫困识别方法（包括营养摄入标准法、收入法、恩格尔系数法、多维测度贫困法）的贫困识别理论；第六章叙述贫困线的测度问题以及我国贫困监测方法；第七章介绍反贫困的定义、相关理论及其形成影响因素；第八章介绍扶贫帮扶理论，主要包括财政扶贫理论、片区扶贫攻坚理论、教育扶贫理论、产业化扶贫理论、可持续发展理论等；第九章介绍精准脱贫理念等，并从贫困人口、贫困户、贫困村、贫困县四个角度介绍贫困退出理论；第十章介绍了其他视角下相关扶贫理论；第十一章阐述多元化贫困理论。

遵循从理论到实践的认识路线，本书第三篇为实践篇，包括第十二章到第十七章，分别介绍了六个地区的扶贫工作开展情况以及存在的问题，并提出了有针对性的措施，以期能够为我国的扶贫开发工作提供启示。

二 研究方法

本书将文献研究法、案例分析法、描述性统计分析法等方法综合在一起进行运用，从福利经济学、发展经济学、区域经济学、财政学、公共管理学等学科角度进行理论分析。本书结合文献研究与调查研究、定量研究与定性分析、理论研究与实证分析、共性分析与特性分析，力图给读者提供系统清晰的理论体系。

三 技术路线

本书研究的技术路线如图1-1所示。

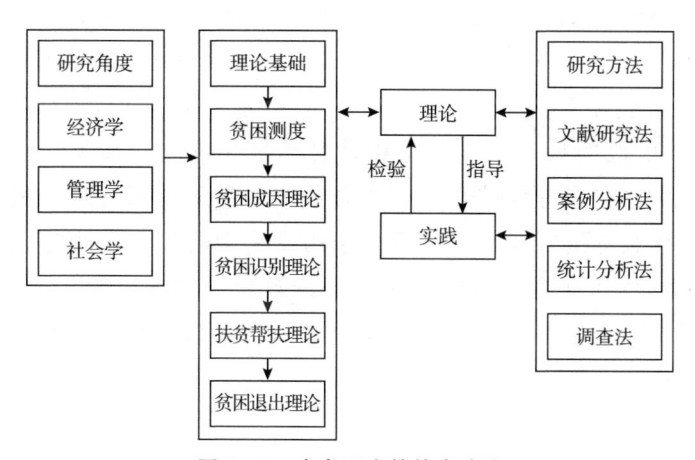

图1-1 本书研究的技术路线

第二章　中国反贫困的伟大历史进程

贫困问题一直是制约我国经济发展的重大问题，尤其是改革开放前，农村人口普遍处于贫困状态。改革开放以来中国经济进入高速发展阶段，在促进经济发展的同时，我党始终不忘解决贫困人口的温饱问题，扶贫开发工作也从此起步，在党和人民群众的不懈努力下扶贫工作取得了重大进步。随着扶贫工作的开展我国农村贫困人口逐年下降，人民生活水平显著提高，乡村基础设施建设和最低生活保障制度得到了完善，总体上妥善处理了贫困人口吃不饱、穿不暖的难题。这条具有中国特色的扶贫开发道路的开辟促进了中国的社会发展、政治稳定，使全国人民团结一心攻克难题，也为世界减贫工作贡献了力量。

据统计资料，1978 年我国贫困人口达到 2.5 亿，占全国农村总人口的 30.7%。① 而如今中国的扶贫事业已经取得重大进展，回首中国反贫困的伟大历史进程，我国主要经历了农村经济体制改革推动扶贫阶段（1978~1985 年），有计划、有组织的大规模扶贫开发阶段（1986~1993 年），"八七"扶贫攻坚阶段（1994~2000 年），以贫困村为单位的综合性扶贫阶段（2001~2010 年），精准扶贫新阶段（2011 年至今），每一阶段的扶贫历程，党和政府都将马克思主义无产阶级贫困化理论与中国实践有效结合，是中国共产党带领全国各族人民同贫困这一全国性难题进行斗争的见证。中国反贫困的伟大历史进程充分反映了中国特色社会主义道路自信、理论自信、制度自信、文化自信，为打赢脱贫攻坚战奠定了良好的理论基础，也为扶贫措施的实施提供了行动指南。

---

① 史志乐：《1978—2015 中国扶贫演进历程评述》，《中国市场》2016 年第 24 期。

第一节 农村经济体制改革推动扶贫阶段
（1978~1985年）

1978年以前，我国农村有近2.5亿人处于温饱无法满足的贫困境地，占全国总人口的25.97%，是全球贫困人口总量的1/4，农村贫困发生率高达30.7%。① 虽然政府有帮扶困难群体的行动措施，但是还没有上升到国家意志的高度，当时我国也没有特别的反贫困机制和制度。直到1978年中共十一届三中全会上审议通过的《中共中央关于加快农业发展若干问题的决定（草案）》，第一次确切地强调了中国存在大规模贫困问题。1984年9月政府指出要重视老龄化严重、留守儿童多的边远地区和穷困地区的贫困问题，为了帮助这些地方尽快脱离贫困，中国由此才真正将反贫困工作当作重要使命。

在这个阶段，导致贫困的根本原因在于农村的经济体制与生产力发展不相适应，农民的劳动力付出得不到应有的回报，劳动积极性低下。所以党和国家将工作重心转移到经济建设上来，决定对农村的经济体制进行改革。改革措施主要体现在以下几个方面：首先，进行土地制度改革，由家庭联产承包责任制替代原先的公社集体经营，这一措施有效地调动了农民的生产积极性，解放了农村生产力，促进了农村经济的发展；其次，放开农产品价格使农民有利可图，进一步促进农民的生产积极性；最后，就是大力推动农村商品经济发展、鼓励兴办乡镇企业等。在这一时期中央政府在贫困地区开展专项扶贫工作，包括为老、少、边、穷地区设立专项扶贫资金以及为支持甘肃省定西、河西地区和宁夏西海地区脱贫实施10年专项支持扶贫开发计划等。农村经济体制变革推动了农村经济的显著发展，这一期间贫困人口数目急剧减少。农产品的价格不断上涨、农业的产业结构不断优化升级以及农村劳动力在非农产业领域就业都促进了农民增收。1985年，农民的人均纯收入从原来的133.6元涨到397.6元，人均占有粮食产量、棉花产量、肉类产量都有大幅上涨，涨幅分别为14%、74%、87.8%，农村绝对贫困人口数量减少了一半，由2.5亿减少到1.25亿左右，每年平均减少大约1786万人，贫困发生率也大幅降低，从30.7%降

---

① 范小建主编《中国农村扶贫开发纲要（2011-2020年）》，中国财政经济出版社，2012，第20页。

至 14.8%。①

现阶段改善贫困状况的主要方式是改革农村土地制度、市场体制和就业制度。在农村经济快速增长的背景下,通过改革农村土地制度、农贸市场制度和劳动力转移制度以及支持农村金融组织发展,存在温饱问题的绝对贫困人口数目减少速度很快。但是由于很多贫困地区存在着自然条件差、地理位置偏远和基础设施不健全等限制,农村经济的改革对于推动这些贫困区域的发展作用有限。针对这一情况,政府和有关机构实行了对应的扶贫措施,进行了许多援助活动,来帮助地方经济条件差、贫困人口较多的地区摆脱贫困。例如,1980 年,中央财政设立"支援经济不发达地区发展资金",用来发展革命老区、少数民族地区、边远地区和贫困地区的经济;1982 年,"三西"专项建设列入国家计划,对甘肃最贫困地区进行区域专项扶持工作;1984 年,18 个贫困地区被指定为重点扶持区域。②

第二节 有计划、有组织的大规模扶贫开发阶段
（1986 ~ 1993 年）

到 20 世纪 80 年代中期,单纯依靠体制改革改善贫困状况的效果已经不再显著,而且在农村发展过程中也出现了一些不平衡问题。改革开放初期我国农村的状况是普遍贫困,而经过农村经济体制改革我国的贫困状况得到改善,却呈现出一种新的现象,贫困人口有明显的区域集中趋势。贫困人口集中的区域主要是边远地区,随着当地青壮年外出务工,村内留下的多为老人、儿童,这些区域地理环境恶劣、交通不便、基础设施不全,制度力量和市场力量共同导致减贫效果不明显,不平等凸显和贫富差距逐渐拉大。③ 单纯依靠经济发展的带动无法改善这些地区的生活水平。依据这一现实我们需要转变反贫困的战略,集中力量实施有组织、有计划的减贫措施。中央对老龄化严重、留守儿童多的边远地区和穷困地区的经济发

---

① 张磊主编《中国扶贫开发政策演变 (1949 – 2005 年)》,中国财政经济出版社,2007,第 63 页。
② 张磊主编《中国扶贫开发政策演变 (1949 – 2005 年)》,中国财政经济出版社,2007,第 5 ~ 6 页。
③ 黄承伟、覃志敏:《论精准扶贫与国家扶贫治理体系建构》,《中国延安干部学院学报》2015 年第 1 期。

展尤为重视，从1986年4月起我国政府及相关部门就开始着手一项长期的任务——解决贫困区域和贫困人口吃不饱、穿不暖的问题。同一年，中央政府成立了一个特别的扶贫机构——国务院贫困地区经济开发领导小组，使农村扶贫开发标准化、制度化、机构化，并首次制定了国家贫困县标准，将符合标准的331个贫困县纳入国家重点支持范围。① 自此我国扶贫开发的一个重要特征就是，以县域为基本单位进行扶贫资源配置使用。

为了增强减贫的效果，1986年我国明确提出了推进开发式扶贫，开始正式的有计划、有组织的大规模推进开发式扶贫，加大扶贫的投入力度，开发了许多配套的扶持措施，调整和改革了扶贫工作，促进减贫的体制改革。在这个阶段，国家实施的措施主要包括：由中央到地方各级机构在贫困地方进行扶贫开发的事务，特别负责引领、组织、协调、监察扶贫开发事务；投入扶贫专项资金，建立开放式扶贫政策；重点推进"革命老根据地"和"少数民族地区"发展，组织劳务输出，促进开发式移民发展，改善贫困地区的基础设施建设。在这一时期，为了更好地组织工作和有效利用有限的资源，我国开始实施县级瞄准机制。事实证明，通过地方发展带动扶贫开发确实促进了县级经济水平提高，但没有和贫困农户之间产生直接接触。尽管这个时期的发展措施确实起到一定作用，但是因为在这个时期农村经济发展速度有所减缓，加上剩下的贫困人口的脱贫难度较大，所以贫困人口减少规模与上一阶段相比缩小了，而且出现了很多返贫现象。例如世界银行的数据显示，1985~1989年我国农村贫困人口的绝对数又增加了700万，出现了大规模返贫的现象。

第三节 "八七"扶贫攻坚阶段（1994~2000年）

在经历农村经济体制改革与大规模扶贫开发阶段后我国农村贫困状况有了很大程度的好转，一些条件较好的地区已经脱贫，剩下的贫困人口主要集中在中西部的老少边穷地区，农村经济体制改革对于这些地区贫困状况改善并不明显，针对这一情况1994年我国出台了《国家八七扶贫攻坚计划（1994-2000年）》，这是自扶贫开发工作实施以来第一个有明确目

---

① 李周主编《中国可持续发展总纲》第19卷《中国反贫困与可持续发展》，科学出版社，2007，第77页。

标、对象、措施和期限的扶贫开发行动纲领。《国家八七扶贫攻坚计划（1994－2000年）》将国定贫困县数量调整成592个，明确表示要把重点放在人力资源、物质资源和财政资源上，力争在7年内解决8000万农村贫困人口的衣食问题。在此阶段，政府从宏观经济政策上确定了关于中西部地区的经济发展计划。事实表明，精准扶贫到户到人政策和发展中西部地区经济的政策综合实施，有利于减轻贫困地区的贫困程度。中央政府对中西部地区加大了扶持投资力度，明确了扶贫工作责任制，出台了一系列政策鼓励东西部之间相互协调配合，经济发达的东部地区要帮助西部欠发达地区发展，还采取了最低社会保障、转移劳动力等很多种措施。通过这些年不懈的努力，我国农村的贫困状况有了很大的改善。截至2000年底，贫困县农民的人均纯收入从1993年的483.7元上升到1321元，农村绝对贫困人口数大幅下降，从8000万降至3209万，贫困发生率下降很快，降至3.4%。[1]除去小部分身体有残疾的人和生活在自然环境很差的地区的特困人口，我国大体上消除了农村贫困人口吃不饱、穿不暖的问题，大体上完成了扶贫攻坚计划，使我国的贫困状况发生了极大变化。

但是，扶贫开发工作依然面临着相当严峻的困难，以县域作为单位组织实施的识别贫困人口的机制并没有一个统一的收入标准，只是靠直觉、非量化的生活质量标准来识别。通过对准贫困县进行贫困人口的指向，提供扶贫财物支持和贫困县优惠政策，汇合较少的资本，强调对深度贫困地区的贫困问题的妥善处理。这样的瞄准机制在扶贫开发历程的开始阶段起到较大的作用，能够在一定程度上减少扶贫管理成本。但是以这样的瞄准机制判定的扶贫重点县并没有包括全部的贫困人口。数据显示，在2000年3000万的绝对贫困人口中只有60%左右是在国定贫困县中，[2]也就是说，还有近半数的绝对贫困人口生活在非国定贫困县中。而且把扶贫资源全部投入国定贫困县中，会导致部分目标的瞄准机制有所偏离，部分生活在国定贫困县中的富人受到了扶贫财物的支持，而生活在非国定贫困县的真正贫困人口反倒没有机会享受扶贫资源。这也说明了想要从根本上改善贫困区域社会经济的发展，还需要更加完善的扶贫制度建设。

---

[1] 黄承伟：《中国扶贫开发道路研究：评述与展望》，《中国农业大学学报》（社会科学版）2016年第5期。

[2] 张磊主编《中国扶贫开发政策演变（1949－2005年）》，中国财政经济出版社，2007，第139页。

第四节 以贫困村为单位的综合性扶贫阶段
（2001～2010年）

21世纪以来，我国贫困人口从区域式分布逐步转变为点状分布，贫困人口从地理分布上看更加零散，实施"八七"扶贫攻坚计划，在很大程度上解决了农村贫困问题，国定贫困县的贫困人口数目和比例降幅很大。2001年，国定贫困县的贫困人口在全国贫困人口中占据的比例降为61.9%。[1] 如果继续采用县级瞄准体制肯定会出现扶贫资本漏出和瞄准对象有所偏差的情况。所以我国制定了以整村为单位与"两轮驱动"的扶贫战略，在中西部地区确定了592个国家扶贫开发重点县，贫困瞄准重心从县转化为村，强调大众参与，以自上而下参与的方式制定和实施扶贫开发规划，全面实施整村推进。

中央政府自2001年实施村级瞄准体制，在全国有14.81万个贫困村被划分为扶贫工作的重点，强调动员农民参与进来，全面开展农村扶贫开发，这些重点村庄覆盖了全国83%的绝对贫困人口。[2] 2007年，农村最低生活保障制度全面实行，使贫困人口享受了扶贫开发政策和最低生活保障制度双重保障。在把贫困村作为扶贫对象的基础上进行整村推进，与以往把贫困县作为扶贫对象的扶贫模式有所不同，农民在短期内得到重大的资金投入，生产和生活条件快速改善，发展产业和提高生产率使得其收入水平也有所提高，标志着国家扶贫开发工作跨入村级综合扶贫的关键时期。2010年，以年人均收入1196元作为贫困标准线，我国贫困人口已经下降到2688万，贫困率降低至2.8%。尤其是在"十一五"期间，贫困人口由6431万减少到2688万，年平均减少748.6万；重点县的人均纯收入从1723元上升到3273元，年均增长13.69%，高于全国平均水平0.95个百分点。[3] 扶贫开发工作不但解决了大部分贫困人口吃不饱、穿不暖的问题，也促进了国民经济持续健康发展，缩小了城乡之间的收入差距。

---

[1] 李小云、张雪梅、唐丽霞：《我国中央财政扶贫资金的瞄准分析》，《中国农业大学学报》（社会科学版）2005年第3期。

[2] 张磊主编《中国扶贫开发政策演变（1949－2005年）》，中国财政经济出版社，2007，第149页。

[3] 黄承伟：《中国扶贫开发道路研究：评述与展望》，《中国农业大学学报》（社会科学版）2016年第5期。

第五节 精准扶贫新阶段（2011年至今）

在21世纪的第二个十年，中国面临变化着的扶贫形势。当今我国经济发展比较平稳，基本公共服务均等化都给扶贫开发工作创造了有利的条件，但是在新的阶段扶贫开发工作具有新任务、新特点，扶贫面对严峻的形势，任务繁重。在这个时期，我国针对14个集中连片特困地区分别制定了扶贫攻坚规划，步入片区攻坚阶段。

党的十八大之后，党中央尤为重视扶贫工作的进度以及在工作中遇到的困难，习近平总书记提出了许多有关扶贫事业的新看法、新思想，为我国的扶贫工作规划了新的蓝图，也制定了更高的标准。2013年11月习近平总书记提出"精准扶贫"这一理念以来，我国扶贫开发工作的方式发生了重大变化，扶贫工作重点强调了"精准"二字，以"六个精准""五个一批"为重点，在此之后中央政府也不断出台文件丰富精准扶贫的内涵，阐述其思想，使得政策、制度、体制机制得以形成并完善。2015年12月，中共中央国务院将习总书记的精准扶贫战略思想作为指导思想，决定"打赢脱贫攻坚战"，提出在当时标准下到2020年实现所有贫困人员脱贫，贫困县都要完成脱贫摘帽的目标，推行精准扶贫、精准脱贫方略的全面实施。广泛动员社会各界力量参与进来，鼓励社会各界发挥各自所长，以多种方式参与到扶贫开发工作中。现在我国中西部地区某些省区依然有较多贫困人口，尚未脱贫的贫困人口生活很是艰难，不太容易摆脱贫困。为了实现到2020年让我国农村所有贫困人口摆脱贫困，贫困县全部摘帽，务必在已有工作基础上逐渐开创新的扶贫开发的思想、方式，取得脱贫攻坚战的最终胜利。

"精准扶贫"作为一个新阶段、新形势下因地制宜创新的扶贫方式，是扶贫开发工作的新要求、新的思维方式，能够帮助扶贫开发工作树立清晰的目标、制定准确的扶贫政策、完善扶贫效果，是全面建设小康社会的重要保证。精准扶贫和精准脱贫符合中国的基本国情，满足时代发展需要。"精准扶贫"更加看重目标聚焦、有效对准，促进扶贫主体辨认贫困人口的精度，有针对性地帮扶和持续跟进，把扶贫资本专注在扶持生活确实有困难的群体，更加注重深处发力、跟上目标，通过贫困人口本身的成长能力上升来增加收入，逐渐增强扶贫效果，保证2020年全面进入小康社会。

第二篇

理论篇

第三章 贫困概述

第一节 贫困的定义与贫困线

一 贫困的定义

贫困这一问题的存在由来已久,也被国内外学者广泛研究,国外学者Townsend 就曾在他的《英国的贫困:家庭财产和生活标准的衡量》一书中如此定义贫困:贫困是指无法利用有效方式获得食物、参加到社会活动中和拥有最基本生活条件的个人、家庭和群体的生活状态。1981 年,世界银行如此定义贫困:当个人、家庭和群体没有相应的途径去获得社会大众享有的食物、参与社会活动的机会以及拥有基本生活条件时,就是处在贫困状态。1990 年,世界银行重新认定了对贫困一词的定义,认为贫困的表现是个人、家庭和群体实现最低生活水准的能力存在一定不足。

国内也有大量学者对贫困问题进行了研究,但是对于贫困这一世界性难题学者们并未形成统一的定义。1989 年,国家统计局对贫困做出定义:贫困是指物质生活有一定缺陷,个人、家庭的生活水平没有达到社会可以接受的一个最低标准,他们不具备最基本的生活条件,生存处于比较艰难的境地,这一定义与世界银行对于贫困的定义类似。《我国的农村贫困标准线研究》对贫困的界定是这样的:贫困是指个人、家庭或群体在经济、社会、文化等方面相对比较落后,导致这一现象的主要原因是这部分人的收入比较少,因而在物质生活方面比较欠缺,也进一步加剧了他们自身发展能力的不足。1995 年,康晓光提出贫困是一种状态,主要指的是一种生存状态,缺少获得物质生活的条件以及参加社会活动的条件,则会导致个人在生理、精神等层面不能维持一个最低标准。

贫困是一种社会经济现象,贫困是多种因素交织在一起导致的结果。贫困问题的存在对于国家经济甚至世界经济的发展都是一个重大的挑战。

联合国对于贫困问题的态度也是明确的，贫困问题的存在是对人的基本需求的否定，它侵害了人的基本权益，导致部分人口依靠自身力量难以满足衣食住行的需求，教育、医疗、福利等应享受的权利也被剥夺了。

现如今，世界上共有两种贫困的认定标准：一种是绝对贫困，另一种是相对贫困。

绝对贫困与相对贫困对比来看，绝对贫困的标准更低一些，绝对贫困是指一个人缺乏基本生存发展所需要的资源，它指的是个人或者家庭的收入无法保障最低生活标准的生活状况，因而绝对贫困也被称为生存贫困。它包括三层含义：一是对于个人的需求来说，仅仅满足对生活必需品的最低需求，而不能满足其他需求；二是绝对贫困涉及的内容仅与保障基本生活的必需品存在联系，而社会总收入和绝对贫困之间没有任何关联，贫困线也只是满足人们最基本生存条件的水平；三是绝对贫困所满足的生活必需品的对象只是"自然人"，而不是"社会人"。绝对贫困认定的优点在于衡量过程较为简单、客观，但是存在部分缺点，主要是缺乏对贫困的综合考量，未将社会环境、经济发展、文化、心理等方面因素纳入考量范围，从本质而言，现在的社会习俗和认知能够在一定程度上决定个人的需求水平。

相对贫困主要是将个人、家庭收入和社会平均水平进行比较，当二者之间收入的差距较大，即前者落后于后者的程度过大时处于的一种状态。相对贫困可以被分为两种：个体式家庭收入低于平均收入；不同社会成员、地区之间的差异。相对贫困是个人的基本生活问题得到解决之后产生的，将个人、家庭与社会平均水平进行对比的贫困。它有四个特征：第一，贫困是一个相对概念，处于同样的背景条件下，以其他的社会成员作为参照对象，即个人与其他社会成员进行比较；第二，相对贫困并非一个固定不变的概念，它处于动态变化中，伴随着整个社会不断发展与变化，群众的收入水平逐渐上升，相对贫困的标准也随之不断变化；第三，相对贫困所体现的内容主要是社会的不平等，即同等社会环境下不同成员的贫富差距以及分配上所存在的不平衡；第四，相对贫困并不是一种客观现象，而是一种主观上的概念，它的界定需要借助一定的主观价值判断。

相对贫困与绝对贫困相比，其优势在于，对于贫困的基本物质需求的标准具有伸缩性，可以从多方面对其进行解读，维持基本生活的必需品的数量、质量在相对贫困概念中是持续变化的，并未将其作为恒定的标准；

而且人的需求不仅包含对物质的需求，还包含精神层面的需求。所以，相对贫困在公平、生活环境和质量等多个方面之间建立起了直接联系，对贫困的本质进行了探索、揭示，对贫困的影响因素进行了详细阐述，对贫困的内涵进行了丰富。因此，我们可以认为，相对贫困虽然对绝对贫困的内涵进行了丰富，对其进行了重要补充，但从本质上来看并不能完全取代绝对贫困这一概念。

贫困的定义有广义和狭义之分。狭义上的贫困是指人们的生活水平低下，物质生活得不到保障，包括土地、内部生产力等因素都是极其匮乏的；广义上的贫困主要是从政治、经济、文化、社会等大方面来说的，这些方面的匮乏也是导致贫困发生的重要原因。人均寿命、卫生条件、教育水平等都是广义上对贫困的衡量，广义的贫困与狭义的贫困之间是互为因果的，在达到一定条件时可以相互转化。

二　贫困线

什么样的生活水平才可以称为贫困呢？这需要用贫困线来进行测定，贫困的程度又需要如何去衡量，这些问题一直都是国内外学者研究的热点话题。当前针对贫困线的度量方法主要有以下几种：预算标准法、恩格尔系数法、线性支出系统模型法、马丁法、食物比例法、基本需求法等。[1]

贫困线是明确贫困的水平线，我们可以通过贫困线的标准来计算社会的贫困比例。贫困线在收入支出层面反映了贫困的定义，即个人或家庭的收入或支出低于贫困线就是贫困人口。一般情况下，利用最低需求法则或是通过利用恩格尔法都可以确定贫困线。国际规定的贫困线为各国自身的货币购买力水平，而我国贫困线衡量标准采用世界银行推荐的马丁法，对贫困线进行估算，确定以每年人均纯收入为贫困线测定标准。

由于贫困被分为两种情况，因而贫困线也据此划分成两种类型：一是绝对贫困线；二是相对贫困线。我国绝对贫困线是在1986年制定的，主要指的是保证劳动人口以及供养人口最低生活必需品的保障线，凡是1985年农民年人均纯收入低于206元的，即被确定为绝对贫困人口。1986年绝对贫困线划定之初我国的贫困人口为1.25亿，占农村总人口的14.8%，再后来随着市场上物价变动，这一标准发生了变化，到2007年时绝对贫

---

[1] 李博：《贫困线测定研究综述》，《当代经济》2008年第2期。

困线标准已经上涨到年人均收入低于786元，在这一标准下我国的贫困人口有1479万，占农村总人口的1.6%。相对贫困线也被称为低收入标准，主要是针对贫富差距设定的。2000年时我国低收入标准为人均年收入865元，绝对贫困标准为人均年收入625元，介于两者之间的低收入人口为6213万。2007年底我国对低收入标准进行了调整，调整为年人均收入1067元，贫困人口减少到2841万。尽管随着经济的发展我国贫困线在不断上调，但是与国际标准相比我国的贫困线标准还是偏低的。而且，张全红运用"马丁法"测算近年来我国的农村贫困线标准，结果显示比官方公布的贫困线标准要高出差不多一倍，贫困人口数量也要多得多。

第二节 贫困的成因与危害

一 贫困成因

1. 生态破坏严重与资源利用不足

随着我国城市化的发展，城市资源被不断开发利用且城市覆盖面积小，我国作为农业大国，农村在我国占地面积中占比较高且农村地区大多发展农业，资源开采及利用率较低，尤其是我国贫困人口所居住的地区，森林、煤炭资源丰富，但由于技术落后，缺乏专业人才，大量的资源埋在地下，没有得到充分的开发利用。尽管精准扶贫措施实施以来贫困地区自然资源利用情况有所改善，但是与贫困地区资源总量相比仍不尽如人意。而且在贫困地区资源开采过程中，因为技术条件落后、专用设备有限等，大量资源被浪费。同时由于人们在开采过程中不注意生态环境的保护，当地生态环境恶化，对当地农业生产也造成了不良影响。天然生态环境作为保障人类生存的根本，二者并不是矛盾对立的，而是依赖与被依赖的关系。人类若是对自然资源采取攫取、粗暴开发的方式，自然就会反攻人类，会破坏人类在自然中取得的发展成果。因此，在开发自然资源的过程中，人类应该注意合理利用自然资源，在开采时也要注意保护，实施可持续的发展战略。

2. 制度性障碍

政府是精准扶贫政策实施过程中的领路人，政府制定的制度是扶贫政策顺利实施的保障，尤其是地方政府作为贫困人口的直接接触者，更应该成为群众路线的执行者。但地方政府的经济行为往往具有二重性，一方面地方政府作为国家政权和行政机构，它有权利和义务保证地方经济发展符合国家的利益和要求；另一方面作为本区域利益代表，地方政府会更为关心当地纳入年度考核指标的项目，基于自身政绩更关心与考核内容密切相关的本地整体经济利益，因为本区域社会经济发展，都直接与地方政府自身利益挂钩。目前贫困地区政府经济行为的不合理、不完善大致有以下几种表现：第一，决策行为的短期化，地方政府往往为短期内能达到某些目标而制定决策，忽略了长远利益；第二，政策硬搬照抄，地方政府在借鉴其他地区先进经验时往往不结合当地实际而生搬照抄其他地方成功经验；第三，资金分配不合理，地方政府在资金分配上也会呈现出短期化、目标化的情况，不能合理评估实际进行资金分配。

3. 个体能力缺失

20世纪70年代，美国学者西奥多·舒尔茨提出了人力资本理论——物质的欠缺并不是贫困地区贫困的根本原因，贫困是人力资本与相关投资被过于轻视导致的。同时，因为贫困地区教育、医疗和社会福利等方面缺失较为严重，贫困人口发展过于缓慢，进而使得个体能力缺失。人力作为一种隐形资本往往容易受到忽视，因而缺乏对人力的必要投资。人力资本投资是个人或者社会在劳动力的教育培训上所付出的投资。这种人力投资若产生差距，就有很大可能使得个体或者是群体之间产生收入上的差异。

4. 文化贫困

传统意义上的贫困一般指的是经济贫困，因为人们判定一个人贫困时往往从他的衣食住行等物质方面进行考虑。但在贫困地区，我们应该重视的还有文化因素对贫困的影响。这主要是贫困地区交通不便、信息交流缓慢，人们思想观念只能停留在一个小圈子中，看不到外面的世界，只能和自己身边的人进行比较，从而导致了文化贫困。封建迷信导致很多贫困地区的民众只信鬼神，不信科学，遇到灾害往往选择祭天，而不是依靠自身的力量去改变现状。此外，我国每年都会对贫困地区进行物质上的援助，使得部分贫困地区的民众慢慢养成理所应当的心态，助长了其不思进取的惰性。而且很多贫困地区的乡土观念非常浓重，抗拒国家的移民政策，也拒绝放弃土地到外面打工或者从事其他工业、服务业工作。而且，农村地区的婚丧嫁娶、乔迁等支出过于频繁，增加了民众的生活负担，财力被消耗到人情往来上，致使缺乏资金进行规模化生产。经济贫困可以依靠帮扶、培训等措施解决，但是文化贫困是人们精神、心理上的贫困，需要从多角度、长时间地进行帮助才能解决。因此，文化贫困所导致的经济贫困是目前我国扶贫攻坚工作的一个难点。

5. 社会不平等

从社会不平等角度考虑，造成贫困的社会原因主要是贫困人口在资源、教育、医疗、社会福利等方面争取不到应有的权利。贫困人口在自身原因以及生活条件的制约下很难获得经济、政治、文化等方面的资源，所以他们无法通过自身努力实现脱贫。在经济生活中，贫困者没有竞争力；在政治生活中，他们没有谋求自身利益的权力；在社会生活中，贫困者没有机会有效地表达自己的利益诉求，这些导致了贫困者的贫困，同时也使得贫困者很难摆脱贫困。

二 贫困的发展形态

1. 区域发展障碍型贫困

区域发展障碍型贫困是目前中国发展中最主要的一种贫困类型。这种类型的贫困是基础设施、交通以及通信等设施不完善造成的。很多贫困地区地处偏远山区，与外界隔绝，由此产生交通不便、信息传递慢等情况，致使贫困地区的产品无法跟上外界的变化，或即使外界有所需求也无法及时运送。

2. 制度供给不足型贫困

中国改革开放以来的贫困问题往往是制度供给不足导致的。由于制度本身的缺陷，贫困人口丧失了一部分权利，他们被排斥在制度之外，从而失去了自由选择的能力以及权利，例如，贫困地区信息传递和反馈迟缓，反应速度远落后于发达地区，无法及时利用信息发展经济。这就会导致贫困人口的能力较差，整体上会增加贫困的发生概率。

3. 可行能力不足型贫困

这种贫困的主要成因是贫困者自身的可行能力较差，表现为贫困者个人的某种能力存在缺陷，而并非先天的身体或者是智力存在缺陷。帮助可行能力不足型贫困人口脱贫的关键就是有针对性地提升他们的可行能力。

4. 先天缺乏型贫困

造成先天缺乏型贫困的主要原因就是贫困人口在智力或者体力上存在先天的缺陷，从而导致其生产能力部分甚至完全丧失。一般情况下，这种贫困的成因是无法消除或者是无法逆转的，所以，这种原因导致贫困的个体很难像上述可行能力不足型贫困人口一样通过提升可行能力来摆脱贫困。

5. 族群型贫困

这种类型的贫困一般存在于少数民族地区，在某些少数民族地区，人们将资源投入人情往来、婚丧嫁娶、金银首饰等方面，浪费了大量的人力、物力。与此同时，这些地区往往需要大量的资金和人力进行矿产开采和发展生产，但是人们将大多数资源用于他途，致使当地缺乏资金和人力支持而经济发展缓慢。

三 贫困的危害

一个国家的贫困状况不仅代表了一个国家国民生活水平的低下，而且也是阻碍人类社会发展的巨大难题。贫困不仅是一个国家、一个民族的问题，而且是全球各族人民需要齐心协力共同解决的问题。

第一，贫困危及人类个体的生存与发展。贫困对人类生存与发展的威胁体现在多方面，其中就包括生病无钱就医，适龄儿童因家庭贫困无法入学接受教育等，贫困所造成的不良影响将会严重威胁人类的生存与发展，而且会在一定程度上加剧贫困。物质基础决定上层建筑，体现了物质基础对于人类生存发展的重要性，也在一定程度上表明了贫困恰恰是物质基础薄弱造成的。贫困也会造成不良的生活习惯，贫困地区往往是疟疾、艾滋病、营养不良等疾病的多发地，通过不良的生活习惯这些疾病有可能会形成代际传递。而且疾病往往来势汹汹，极易导致贫困的恶性循环，对人类的生存与发展造成不利影响。

第二，贫困阻碍社会的进步与发展。社会在发展过程中最主要的就是保证公平，但是由于贫困的存在社会发展很难做到公平。要想保证公平促进社会发展，首先要消除导致不公平的因素，其中就包括当前社会上普遍存在的贫富差距问题，解决了贫富差距问题才能保证共同富裕目标的实现。贫困问题很难由贫困人口依靠自身力量主动解决，这也是为什么国家大力扶贫的原因。贫富的极端差距存在于我国乃至整个世界，主要还是因为社会存在诸多不公平现象，在基础教育、公共卫生、公共医疗、财产分配等方面存在较大差异，贫困地区会由于贫困的代际传递变得更加贫困。同时也要防范因病致贫，要防止疾病在贫困人口中的传播和扩散。所以要寻求有效措施解决贫困的代际传递才能从根本上解决贫困问题,使每个人都能够老有所养、病有所医、住有所居,促进国家和社会的发展。

第三,贫困破坏政治稳定。贫困问题不仅是个人的贫困,也影响一个国家的形象。首先一个国家内部存在贫困人口就会影响社会的稳定,国家内部极端的贫富差距也会促使贫困人口产生心理问题,其中就包括对国家、社会产生不满,报复社会等。而贫困所导致的这种政治不稳定不仅表现在国家内部的政治不稳定,同时也意味着一个国家的落后,而落后的国家往往就要挨打。国家的贫困也代表了一个国家的经济、军事实力的落后,在与其他国家的博弈之中往往会沦为被侵略的一方。同时,贫困问题也是导致人们走向极端的一个根本原因,极度贫困会使人丧失前进的动力、自暴自弃甚至走上犯罪的道路。当今世界上普遍存在的暴力冲突、恐怖主义等问题背后都有贫困因素的存在,贫困严重影响了世界的和平与稳定。

第三节 贫困理论

一 收入分配不公平理论

凯恩斯认为收入分配不公平是贫困形成的重要因素,同时,它也使有效需求不足,而解决相关问题也就意味着要实现充分就业。因此,他提出了三种措施解决相关问题:一是征收富人税,富人掌握大部分资本,然而追逐利润的本性使得富人并不愿意进行太多的消费,他们更愿意将钱集中在自己手中,因而在社会消费领域资金流转水平较低,缺少消费倾向,造成社会资本积累速度放缓,通过对富人征税,可以实施再分配政策,缓解社会矛盾,保证社会公平;二是消灭食利者阶层,即银行等金融机构可以将利息率降低,以至于存款所得利息并不能跟上通货膨胀速度,因而大家会将银行中的存款拿出来进行投资以期保值或赢得利润,同时也能增强有效需求;三是通过立法或提高社会福利,广泛刺激消费,增加个人收入,一方面可以减少贫困,另一方面可以抑制经济危机。

二 贫困恶性循环理论

1953年,美国哥伦比亚大学教授纳克斯提出,发展中国家贫困问题的产生与当地资源匮乏并无直接关系,他认为发展中国家自身经济制度才是导致贫困问题的关键因素，在其经济制度中，存在着相互制约的因素，使得贫困地区无法通过经济制度摆脱贫困，反而变得愈加贫困，导致了"贫困恶性循环"。通过供给这一角度观察，贫困区域的人们收入比较低，维持生存所必需的花销占比较高，剩余的能够储蓄的资金较少，导致银行等金融机构资金较少，从而致使企业无法获得所需资金来扩大生产规模，生产率维持在较低水平，最后致使员工收入水平不高。从需求角度来看，贫困地区因所有储蓄较低，消费水平不高，吸引投资能力差，因而当地生产力水平难以提高，生产率也难以优化，产品产出较少，导致职工收入不高。综上所述，供给和需求两个角度的最终落脚点仍然是收入水平，因而纳克斯认为，发展中国家要想解决贫困问题，应该通过采取措施提高贫困人口的收入水平，加大投资，扩大生产规模，增加就业和储蓄数量，形成充分的社会资本，形成经济的良性循环，即他在之后所提出的"平衡增长"战略，也称为"大推进"战略。

但"贫困恶性循环"理论有着自身的局限性，因而受到很多经济学家的批评。很多经济学家认为，发展中国家储蓄率较低主要是因为这些国家的各方面制度存在不同程度的缺陷，无法引导民众进行合理的储蓄以及通过储蓄进行国家投资建设。同时，即使发展中国家各方面制度的欠缺得到了弥补，但因经济发展水平不足，在人力资本、管理和技术层面仍然有所欠缺，不能充分利用储蓄来获得最大的效益。同时"贫困恶性循环"理论认为，个人、家庭储蓄是国家储蓄的唯一来源，忽略了企业、政府的相关储蓄以及国际社会的捐助等，因而"贫困恶性循环"理论并没有被学术界完全接受。

三　低水平均衡陷阱理论

1956年，美国经济学家纳尔逊研究人均收入增长与人均资本、人口、产出之间的关系时，发现贫困有着自身维持体系，即在没有政府等外部因素干扰的情况下，贫困这一状况会一直维持下去。贫困线作为理论值，是确定个人属于贫困人口的标准，当人均收入小于贫困线确定的理论值，而且人口增长率大于经济增长率时，人口增长最终会抵消部分国民收入的增长；当人均收入大于贫困线确定的理论值，人口增长率小于经济增长率时，则人均收入会呈上升趋势，直至经济增长率与人口增长率相同。综上所述，可以看到，经济增长会被人口增长抵消，若其他条件不变，这种均衡是稳定的。若想突破这种均衡，应该使投资增长速度大于人口增长速度，即在贫困地区建立产业脱贫。产业发展规划应加强与其他相关规划的衔接，确保贫困人口精准受益。制定规划要摸清当地产业发展现状和问题，明确发展思路和目标，突出重点任务，选准特色产业，将产业布局和生产加工基地落实到位，科学设计重大工程项目，构建利益联结机制，创新和健全产业扶持政策，明确资金筹措方案，细化实施保障条件，突破"低水平均衡陷阱"。

"低水平均衡陷阱"理论从多个角度出发，对发展中国家产生贫困的原因进行了深入的剖析，认为资本少、人口增长过快才是发展中国家贫困的根本原因，因而若想解决"低水平均衡陷阱"问题，需要从两个角度出发：一是控制人口增长率，例如我国实行的"计划生育"政策，通过政策强制性控制人口，这利用了国家的强制性手段，可以在最短的时间内最大限度地控制人口增长率；二是增加资本，即通过合理的政策和宣传吸引民众进行储蓄来推动国家投资，进而提高资本形成率和利用率，从而摆脱"低水平均衡陷阱"。

与纳克斯所提的"贫困恶性循环"理论相比，"低水平均衡陷阱"理论有了进一步的发展，它解释了贫困本身具有一定的稳定性，并提供了突破这种稳定性所需条件，即控制人口增长和增加社会资本。同时，这两种理论也有共同点，即若无政府等改变贫困现状的外力，则贫困会处于稳定的状态而不会发生任何改变，但经济发展却能向高水平过渡，即一旦经济发展突破低水平，则会迅速进入持续稳定增长的轨道。

四 循环积累因果关系理论

瑞典经济学家缪尔达尔 1957 年提出了循环积累因果关系理论。这一理论揭示在社会发展进程中各种因素之间都存在因果的联系。A 因素发生改变时会导致 B 因素也随之发生变化；而 B 因素变化之后又会反过来导致 A 因素进一步变化。

贫困是多种因素综合作用的结果，包括政治、经济、文化等多个方面，因而想要单纯地依靠经济制度来解决贫困问题只能是治标而不治本。因此，我们必须通过综合性的手段对贫困进行治理。缪尔达尔认为，发展中国家因为经济发展不充分，人均收入水平低，国家缺乏财力物力投入医疗卫生、教育，导致部分地区民众综合素质落后，在竞争中处于劣势地位，进而就业困难。同时，素质不高进一步导致劳动人口只能参与劳动密集型产业，生产效率无法得到保障，导致产出下降，进而导致职工工资水平不高，从而形成恶性循环，无法摆脱贫困。因而，必须通过外部力量对这种局面进行突破，即通过政府、政策、土地、教育、医疗等各个领域的改革，将资源向贫困地区倾斜，帮助贫困地区进行发展，改善当地的资本量、劳动人口的质量，刺激当地投资，充分发挥当地的优势，最终使该贫困地区摆脱贫困限制。

第四章 贫困成因理论

第一节 环境因素致贫

一 自然资源环境与经济发展的关系

一个地区的发展需要依靠当地资源的开发和便利的交通条件，但是对于大多数贫困地区来说，他们所处的地理位置比较偏僻，技术条件落后，所以这些地区的生活水平普遍较低，经济发展缓慢。改革开放后我国经济快速发展，但这些贫困地区由于交通不便以及通信不畅还是处于比较封闭的状态，也无法依靠自身发展实现脱贫。

自然环境是人类赖以生存的基础，自然环境与人类并非矛盾的关系，而是依赖和被依赖的关系。如果人类对自然资源采取掠夺、粗暴的开发方式，自然就会对人类进行报复，凭借它的手段，将人类在自然中取得的发展成果尽数摧毁。但人类要发展、要进步，只有向自然索取资源。因此，在开发自然资源的过程中，人类应该注意合理利用自然资源，在开采时也要注意保护，实施可持续的发展战略。

在我国贫困地区，因教育落后，民众环保意识有待提升，无节制的开发使得自然资源破坏严重，在资源被破坏的情况下，原有的发展速度被迫减缓，这使贫困地区进一步加大开采力度，这将会加剧自然资源的破坏，进一步降低发展速度，由此产生恶性循环。

农业在贫困地区的经济中长期属于支柱性产业，第二产业、第三产业的发展相对缓慢。这种经济结构表明贫困地区是在靠天吃饭，如果当年风调雨顺，粮食丰收，那么当地民众的生活就会富裕一点；如果遇到旱涝等自然灾害，那么当地民众的生活就会苦不堪言。但贫困地区大多气候恶劣，丰年很少，致使贫困持续性非常强，人们的目标大多是温饱。

但民众为了生活得更好，就不得不对自然界进行开发，导致围湖造田、毁林开荒等行为频频发生，从短期角度看，这些行为会使民众收入有所提升、生活有所改善，但长此以往，会导致土地荒漠化、水土流失，使得洪灾、泥石流等自然灾害频发，生态环境恶化，生产回报率急剧降低。

与此同时，环境污染日益加剧，酸雨、空气污染、水污染、土地重金属含量超标等均对人们的日常生活产生了很大的影响。这种无节制的开发不仅无法实现可持续发展，而且对人们的健康产生了很大的威胁，本末倒置，得不偿失。

同时，贫困地区缺乏治理自然环境恶化及环境污染的人才、技术和资金支持，使得贫困地区环境条件无法得到好转，而且民众的开采力度在逐渐增大，使得环境污染情况进一步恶化，导致贫困地区的发展潜力逐渐衰弱，无法吸引到外界投资或发展自身特色产业。

另外，贫困地区的自然气候恶劣，自然灾害频发，再加之资源浪费、环境污染、水土流失、土地荒漠化等因素，造成经济发展与预期背道而驰，土地无法进行种植或回报率太低，不但不能满足民众对更好生活的需求，反而会导致民众的基本生活都无法得到保障。

二 区域整体环境与经济发展的关系

我国集中连片贫困地区共有22片，大部分分布在西部地区，地处偏远，气候恶劣，交通不便，信息交流不畅。其中，国家级贫困县共有327个，在地理分布上极不均衡，整体上呈现西部数量多于中部、中部数量多于东部的趋势。

这种分布特征主要是由于东部地区经济发展迅速，传统的耕种、养殖等农业生产收入所占比重下降，第二产业、第三产业逐渐成为支柱性产业，即使有天灾等非人力可抗因素出现，对民众的整体收入影响也在可控范围之内。中部地区位于海洋与大陆深处之间，虽然产业经济结构略逊于东部，但是也能保持一定的发展。西部地区处于大陆深处，地貌复杂，交通不便，虽有一定程度的发展，但仍以第一产业为主，第二产业、第三产业为辅的结构，这种经济结构不利于地区经济的持久发展。

一般来说，我国的贫困地区大多处于山区，交通极为不便，所生产的产品无法销售出去，所需产品、技术设备也很难运输进来。还有一部分贫困地区虽地处平原，但多为盐碱地，无法进行生产种植等作业，在农业不发达的情况下，也很难以此为基础大力发展工业、服务业等产业。

在国家"八七"扶贫攻坚计划确定的贫困县中,位于山区的贫困县超过半数。以下调查也验证了贫困县在地势分布上的基本特征。20世纪末,湖南省扶贫办对位于湖南的湘西芦溪县6个村748户农户开展广泛调查。调查表明,20户富裕户,其中平川共17户,占85%,分布在山区、半山区的仅3户,占15%。而31户贫困户中,分布在平川的仅7户,占22.6%,分布在山区、半山区的贫困户远多于平川区,而富裕户则远少于平川区。综观浙江地区也可发现,位于沿海地带的平原地区商品经济发展速度最快,位于河谷盆地的发展速度次之,而位于山区的商品经济发展速度最慢。共有十个成规模的大型商品市场位于浙江东南部的温州,过半数的大型商品市场位于东部的沿海平原地区,而位于河谷盆地的只有桥头、水头两个商品市场。1985年至今,浙江省的贫困县中,文成、泰顺两县和位于山区的永嘉县仍未脱贫。20世纪末,浙江省农调队对文成、泰顺、永嘉3县进行调查,结果显示,农民收入与海拔高度呈反比关系,村庄海拔越高,则人均收入越低,可以从大数据分析出,富裕村庄位于海拔高度为-100米的河谷地区,贫困村庄则位于海拔高度60米以上地区。

山区相比其他地区,可供种植的土地少,地广人稀。与平原地区相比,山区在生产设备、资金、技术支持方面更是远远落后。因此,山区无论是粮食总量还是人均产量均远远落后于全国平均水平。长此以往,居住于山区的民众的基本生活将无法得到保障。就我国贫困地区而言,区域整体环境与经济发展的共性与特征如下。

(一)处于偏远地区、自然灾害多、气候恶劣

我国大多数贫困地区地处偏远,道路坎坷,与外界贸易往来和信息交流极为困难,"想致富,先修路",在没有便利交通的情况下,贫困地区的经济很难快速地发展起来;贫困地区气候复杂多变,很少可以正常地进行生产种植,而且灾害频发,在对日常生产造成破坏的同时,也对民众的基本生活产生了极大的影响。

(二)人均耕地面积少,生产技术与设备落后

我国贫困地区土地辽阔,但山地面积占比大,总体可耕地面积小,而且生产技术有待提升,生产设备落后,缺乏资金支持,再加之自然环境条件恶劣及污染现象频发,造成粮食总产量不高,在总体耕地面积少、人口

数量不多的背景下，人均产量也不及全国平均水平，对民众日常生活造成了一定程度的影响。

（三）社会发展缓慢

我国贫困地区很多地方没有完整的铁路网和交通运输通道，货物运输不便、经济发展缓慢，有时农民只能靠牛马驮运零散的货物换取日常所需物资，过着非现代化的生活。而现代化的标志性产业——通信业在贫困地区几乎没有发展，长途电话、电脑等信息传播载体很少见到，主要的通信方式为电报或信件，效率极低。

（四）经济发展滞后，生产力水平低下，缺乏资金支持

我国贫困地区以第一产业为主，第二产业、第三产业发展缓慢，传统的男耕女织生活仍然存在于很多家庭中，并且第二产业大多为采矿业和手工业，生产力发展水平低，机械化作业等现代生产方式在贫困地区几乎没有得到应用，耕地仍以牛犁地等方式进行。农村居民思想观念总体还停留在小农经济的层面，商品经济意识和思想淡薄，处于自给自足的封闭状态。

三 人口与环境的关系

根据国家统计资料可以得知，大多数贫困地区人口增长率过高，在资源及收入增长缓慢的情况下，人均享有量在降低，导致贫困地区经济发展和民众生活难以得到改善。

同时，人口增长率过高产生的间接影响在于，贫困地区人口的身体素质提升缓慢或没有提升。这主要是因为，第一，贫困地区医疗卫生条件差，生活基础设施简陋，如果发生摔伤等情况，在贫困地区无法得到及时有效的治疗，使得很多民众因此留下残疾。第二，贫困地区人口流动性差，通婚范围小，近亲结婚现象比比皆是，长期的近亲婚配导致贫困地区发展出较为稠密的血亲网络，这对当地人口素质的影响是巨大的。贫困地区先天性残疾概率非常高，间接地降低了贫困地区的劳动力水平，增加了贫困家庭的负担。第三，自然环境对人口质量有一定程度的影响。例如，部分贫困地区土壤中的碘含量少，导致儿童发育迟缓，甲状腺疾病频发，严重阻碍了该地区人口质量的提升。第四，生活方式不科学。因生活设备

简陋，很多贫困地区至今仍然以木材为燃料做饭，产生的熏烟中含有大量的有害物质，对人体健康尤其是视力影响程度极大；而且多数贫困地区缺电，导致电灯普及率低，人们夜晚照明以煤油为主，进一步加剧了对视力的破坏。

第二节　教育、文化因素致贫

一　教育因素

说到贫困我们想到的就是贫困山区的贫困人口，他们的生活水平比较落后。但是导致贫困山区落后的主要原因除了地理位置偏远、交通不便以外，还有教育水平的落后，在一些贫困山区教育资源不足，缺乏基本的教育设施，更不用说师资力量，有的贫困山区甚至只有一两名教师，师资力量极其缺乏，而且在这些落后的山区中教育观念比较薄弱。在缺乏经济条件的情况下许许多多的学龄儿童早早地辍学在家从事农业劳动，这种模式祖祖辈辈传递下去，贫困状况不会得到任何改善，反而会在一定程度上加剧。教育扶贫恰恰就是改善贫困状况最有效的途径，不仅是学龄儿童，一些青壮年劳动力也可以借助一些专业技能的学习改善当前的贫困状况。通过教育扶贫提高贫困山区居民的文化知识水平也有利于乡村建设，通过知识改变命运，有效解决贫困的代际传递问题。教育扶贫不同于财政扶贫等措施，财政扶贫的作用是直接的、立竿见影的，但是教育扶贫针对的是人们精神、心理上的贫困，需要从根本上改变贫困人口的教育观念，使他们意识到教育的重要性，这是一个长期的过程，在实施过程中也会遇到众多的困难。因此，教育贫困所导致的经济贫困是目前我国扶贫攻坚工作的一个难点。它主要体现在以下几个方面。

（一）缺乏教育观念

在贫困人口看来，他们最应该解决的问题就是温饱问题，只要能吃得饱、穿得暖就已经很好了，所以对于他们来说，首先想到的就是努力劳动解决温饱问题。干活的人越多产出也就越多，所以一般孩子比较小的时候就会辍学在家参与劳动，这样既可以避免支出上学所需的费用，又可以分担家庭劳动负担。孩子在成年人思维的引导下也会认为读书是没有用的，他们一辈子就生活在这个小山村，接受完教育也是参与农业劳动，所以不管是老人、青壮年还是学龄儿童都没有接受教育的观念。

（二）婚育观念落后

虽然国家早就实行了计划生育政策，但是偏远地区贫困人口的观念还比较落后，思想依旧停留在多子多福、开枝散叶的层面上。尽管国家针对计划生育政策的实施出台了相关的处罚政策，但是这些政策对于贫困人口不会有太大的制约作用。因为相关处罚以经济处罚为主，贫困人口本身温饱问题就难以解决，惩罚措施对于他们来说形同虚设，因此贫困家庭的负担变得更重。首先，在多子多福思想下，人们热衷于生儿子，不但要生还要多生，导致家庭负担加重，在劳动力不变的前提下，家庭收入变化幅度不会很大，但随着家庭人口的增加，支出却不断上升，使人均可享受的物质支持变少，容易出现营养不良、早夭等情况。其次，人口素质下降，无节制的生育使得贫困地区先天性残疾发生率不断上升，从长远角度看，这对贫困地区的发展极为不利。最后，重男轻女的思想使得贫困地区的男女比例失衡，大量的"剩男"容易引发社会矛盾，不利于当地社会的稳定。

（三）文化水平低，思维固化

根据目前所掌握的数据，贫困地区脱贫的人口中很少有单纯依靠从事农业生产脱贫的。当前脱贫的人口多是借助国家政策，有的是依靠国家的产业扶贫、发展特色旅游等措施实现脱贫，这些人中也多是一些文化水平相对较高的贫困人口，在国家出台相应政策并实施的时候，这些文化水平相对较高的贫困人口具有更高的敏感性，能够抓住发展的机遇及早脱贫，而且这部分贫困人口本身也有一定的知识积累，能够更好地将知识转化为财富。教育可以开阔人们的视野，启发人们的思考，从而有利于摆脱贫困地区的文化氛围，快速地实现脱贫。但我国贫困地区教育现状不容乐观，在贫困地区接受过教育的人口相对较少，接受过高等教育的更是少之又少，以文盲、半文盲为主。贫困人口的教育层次会影响其农业产出，从而影响其经济条件和生活环境的改善。只有提高贫困地区整体的教育水平，贫困人口才能掌握相应的农业技术，进而利用先进的农业技术提高生产效率，增加产量。而且教育水平相对较高的人会借助自身优势外出务工，从事非农业活动，这对于他们收入的提升也有很大的帮助。在贫困人口外出务工的统计中我们发现，具有高中文化水平的贫困人口所占比例最高，其次为初中及以下文化水平，而无学历的贫困人口外出务工的比例最低。这也就意味着教育对贫困地区的第二、三产业发展有着至关重要的影响。因此，若要提高贫困地区劳动人口素质、技术以及当地第二、三产业的发展水平，教育应受到重视。国家在大力发展教育扶贫的过程中更多地注重高等教育的发展，而从扶贫对象的发展以及成长环境来看他们并不一定适合接受高等教育，职业教育可能更适合他们，通过职业教育他们能够学习掌握职业技能，摆脱贫困，最终实现小康。就目前来说，我国的教育扶贫政策实施过程中职业教育的发展还不完善，缺乏对贫困地区职业教育学校的有效扶持。

（四）个人品位、价值观层次较低

价值观是人们对人生价值追求的直接表现。当前我国贫困地区总体价值观水平较低，很多地区的价值观甚至还停留在新中国成立前的阶段。具体主要表现为：消极无为、听天由命的人生观；以小农为本位、重农轻商的生产观；血缘伦理、重义轻利的道德观；老守田园、安土重乡的乡土观；多子多福的生育观等。这些落后的价值观念使其缺乏奋发向上的动力，处于贫困而不自知的状态，这不仅会影响贫困地区民众的脱贫步伐，而且可能会导致部分已脱贫民众"返贫"。

综上所述，可以看出，贫困涉及的不仅有经济物质方面，还有教育方面，因此，在扶贫攻坚工作中，我们不仅要解决贫困地区的物质需求，更要从精神层面上扭转民众的思想观念和价值取向，帮助他们走出精神贫困，如此才能帮助他们真正地摆脱贫困。

二 文化因素

文化是指一个民族在长期劳动生活中创造的物质、精神文化总和。文化包括制度文化和精神文化两种。文化是我国各族人民的共同财富，它不仅为各族人民提供精神支柱、文化基础，还是各族人民所追求的小康社会目标的重要组成部分。一方面它是可持续发展的精神成果，另一方面它又是作用于各民族实现小康目标的动力。

我国各民族的文化中，农耕或游牧是其生存的核心价值基础，商品经济可有可无，这种从先辈流传下来的思想，至今仍对各族人民的价值观有着深远的影响。其具体表现主要有以下几个方面。

（一）竞争意识和商品经济意识缺乏

新中国成立前，中国生产力水平低，人们为了生存，只能依靠彼此的帮助才能共渡难关，因此形成了绝对平均主义，但是"凡天下田，天下人同耕""无处不均匀，无人不饱暖"等理念，导致人们产生无论个人是否付出劳动，都会有所收获的思想，从而助长了部分人的懒惰心理，不利于市场经济的发展。人们的竞争意识和商品经济意识也因此比较薄弱，造成生活中缺乏刺激生产力进步的因素，经济发展速度缓慢，无法跟上现代世界的发展步伐。

（二）思想观念落后

在中国漫长的封建社会时期，轻商贱役、士农工商的错误思想深深地影响了一代又一代人，严重制约了市场经济的发展，对商业的发展造成了极大的破坏。虽然少数民族地区面积大、资源丰富，但是在这种落后的思想观念影响下，人们大多只从事农耕，而不愿去从事第二产业、第三产业，以致该地区商品经济基础薄弱，经济发展缓慢。即使有部分人因从事商业而发家致富，也会被人认为从事"贱业"而遭到耻笑，这进一步遏制了商业发展。而且，在大部分少数民族地区，很多人认为亲戚朋友之间不需付账，从而致使很多开商店的店主无法收回账款，资金无法周转，商店因此倒闭。

民族传统文化对各个民族的日常生活、经济发展有着非常深刻的影响，它决定着经济贫困能够从根本上得到解决。而且，很多少数民族处于山区之中，可利用土地面积小，加之人们思想观念落后，不愿从事其他行业，导致贫困问题一直无法得到解决。目前，我国区域发展失衡部分体现在民族地区的贫困状况上，让我国各族人民摆脱文化贫困已成为当务之急。

我国大部分少数民族地区，人口受教育程度普遍偏低。新中国成立以来，虽然少数民族地区教育有了很大的进步，但起点过低，所以目前的整体情况不尽如人意。尤其是女孩文盲率极高，重男轻女和早婚早育的思想使得很多女孩上学被歧视，因此女孩上学便成为奢求，进而影响了整体的教育普及，这也是当地经济落后的原因之一。

近亲结婚、亲上加亲的传统观念令部分少数民族地区人口素质呈现下降趋势,先天性残疾率上升,加之国家对少数民族地区生育政策较为开放,使得人口增长过快,家庭负担日益沉重,并对当地环境产生了负面影响,阻碍了地区经济的可持续发展。

第三节 制度因素致贫

一 政府经济行为与贫困的关系

政府经济行为是指政府对于经济环境发展变化过程中的一系列行为,包括控制、指导经济发展。它是以颁布政策法规、运用经济手段以及制定地区发展战略为主要管理方式。政府经济行为不当,也会导致地方经济贫困。

(一)决策行为的短期化

①没有合理有效的长期规划。因政府领导职务实施任期制,部分政府领导只注重自己任期内的政绩,而不会从长远的角度来考虑地区的利益,从长远来看,这将对下一代人不利。而且,当换任之后,下一届政府领导可能会更换政策,使地区产业缺乏稳定性,不利于形成本土的特色产业。②政府的工作和资金倾向于解决百姓急需的表面问题,而未对根本的问题进行分析,治标不治本,虽然将问题暂时地压下去,但早晚有一天还会重新出现。③产业未得到充分的支持。经济结构不合理,短期可见效但污染严重的产业得到较大力度扶持,长远利益丰厚但短期需要大量投入且见效慢的产业受到扶持的力度较小。

(二)政策硬搬照抄

①贫困地区政府对发达地区进行访问考察后,未结合本地区实际进行分析便完全照搬实施,极容易产生与预期相反的后果。②对有成功经验的贫困地区的政策法规等强行模仿。虽然同为贫困地区,但无论是风土人情,还是地理资源彼此间都有所差别,只有吸收借鉴有利的一面,并结合实际扬长避短,才能探索出一条适合本地区的发展道路。

(三)资金分配不合理

资金分配平均化,没有突出重点,贫困地区各行业都亟待发展,有时政府为了体现公平，便实行资金分配平均化，雨露均沾，但资金的总量是一定的，平均化之后各行各业虽然都得到了资金扶持，但扶持的力度并不足以使其形成竞争力，未能带动其他相关产业共同发展。

（四）政府管控行为不符合经济规律

贫困地区经济基础薄弱，缺乏商业意识，因此需要政府在一定程度上进行引导，但是贫困地区因为人才有限，政府的管理行为往往简单粗暴，单纯地以行政命令对商业行为进行管理，而不是以符合经济发展规律的科学分析来进行指导。最终，这些行政命令不仅没有对当地的经济起到帮助作用，反而对那些已经发家致富的民众产生了冲击，导致不良后果。

（五）行为滞后

我国大部分贫困地区地处偏远、交通不便、信息交流不通畅，无法与外界进行及时交流，导致地方政府行为滞后。这主要表现在：①对于国家政策的理解和执行，因缺乏各方面信息的汇总，导致其容易走偏路、岔路，总体进度往往落后于发达地区；②对国家政策动向未及时把握，大众媒体覆盖面积小，往往不能先发制人，抢占有利地位；③信息传递和反馈迟缓，政府从获得信息、确认直至下达，速度落后于发达地区，政策效应锐减。

二 基层组织认识不到位

基层组织战斗在我国扶贫攻坚工作的最前线，他们最了解本地区的实际，可以根据地区实际灵活运用政策，使政策发挥最大效用，只有基层组织充分地落实政策，贫困问题才能得以充分的解决。但目前仍有一些贫困地区的基层组织未认识到自身责任的重要性，或忽视脱贫攻坚工作，认为与其无关，导致部分贫困地区贫困问题得不到有效解决，极大地限制了扶贫工作的顺利开展。

三 公共财政支出结构不合理

我国各级政府负担农村财政支出呈现以地方财政为主、中央财政为辅的格局，农村财政支出职责与其财力不相匹配，无法形成长期持续有效的资金支持。例如农村建设所需的水利灌溉、水库建设、技术指导、信息传递等方面均需政府提供支持，因此增加这方面的产品和服务供给，对于农村加快发展具有重要现实意义。

另外，农村教育水平低下，教育投入严重不足。目前农村教育主要依靠地方政府投入，但地方政府财力有限，拖欠教师工资的现象时有发生，九年义务教育未达到百分之百的普及。农村社会保障不足，医疗保障覆盖率低，农村因病返贫现象严重。

政府领导基于自身任期和追求政绩而重视短期的、见效快的项目，对于一些具有长期利益但在短期内见效慢、投入资金量大的产业却不积极。基层政府一般对非生产性公共产品的供给有着较大的热情，往往造成非生产性公共产品供给过剩。另外，农村公共财政支出费用构成不合理，我国政府在财政支农支出中，60%~70%用于人员供养及行政人员工资发放，而有利于农村发展的基础设施建设支出比重小。

第四节 经济结构因素致贫

一 优先发展重工业

新中国成立后，因缺少经验，向苏联学习了相关的发展战略，其中重要的一项就是优先发展重工业，然而这一战略却是以牺牲农业及轻工业为代价的。为了顺利地实现战略目标，国家建立了计划经济体制，将资源向重工业倾斜，以提升国家重工业发展所需资源储备，这导致我国发展重心由农业转向了工业，降低了农业的发展速度，农村人口生活质量改善不明显；而重工业因技术限制采取粗放式发展，浪费了大量的资源。1953~1985年，我国农业得到的资源量仅为重工业的1/5，这些举措使得社会出现了两个问题：一是城乡差距日益扩大，以工业为主的城市发展迅速，将农村的大量资源吸收到城市中，破坏了经济发展的一般规律，限制了农村人口的活动范围，进而限制了以农业为主的农村发展；二是贫富日益悬殊，因实施计划经济体制，农业产品市场未得到有效的发展，农民收入渠道单一，致使贫者愈贫。

二 传统二元经济社会结构

我国是一个具有二元经济社会结构的国家。第一，我国经济社会结构深受计划经济体制的影响，并且是城乡发展不平衡的产物。为了赶超世界强国，稳定国家及周边环境，新中国成立后采取了与西方发达国家先轻工业后重工业相反的发展路径，即先重工业后轻工业，并且用计划经济体制将农村和城市割裂开，城市发展重工业，农村发展农业，并将多余的资源集中到国家手中进行分配，使得农村与城市没有任何交流；重工业取得的成果绝大部分流向了城市，资金等方面也是优先供给城市，而农村缺乏资源导致技术进步缓慢，生产效率低下，导致城乡差距扩大，形成了二元经济社会结构。第二，我国二元经济社会结构与国家政策也息息相关，通过户籍等制度，将经济发展人为地划分为城市与农村两部分，且城市户口要优于农村户口，福利待遇也有极大的差别，农民待遇低还要负担较重的税赋，城市人口待遇较高且负担的税赋较低。同时，这对农村尤其是贫困地区产生了极大的冲击，农村地区的青壮年劳动力纷纷涌入城市生活，农村尤其是贫困地区仅剩下老人和孩子，加之农业机械化生产条件不足、技术水平不高，致使农业生产荒废，进一步加剧了农村和贫困地区的贫困程度，这种情况是整个国家发展导向所造成的，因而具有强大惯性，稳固了我国的二元经济社会结构。

　　二元经济社会结构破坏了城乡之间的公平竞争秩序，致使城乡发展不平衡，农村发展处于劣势，在这种结构下，城市和农村的生产要素交流和产成品交换都是不对等、不公平的，农村获得城市的资金、技术、人才更难，在付出等量劳动的前提下农村劳动力相对城市劳动力获得的回报会更少。二元经济社会结构造成了我国城市居民与农村居民生活质量存在显著的差异。究其原因，主要有以下几个。首先，在经济结构上，农民一般从事农业生产，而耕地逐年减少，资金、技术、人才缺乏又致使农业技术水平和农产品商品化程度得不到提高，农民付出劳动多，获得回报少。其次，从社会结构看，户籍制度人为造成的城乡差别使农村居民不能享有和城市居民同样的政策、福利待遇，城乡隔离制度还固化了"农村农业、城市工业"的非正常发展模式，增加了城乡结合的难度和挑战。另外，二元经济社会结构的存在，使政府有着重城市轻农村的观念，不合理地转移农村剩余劳动力，使得城乡之间不公平、不对等的问题更加突出。农村的经济发展状况亟须改善，政府却过度转移农村剩余劳动力，使农村很难获得资金、人才、技术等要素，增加了农村居民的负担，加剧了农村的相对贫困。

三 传统经济体制

计划经济体制就是为发展重工业而设立的，但是我们无法走资本主义国家野蛮掠夺他国资源的原始积累之路，因而只能从国家内部发掘资源，农村作为我国最广大的区域则不可避免地做出了牺牲。

（一）农村的生产体制落后

在改革开放之前，人民公社制度始终在农村地区占主导地位，土地和生产资料统一归公社管理，在这种情况下，农民无论努力生产与否，得到的回报并无大的差别，降低了农民从事生产的积极性，使其无法依靠微薄的收入改善生活条件；在实施家庭联产承包责任制之后，农民的各方面都有了很大程度的改善，然而，随着时间推移，家庭联产承包责任制逐渐跟不上时代的变化，这在某种意义上制约了乡村振兴的持续力。

（二）户籍制度导致城乡差距扩大

1958年，户籍制度开始实施，将人民人为地分为城市户口和农村户口，并将户口与福利待遇、土地、政策、工作等方面相联系，倾斜于城市户口，造成了差别对待，使得农村人口很难流向城市生活。例如，城市户口可以安排就业，而农村户口则不可以。同时，这种户籍制度造成了教育资源的不公平，农村人口获得较少的教育资源，使得其在经营管理和开阔视野等方面较弱，也不能有效地学习和提升生产技术，加之农业生产成本日益提高，造成了农村人口收入水平远低于城市人口。同时，这种户籍制度降低了人口流动，社会资源无法得到充分有效的利用，制约了我国经济的发展。尤其对于贫困地区来说，户籍制度让他们无法及时地了解外面的变化，跟上时代的发展，造成当地无法有效地解决贫困的问题。

（三）社会保障制度限制城乡流动

通过之前的叙述，我们可以发现，城市的社会保障质量水平要普遍高于农村。例如在城市地区，改革开放之前，城市人口享受的社会保障服务较为完善，企业保障和政府保障相结合，而农村地区实行的是以农村集体经济为基础的社会救济、特困户供养和低层次的合作医疗的社会保障制度；改革开放之后，城镇地区建立了社会保障制度，同时构建了最低生活保障制度兜底的社会保障体系，而在一些农村地区，农村集体经济退出历史舞台，导致大部分农村地区合作医疗的保障制度无法正常运行，只剩下特困户供养，社会救济面进一步变窄。以农村合作医疗保险和城市的企业职工医疗保险相比，两者的区别在于前者不能满足农民的需求，而后者可以满足城市人口的相关需求。因此，土地仍然是我国农民维持其自身生存、发展的重要经济保障，这在一定程度上降低了农民抵御天灾的能力。实施差别化的社会保障制度导致城乡差距加大，农村人口大量进城，但是社会保障制度阻碍了城乡流动。首先，农村人口进入城市无法获得相应的社会保障，同时农村人口进城务工一般从事的是危险程度较高的工作，在相匹配的社会保障制度没有完全落实的情况下，农村人口的基本生活无法得到相应的保障，造成很多农村人口不敢进城工作；其次，拥有城市户口的人有些也向往农村平和安逸的生活或是因为在城市中生活成本过高而希望去农村生活，但不完善的社会保障制度，使这一部分人对农村望而却步。所以说，社会保障制度在造成资源错配的同时也限制了农民扩大增收渠道、改善自身生活条件，使其陷入贫困的循环之中。

四　扶贫机制与贫困的关系

在精准扶贫的概念提出之前，我国的扶贫机制存在一定的问题，使得扶贫成果远低于预期，在20世纪90年代之后，农村改革出现了停滞而使得扶贫过程中的问题进一步凸显。从当时的扶贫机制和帮扶对象来看，其并没有考虑到具体致贫原因等情况，因而无法起到预期作用。

（一）扶贫机制

1978~1985年我国处于体制改革推动扶贫阶段，1978年以前，我国有2.5亿农村人口处于未达到温饱的贫困状态，虽然社会上存在一些慈善的扶危济困，但一直没有上升到国家意志的高度，并且当时我国也并没有专门设立扶贫机构、建立和完善扶贫制度。直到1978年，中共十一届三中全会审议通过的《中共中央关于加快农业发展若干问题的决定（草案）》，才第一次明确着重提出中国存在大规模贫困问题。1984年9月，中共中央、国务院提出要把我国"老、少、边、穷"地区的贫困问题作为各级政府的工作重点，帮助这些地区尽快改变贫困面貌。至此，中国才真正地把反贫困列入国家重要任务。由于当时自然条件、地理环境以及基础设施等众多因素的限制，反贫困并没能直接受益于农村经济改革。1986~1993年是我国大规模开发式扶贫阶段，这一阶段的扶贫工作缺乏与贫困农户的直接联系，因此频繁出现脱贫人口返贫现象。1994~2000年作为我国"八七"扶贫攻坚的阶段，反贫困所面临的困难依然严峻，只讲"意图"和"精神"不够，中央政府要求地方政府根据中央意图灵活掌握扶贫政策，以适应各地不同消费水准。通过瞄准贫困县来瞄准贫困人口，对国定贫困县提供扶贫资金、优惠政策，集中有限优质资源来重点解决那些严重贫困地区的贫困问题。这种瞄准机制在一定程度上降低了扶贫的管理成本。但是，客观来说，这些贫困县并没有覆盖中国全部贫困人口。扶贫资金只投放到一些国定贫困县，导致部分国定贫困县中的富裕人口占用了扶贫资源，而那些非国定贫困县中的贫困人口却没有得到资金帮扶。

（二）扶贫到户

在扶贫攻坚过程中，国家政策在扶贫到户的问题上出现过反复。1986年大规模开发式扶贫之初，国家相关政策和方向为扶贫到户，即将相关的资源向贫困户倾斜，同时在"七五"时期，为发展农业扶贫贴息贷款大多也为直接到户。之后，由于地方政府为发展区域经济、增加财政收入和贫困户无法利用好资源从而形成规模经济等原因，国家不再实行扶贫到户的政策，而是将相关的资源转移到相关的企业中，以经济实体带动贫困户和地区经济发展。然而，中央政府随后发现，扶贫资源支持的企业并未给贫困户带来任何好处，一方面，大多数企业处于亏损状态，不仅未增加地方财政收入，反而增加了地方经济的负担；另一方面，少数的盈利企业的利润大多数流入地方财政中，并未对贫困户有任何改善。经过此次教训之后，1999年国家政策又开始强调扶贫到户，然而因为各种主、客观因素，扶贫资源有时依然难以准确到达贫困户手中或被浪费。第一，贫困户因缺乏教育或无法利用现代科技（例如计算机、互联网等）而无力利用相关的扶贫资源来改善自己的生活，造成了资源的浪费。第二，在贷款方面，因惧怕贫困户无法及时偿还贷款，很多地方政府和银行不愿将钱贷给贫困户，倒是很多非贫困户看中扶贫贷款的优惠条件通过各种手段得到了这笔贷款，使得专款没有得到专用。第三，相关政策和贷款程序过于复杂，很多贫困户受限于文化教育水平，对国家的政策和申请贷款的流程不明白，对其失去兴趣，使国家的扶贫资源没有发挥作用。

同时，使用的扶贫方法也有一定的缺陷。小额信贷作为常用的扶贫方法之一虽然起到了一定的作用，但是很多贫困户因无法抵押和无担保而无法获得小额信贷，使得这一举措并没有普遍惠及贫困户，相反，抵押和担保的设置令这项措施的最大受益者变成了那些非贫困户；以工代赈作为另一种常用的扶贫方法，惠及贫困户的程度要高于小额信贷，但是仍没有普遍惠及贫困户，并且以工代赈属于短期行为，当相关的工程结束之后，脱贫户很可能会发生返贫现象。

第五章　基于不同方法的贫困识别理论

阿马蒂亚·森在《贫困与饥荒——论权利与剥夺》一书中曾说："有许多关于贫困的事情是一目了然的。要认识原本意义上的贫困，并理解其原因，我们根本不需要精心设计的判断准则、精巧定义的贫困度量和寻根问底的分析方法。但是，并非所有关于贫困的事情都是如此简单明了。当我们离开极端的和原生的贫困时，对于贫困人口的识别，甚至对于贫困的判断都变得模糊不清。"[①] 因此，贫困的研究依然在继续，研究贫困和贫困治理的首要问题就是贫困识别。识别贫困是进行精准扶贫工作的关键。只有客观地识别贫困，才能为进一步分析贫困打下基础。贫困的识别是把握贫困状况、认识贫困对象、理解贫困深度的抓手，是基础性、前瞻性、战略性工作。

近年来，随着贫困的概念不断丰富、不断发展，贫困识别理论也从一维扩展到多维，这也是社会发展的必然趋势。无论是国际上识别贫困的主流方法，还是国内贫困识别的方法，都由单维度的识别拓展到多维度的识别。本章将分五节来介绍贫困识别理论，第一节介绍从营养摄入标准角度识别贫困，第二节阐述从收入水平角度识别贫困，第三节讲述从恩格尔系数角度识别贫困，第四节讲述从多维度识别贫困，第五节分析关于精准扶贫中贫困识别的问题。

第一节　从营养摄入标准角度识别贫困

基于营养摄入标准的贫困识别与食物安全密不可分，在一定程度上来讲，食物安全是以营养摄入标准法来识别贫困的重要组成部分。食物安全并非一成不变，它是一个不断完善的概念，不同发展阶段，食物安全的内

---

① 阿马蒂亚·森：《贫困与饥荒——论权利与剥夺》，王宇、王文玉译，商务印书馆，2001。

涵是不同的。食物安全的分类有很多种，其中最常见的一种分类就是按区域分为世界食物安全、国家食物安全、区域食物安全、家庭（个人）食物安全，不同层次食物安全的要求，内在机理和结果也不尽相同。由于不同国家对于食物安全的侧重点不同，依据各自的国情，具体问题具体分析，故采取的食物安全对策也不同。本节的研究内容是关于运用营养摄入标准和食物安全来识别贫困的问题，落脚点是贫困地区农户家庭或个人是否贫困。

食物安全法是近些年贫困识别的直接方法，同时国内外学者关于食物安全和营养摄入标准的贫困定义不断发展，日臻完善。

一 国际上关于食物安全的综述

对于贫困的理解，很多人可能会觉得贫困是衣、食、住、行没有保障，在营养摄入标准中，更多的人理解贫困就是食不果腹。食物安全概念与我国传统意义上的粮食安全概念类似，联合国粮食及农业组织（FAO）对食物安全的定义为"确保所有人在任何时候都能够在物质上和经济上获得足够、富有营养和安全的食物"。它关注了粮食供给数量和质量的长期性和稳定性，并且提出了粮食安全警戒线：一个国家的谷物储备量至少应为当年谷物消费量的14%，即粮食安全线。1983年联合国粮食及农业组织对食物安全的概念进行了调整和修正，指出"确保所有人在任何时候既能买得起又能买得到他们所需的基本食物才是食物安全的最终目标"，强调了人们的购买能力和基本营养摄入标准的重要性。

1992年国际营养大会得出结论："安全、营养的食物对于一个人的生存、生活具有重要的作用，食物安全就是每个人都可以获得安全、营养的食物来维持积极健康的生活"。这不仅突破了以往注重食物数量的问题，而且加强了对食物质量安全的重视，使得食物安全的内涵向着更深的方向发展。[1]

1996年在《食物安全罗马宣言》中，联合国粮农组织认为食物不仅要吃饱还要吃好，食物安全就是所有人无论何时都有足够的食物来维持自身生存发展。

---

[1] 丁声俊：《国外关于"食物安全"的论述及代表性定义》，《世界农业》2006年第2期，第4~6页。

2001年，世界食物安全委员会重新界定了食物安全，即"所有人在任何时候都能够在物质上和经济上获得足够、富有营养和安全的食物"。此定义是目前为止普遍采用的定义，对食物安全的数量和质量提出了更高的要求，同时强调了获取食物能力和可承受的经济能力，"所有人"强调了每个人都能够实现食物安全，"任何时候"强调食物安全是一个动态、持续的过程。

二　国内关于食物安全的综述

在我国食物安全的概念出现较晚，1992年首次被我国政府提出来，认为食物安全就是能够为人民提供足够数量、保证质量的食物。娄源功认为我国食物安全是指"控制粮食的价格在合理范围之内，以保证人们对粮食的消费需求，从而避免面临饥饿的风险"，首先，维持食物价格在合理范围之内，是保证食物安全的前提，不考虑生产和消费环节，交易环节可能单独实现食物安全的目标，这是从政府角度来看的，重点强调政府维护食物安全的责任。雷玉桃等提出，我国食物安全具有特殊性，一方面不能简单地将世界其他地区食物安全的定义套用于我国，另一方面食物的生产能力放在第一位；我国人口基数大，增长快，食物的数量安全、结构安全尤为重要。钟甫宁等认为，食物安全应该分别从供应量、时空分布、受益人数、卫生健康标准四个视角来理解：食物的供给是否能够满足需求，食物的供应时空分布是否均衡，能否保证大部分人较容易地获取生活所需的最基本食物，食物是否达到卫生健康的标准。翟虎渠（2004）认为，现代食物安全应该涉及数量、质量、生态三个方面，食物安全是一个综合性的概念，三者缺一不可，仅注重数量上的安全，而忽视质量、生态方面的安全，这与现代食物安全相悖，但也不能不注重数量的供给，基于我国的国情，粮食供给方面的压力还是存在的，从而食物安全战略也要综观国际、国内统筹考虑，兼顾数量和质量，健康有序地促进食物安全战略。食物安全的概念自FAO提出以来，一直在不断地丰富和发展，已经达成共识的"食物安全"内涵应该包括食物数量安全、食物质量安全、食物可持续安全。①

食物数量安全：要求人们既能买得到又能买得起他们所需要的基本食物，食物在总量上要满足全世界所有人的消费需要。

---

① 聂凤英：《粮食安全与食品安全研究》，中国农业科学技术出版社，2006。

食物质量安全：要求食物的结构合理、卫生健康、营养全面，即食物不仅要安全，而且要富有营养，能满足人们积极和健康生活的需要。

食物可持续安全：从发展的角度要求食物的获取要注重生态环境保护和资源的可持续利用，即确保食物来源的可持续性。

三 贫困评价方法

作为识别贫困的衡量标准之一——食物安全状况评价与成因分析，首先要有科学的衡量标准、客观的测算方法和评价指标，国内外学者对此进行了广泛研究。

（一）国际组织对食物安全状况的评价

加拿大卫生部（Health Canada，2007）指出，美国首先提出农户层面食物安全评价方法，并于1995年应用于美国家庭食物安全的年度监测中。美国的食物安全评价的内容有以下三个维度：任何时候都要保证有足够的粮食供给来维持人们的基本生活、供给必须有保障、有合理的营养摄入。

确定食品安全贫困首先要选择适当的营养摄入指标，我们可以选择许多种指标来作为营养摄入标准，包括每天的正餐次数、营养摄入量等。二者相比较后，笔者认为营养摄入量这个指标更适合，原因有两个：首先是其可以根据具体要求来调整，其次它的测量方法相较而言更为简便易行。李向荣和谭强林（2008）指出，联合国粮农组织在进行食物安全测算时，根据粮食生产量、进出口量、库存量、人口总量及年龄和性别分布等主要指标按照卡路里总量和总人口计算人均消费量，经调整后与人体所需的卡路里进行比较，得出食物不安全比例，最后根据总人口数确定粮食不安全涉及的人口数。

国际组织中的营养学家，经过不断的探索与研究，指出了健康生活所需的各种营养中，最重要的是热量，根据多数营养和贫困方面的文献资料，大多以2100卡为准，即营养不良是指每日摄入热量少于2100卡路里。倘若一国营养不良人数比例达到15%，那么可以判断该国食物不安全。但是热量标准只是基本标准之一而已，仅由2100卡热量不能够识别食物贫困，为此，世界银行针对各国国情，引入主要食物的热量值和贫困人口每日营养摄入量，它指出，虽然可以维持每日热量摄入达到2100卡的国家很多，但是不一定都能够吸收，原因是饮食结构相差太大，除了达到2100卡热量摄入，还应满足当地饮食结构，符合成本效益。

联合国粮农组织与美国国际开发署认为食物安全评价应该包括三个方面：供给能力、获取能力、利用能力。食物供给能力顾名思义，也就是要保证食物供给平衡，避免供不应求的现象发生；食物获取能力要保证家庭和个人能够获得生存所需的食物并从中汲取满足人体所需的营养；食物利用能力就是利用现代科技进行食物加工与储藏，使得食物长时间保持新鲜、保持营养成分（USAID Policy Determination，1992；United States Department of Agriculture，1996）。世界粮食安全委员会（CPS，2010）构建了包括营养不足人口所占比例、膳食热量供应情况、预期寿命、儿童夭折率以及人口体重不足率等在内的食物安全综合评价指标体系。

（二）国内关于食物安全的评价

中国是人口大国，农业发展与消费状况具有特殊性，国内食物安全评价与一般的发展中国家有较大区别，当然更区别于发达国家。食物安全的客观评价有助于对粮食安全形势的把控，同时更是贫困识别的重要依据。

李向荣和谭强林指出，目前国内学者对食物安全状况评价主要采用四因素或者五因素指标法，四因素即粮食总产波动系数、粮食储备水平、粮食自给率、人均粮食占有量，五因素就是在四因素的基础上增加"贫困人口的粮食保障水平"这项指标，并根据上述指标计算综合食物安全系数。[①]

食物安全评价方法主要有朱泽（1998）的四项指标简单平均法、徐奉贤等（1999）的五项指标简单平均法、马九杰等（2001）的五项指标加权平均法和刘晓梅的四项指标加权平均安全系数法[②]等。李道亮等的研究成果有助于我们增强对可持续食物安全内涵和基本特征的认识和理解，构建了能够反映食物安全水平、质量、可持续性、公平性和可靠性的指标体系，提出了中国可持续食物安全的综合评判标准，并从多方面对中国食物安全状况进行了评估。[③] 高帆采取"纵向分步骤、横向分类别"的方法构建测度食物安全的指标体系，认为在指标的构建过程中要分步骤、有层次地

---

① 李向荣、谭强林：《粮食安全的国内外评价指标体系及对策研究》，《中国农业资源与区划》2008年第1期，第22~24页。
② 刘晓梅：《关于我国粮食安全评价指标体系的探讨》，《财贸经济》2004年第9期，第56~61页。
③ 李道亮、傅泽田：《我国可持续食物安全的实证研究》，《中国农业大学学报》2000年第4期，第11~14页。

进行。"纵向分步骤"是指按步骤先给出指标，进而确定指标权重，最后给出测度安全程度的基准。"横向分类别"从生产环节、消费环节、流通环节、贸易环节分别选取相应指标，并赋予不同的权重，借此指标体系对改革开放以来我国粮食安全状况进行测度。① 刘凌（2007）采用 AHP 法对各项指标进行了权重处理，认为不同因素对粮食安全的影响程度不同，其选取粮食及膳食能量供求平衡指数、粮食储备需求比、粮食国际贸易依存度系数、粮食生产波动系数、粮食及粮食市场价格稳定性等指标并给予相应的权重。唐风（2008）按照国际食物安全标准——国家粮食自给率95%以上、年人均粮食达 400 公斤以上、粮食储备应达到本年度粮食消费的 18%，判定中国粮食尚能自给自足。余强毅等（2011）运用机制法测算土地和粮食生产能力，从粮食生产与消费、粮食增产潜力和人口承载方面建立指标体系来分析 APEC 各成员的粮食安全形势，发现 APEC 各成员粮食安全形势出现一定程度的分化，除了主要粮食进口国韩国和日本外，总体而言，发达成员粮食安全形势要好于不发达成员。高帅和王征兵根据中国居民膳食营养参考摄入量，从营养安全的角度，将不同人群按照能量摄入量和蛋白质摄入量设定不同的"食物安全线"，并以此来测算城乡居民食物安全水平。②

第二节 从收入水平角度识别贫困

一个家庭生活水平的最直观表现就是这个家庭的收入水平。一个家庭的吃喝用都是由家庭收入来支付的，家庭收入的高低也直接决定了生活水平的高低。以收入水平为贫困衡量标准时，若一个家庭的收入水平越低，那么这个家庭越有可能成为贫困家庭。以收入水平作为贫困的衡量标准实际上是一种间接的贫困衡量方法。现阶段的脱贫标准至少要达到两不愁、三保障要求以及基本的收入标准，而以收入水平衡量的贫困实际上就是一个家庭当前的收入水平不足以支撑这个家庭当前生活所必需的一些支出，其中就包括满足基本的营养摄入、能有四季衣服用于更换、住房有安全保

---

① 高帆：《城乡居民的粮食消费弹性：一个估算》，《改革》2005 年第 8 期，第 11~17 页。
② 高帅、王征兵：《贫困地区农村人口粮食消费及成因分析》，"2013 年全国中青年农业经济学者学术年会暨全国高等院校农村经济管理学科院长（系主任）联谊会论文集"，2013，第 101~109 页。

障、基本医疗有保障、学龄儿童基本教育有保障等。依据收入水平对贫困进行划分，可以将贫困分为绝对贫困和相对贫困。

一 绝对贫困

绝对贫困又称生存贫困，顾名思义这一程度的贫困标准是最低程度的贫困标准，处在这一标准下的贫困人口，其收入不足以支付满足其基本生活需求。衡量绝对贫困的标准最初是由英国的罗恩特里（Rowntree）在研究约克镇中提出来的，绝对贫困由收入贫困和消费贫困组成，在消费水平一定的条件下，贫困的状况取决于收入，家庭和个人生存需要一定数量的食物和服务，如果一个家庭没有获取这些食物和服务的经济条件就是贫困。因为一个家庭的收入不能满足其最基本的生活需求，达不到最低限度的生活水准，故而无法生存下去，所以绝对贫困也就是生存贫困。

（一）国际标准的绝对贫困

目前来说，被大部分国家广泛接受的国际贫困标准是1976年由经济合作与发展组织经过调查之后提出的，它是一种收入比例的方法，以一个国家或者地区收入的中位数或平均收入的一半作为这个国家或者地区的绝对贫困线。

除了经济合作与发展组织提出的标准外，世界银行也提出了关于贫困线的测度标准，其中一条用于小康社会，日均收入2美元是贫困线；日均收入为1.25美元作为绝对贫困线也称极端贫困线，这条线主要应用于世界上较为贫穷的地区，比如非洲、南美洲等地区的国家。

2005年美国划分贫困线的标准如表5-1所示。

表5-1 2005年美国绝对贫困划分标准

家庭人数	收入标准（美元）	约合人民币（万元）
单　身	9570	7
两口之家	12830	10
三口之家	16090	13
四口之家	19530	16
五口之家	22610	18

2007年美国的贫困线是21203美元，相当于中等收入水平50233美元的42%。单身贫困线为年收入低于10590美元（合人民币72370元）。

2005年美国人口普查局调查结果显示，美国的贫困家庭中46%拥有自己的住房，自有住房一般包括三间卧室、一个半卫生间（住房中带浴池和抽水马桶的卫生间称为全卫生间，仅有抽水马桶的卫生间称为半卫生间）、一个车库、一个阳台。76%的贫困家庭拥有空调，75%的贫困家庭拥有一辆以上的汽车，97%的贫困家庭拥有彩色电视机。一半以上的贫困家庭拥有两台及以上的彩色电视机，78%的贫困家庭拥有录像机或者DVD，62%的贫困家庭装有有线电视或者卫星电视，73%的贫困家庭拥有微波炉，一半以上的贫困家庭有立体音响设备，60%以上的贫困家庭拥有洗碗机。

（二）中国标准的绝对贫困

中国标准的绝对贫困是依据中国国情制定的贫困标准，这一贫困标准不是固定不变的，它是一条动态的标准线。随着我国经济的发展绝对贫困线也在不断提高，确保在消费水平上升的同时贫困人口的经济水平也能得到保证。我国绝对贫困线的变化过程见表5-2。

表5-2 中国收入绝对贫困线变化

单位：元

年份	1985	2005	2007	2008	2009	2011
标准	206	652	1067	785	1196	2300

中国依靠绝对贫困线判定贫困人口与国际社会的衡量标准有所不同，世界银行一般用人均消费来判定贫困，而从1998年起，国家统计局判断一个农户贫困采用的是人均收入和人均消费双重指标来进行测度。双重指标主要是指国家制定了两个指标的标准，一个是人均可支配收入标准，一个是人均消费支出标准，符合以下三种情况者都会被判定为贫困人口，第一种，农户人均收入和人均消费均低于贫困标准，这类人口是绝对贫困人口；第二种，收入水平低于贫困标准，而消费水平高于贫困标准但低于某一较高标准，这是消费水平较低，而且收入水平很低的一类人，即使从消费的角度来看不算贫困人口，但收入很低，消费水平可能很快降低，导致进入贫困行列；第三种，消费水平低于贫困标准，收入水平高于贫困标准

但低于某一较高标准,这是收入水平较低,而且消费水平很低的一类人,这些人虽然偶尔一年的收入略高于贫困标准,但消费水平很低,而且没有储蓄可以使消费水平达到贫困标准之上。

二 相对贫困

相对贫困与绝对贫困相对应,相对贫困大体上是指收入水平低于社会整体平均水平。Reynolds（1986）认为,相对贫困是指收入低于全国家庭收入平均水平的状态;Alcock（1983）指出,相对贫困是将贫困户的生活水平和非贫困户的生活水平相比较的一种具有主观性的标准。贫困不仅包括绝对贫困,还包括相对贫困,仅绝对贫困并不足以概括出贫困的真谛,相对贫困纵然不如绝对贫困所面临的状况那么棘手,但是它意味着低于社会公众的平均生活水平,具有相对较弱的能力（童星、林闽纲,1993）。

汤森（2000）给出了"基本贫困"的概念,它介于绝对贫困和相对贫困之间,绝对贫困是指无法维持生存,基本贫困是指无法满足基本需要,相对贫困则是相对短缺。唐钧（1994）基于此认为绝对贫困是内核,向外延展的第一层是基本贫困,第二层是相对贫困。人们通常把一定比例的人口确定为生活在相对贫困之中。部分国家将相对贫困人口标准定为低于平均收入的40%;世界银行认为相对贫困的标准是小于或等于平均收入的1/3;另一种说法则是将在五等分的收入体系中处于最底层的社会成员当作相对贫困人口。因此,相对贫困指的是当一个人或一个家庭的收入比社会平均收入水平低到某种程度时的生活状况。换句话说,相对贫困是根据低收入者与其他社会成员收入的差距来定义的贫困,是通过社会收入的比较来确定居民生活质量差距的概念。

第三节 从恩格尔系数角度识别贫困

恩格尔系数是食品支出总额占个人消费支出总额的比重,是德国统计学家恩格尔提出的,他在研究统计资料的基础上发现了这一规律;家庭收入用于购买食品的支出在收入中所占的比重越高,表明家庭经济水平越低;而当家庭收入上升时,用于购买食品的支出在收入中所占的比重就会下降。将该理论扩大到国家层面,即当一个国家用于购买食物的支出在国民支出中所占的比重越高时,则说明这个国家越穷,反之则说明这个国家越富有。基于以上解释可以看出恩格尔系数是衡量人民生活水平和贫困程度的重要经济指标。我们可以借助恩格尔系数测算食品支出占消费总支出的比重,并由此观测居民的生活质量以及生活水平。

贫困问题要想得以解决最关键的是要实现精准识别,恩格尔系数法下精准识别既包括对国家和总体的贫困识别,也包括对贫困人口的识别,进行人口识别是确定扶贫目标、精准到户的关键。识别贫困人口的前提是要设定贫困线,它是人民保证自己基本生存所需要的最低收入金额。当一个人的收入低于国家设定的贫困线时,他将被视为贫困人口。世界银行曾经将每人每天1美元作为贫困的标准。然而,由于各个国家或地区的情况不同,物价水平也就不一样,贫困程度不能横向比较,所以,联合国粮农组织(FAO)以恩格尔系数为贫困判断标准,可见,贫困线的设定与恩格尔系数也密不可分,得到了世界各国的广泛应用。

表5-3 恩格尔系数与贫困关系

恩格尔系数	60%以上	50%~60%	40%~50%	30%~40%	30%以下
贫困程度	绝对贫困	温饱水平	小康水平	富裕	最富裕

由表5-3可以看出,恩格尔系数用来测量贫困程度具有一定优势,因为它是一个相对指标,所反映的意义容易理解,给人们一种直观的感受,而且最重要的是,它不受货币价值的影响。当前,恩格尔系数被世界各国广泛应用,它被视为能够与其他国家相比较的生活水平指标。从微观角度来看,倘若一个家庭的食物支出占家庭总支出的60%以上,那么就认为这个家庭是贫困户,家庭成员为贫困人口。从宏观角度来看,倘若一个国家或者地区的恩格尔系数在60%以上,那么这个国家或者地区就是贫困国家或者是贫困地区。

第四节 从多维度识别贫困

精准扶贫的前提和基础是能够准确地识别贫困人口,但是,根据传统的贫困识别经验来看,主要是通过组织人员进行随机抽样,然后入户访谈调查获得数据,这样除了耗费大量的人力物力成本外,还不容易取得相对全面的、具有代表性的数据,对于全面的贫困识别有一定的限制。如何能够精准地识别贫困人口,使得财政专项扶贫资金合理地应用到贫困户身上,是扶贫工作的首要出发点和落脚点。近年来,贫困的延续性使人们认为单纯把收入视作判断贫困的唯一标准不科学,有学者认为贫困的标准还应包括精神、政治等几个方面,除了基本生存所需要的衣、食、住、行外,基础设施、基本服务和权利等条件也是导致贫困的重要因素。因此,世界上诸多学者开始对贫困判定进行多维贫困指数的构建和测度。贫困识别的方法也从单维收入法向多维测度法发展,对贫困的识别以及成因分析将起到不可替代的作用,通过多维贫困测度法来构建一个多元空间数据模型,可以使得我们能够更加客观、公正地以统一的标准来分析并了解全国各地区的贫困状况,为扶贫工作的进行提供客观依据。

一 多维贫困研究的文献综述

Hagenaars（1987）首次利用二维贫困指数,除去收入因素外,还加入闲暇时间这一维度,从此以后贫困研究也改变了以往以单维度的收入识别贫困的状况。Anand、Sen（1997）认为,要正确衡量个体的贫困程度,就必须从多个维度来考虑个体被剥夺的状况,类似于用人类发展指数来衡量一个国家的福利状态,也可选用多个指标来构造人类贫困指数,对于贫困的识别不能仅仅看到收入层次的经济短缺含义,还应该看到其他一些比如机会、服务等方面的内容,通过多维指标来识别贫困。Atkinson（2003）将数理方法与多维贫困的"计数"方法相结合。Sen（2007）在牛津大学贫困与人类发展中心着手研究多维贫困指数的测算、加总和分解,其多维贫困指数在后来的人类发展报告中正式取代了人类贫困指数。Alkire（2008）综合阐述了如何选择一个合适的域用来测度多维贫困。Ballon（2010）认为多维贫困测度应该更加注重功能性活动,尝试着用潜在变量的结构方程模型来测度基本能力,并根据估计的基本能力进行多维贫困测度。Terzi（2013）认为测度多维贫困生活标准指数的设计中只关注了多维性和加总性,未能充分考虑到维度内部指标和临界点的分布。[①]

虽然,多维贫困测度的必要性日趋凸显,但是我国目前采用多维度能力方法对贫困进行识别的研究还不多,并且选用的数据和维度比较有限,

---

① 齐宁林:《中国农村多维贫困测度与动态演化研究》,浙江工商大学硕士学位论文,2013。

国内的多维贫困测度也大多是根据国外的理论发展而来的。王小林、Alkire（2009）利用中国健康与营养调查（CHNS）2006年的数据对中国多维贫困进行了测量，并赋予选用的各个指标以相等的权重，提出如果继续采用收入单一维度的方法识别贫困人口，将阻碍我国扶贫工作的实施。高艳云（2012）指出，中国贫困区域差异明显，农村比城市严重，在建立多维贫困指数时，需要综合考虑地区的发展。方迎风、张芬（2015）提出多维贫困指数构造过程中，关键之一是指标选取，指标不仅要能客观反映特定国家和地区的多维贫困状况，还要是能便于相互间比较的通用指标。潘竟虎、胡艳兴（2016）提出基于夜间灯光数据的中国多维贫困空间识别，通过借鉴 NPP - VIIRS，在重庆市的县区采集数据得出了夜间灯光数据与多维贫困指数并构建了线性回归模型，将其应用到具体实践中，如运用该模型对陕西省的贫困县进行识别，识别得更加精准，使得多维贫困测度法更加多元化。

二 多维贫困识别的代表性研究

为了对贫困识别进一步研究和了解，人们目前已经总结出多种可以很好地测算多维贫困的方法。具有代表性的多维贫困识别方法大致如下。

（一）Watts 指数法

Watts（1968）提出了 Watts 指数，它是第一个对分配敏感的贫困指数。Chakravarty（2005）将单维度贫困指数拓展为多维度贫困指数，并将公理方法推广至世界各国，解决了世界多维度贫困测度问题。

（二）公理化法

Tsui（2002）运用公理化的思路方法，精准地对贫困识别做出了解释说明，并且将公理化方法运用到多维贫困测度理论之中，给出了一些多维贫困指数的表达形式，比如 Ch - M 和 F - M 多维贫困指数。

徐宽（2001）通过利用公理化方法对 Sen 的贫困指数做出了新解释，并且采用 SST 指数测算出英国适龄就业人口家庭的贫困程度和变化趋势。

（三）信息理论法

Ramos（2005）对信息理论法十分认可，并且对英国贫困数据进行效率分析。实践结果显示，信息理论法与福利维度、生活满意域、Sen 于 1985 年首创的能力方法结论一致，它们共同认为多维贫困识别方法是人类贫困识别的正确途径。Lugo 和 Maasoumi（2008）依据信息理论，通过相对比得出最佳信息理论的集合函数，从而推导出多维贫困的测度公式，并比较分析了印度尼西亚三个不同地区的多维贫困状况。

（四）模糊集法

模糊集法最早由 Cheli 和 Lemmi 于 1995 年提出来，此外他们还引入相对法（TFR），主要为了测算出个体被相对剥夺的程度；Maggio（2004）重新定义了模糊集方法，将货币模糊集和补充模糊集结合起来使用，在研究英国 20 世纪 90 年代的贫困数据的基础上，得出了收入贫困和生活方式的多维动态关系；Silber（2005）在以色列 1995 年的样本数据基础上，同时运用模糊集法、信息理论法、公理化法和效率分析法四种方法进行多维贫困的识别，并对识别结果进行 Logistic 回归，回归结果显示，四种方法在多维贫困的识别上差异很小，都可以很好地识别贫困。

（五）夜间灯光数据法

夜间灯光数据法由 Ebener 等人在 2005 年首次提出，他们曾想运用夜间灯光影像测算人们的贫困程度和健康状况；[①] 具体应用则由 Noor 等人于 2008 年在非洲地区利用了夜间灯光数据法（DMSP – OLS），通过构建系列模型与分析相关数据最终耗费了大量时间测算出了非洲的贫困状况；[②] 我国国内对于夜间灯光数据法的应用可谓寥寥无几，具有代表性的就是 Wang Wen 等（2012）将夜光数据法应用到中国省级贫困的测度中来，并成功得出省级贫困状况结论，Yu Bailang 等（2015）重点对比了集中连片特困地区的贫困指数和夜间灯光数据，得出了夜间灯光数据与贫困指数的相互联系，对多维贫困测度法进行了补充和说明。

[①] Ebener S., Murray C., Tandon A., et al., "From Wealth to Health: Modelling the Distribution of Income Per Capital at the Sub – national Level Using Night – Time Light Imagery," *International Journal of Health Geographic*, 2005, 4（1）: 5.

[②] Noor A. M., Alegana V. A., Gething P. W., et al., "Using Remotely Sensed Night – time Light as A Proxy for Poverty in Africa," *Population Health Metrics*, 2008, 6（1）: 1 – 13.

（六）地理识别法

地理识别法是通过构建可持续性生计分析框架发展而来的，其最早是由英国国际发展机构（DFID）建立的脆弱性的可持续性生计分析框架发展而来的。框架大体上分为五部分：第一部分是贫困户生活的大环境背景，第二部分是贫困户生存的成本，第三部分是政策机构和过程，第四部分是生计策略，第五部分是生计输出。其中，这五部分又被人们广泛地认为是环境资本、金融资本、人力资本、物化资本、社会资本的缩影，这五大资本被认定为人们生存所需要的五大资本，又称为生计五边形。中国农村贫困地理识别指标体系主要由农户拥有的五大生计资本和环境、背景脆弱性两部分6个维度构成。

（七）人文贫困识别法

联合国计划开发署（UNDP）于1997年提出了人文贫困的概念，人文贫困的研究由此开始。2000年的《人类发展报告》中人文贫困再次被提及，重新界定了人文贫困的定义。人文贫困主要在收入贫困、权利贫困、人力贫困、知识贫困四方面体现，也就是人们没有足够的能力获取足够的收入来维持自己的日常生活，使得自己基本生存条件丧失，缺乏享受权利的意识。徐贵恒（2008）认为"人文贫困"应该作为贫困识别的主要依据，人文贫困是各种贫困的概述，它包含了生存、发展以及权利层次的贫困考量，是一种综合的贫困。因此，人文贫困也是多维贫困测度的一种方法，主要表现为缺乏相应的生存发展机遇，遭遇各种天灾人祸以及自身发展技能受限等问题，突破了以往单一识别贫困的视角。

三 多维贫困识别法在贫困识别中的应用

随着扶贫阶段的不断发展，对于贫困识别的要求越来越高，贫困识别的维度也逐渐从一维发展到多维，多维贫困是近年来国际上普遍认可的，对于多维贫困的量化问题需要更进一步的研究，以使其能够识别每一个贫困人口。量化多维贫困问题在世界上已经有许多国家开始研究，据统计，有40多个国家正在开发或已经开发国家多维贫困指数。由于各国历史不同、发展程度不同，即各国的国情不同，国家多维贫困指数的维度、指标构成也就不同。量化多维贫困问题需要从以下方面入手：贫困维度、维度之间的权重分配、指标体系。

因为不同国家的发展状况不同,所以维度指数的侧重点也就不同,比如美国是发达国家的代表,经济发展、社会福利都比较好,国民的生活水平比较高,而相比之下,社会权利就需要更多的保证,因此,美国的多维贫困指数应该更加强调社会权利。相比之下,我国贫困问题依然相对突出,构建的多维贫困指数肯定要侧重收入水平,此外还应该考虑医疗、教育、基础设施等其他维度,统筹兼顾,这样才能构建合理有效的多维贫困指数。与此同时,多维贫困指数对贫困识别起到重要作用,使得我们能对贫困人口更精确地瞄准,瞄准到户,以便进行更全面的测量。从实践应用来看,目前扶贫工作需要我们精准扶贫,前提是需要我们用多维贫困指数即贫困线精准识别贫困人口,我国的建档立卡的方法就是其具体运用实例之一,它将调查统计的数据作为依据,对扶贫对象建立电子信息档案,同时逐级分解、分级管理,精准识别。以我国河北省为例,2016年贫困识别标准为年人均纯收入3026元,兼顾住房安全、农村合作医疗、教育等具体情况,这也是多维识别方法的具体实践。刘艳华、徐勇借鉴国际上关于脆弱性—可持续生计框架模型在贫困研究中的学术思想,通过建立农村多维贫困测度指标体系和地理识别方法,对中国农村开展了县域尺度的贫困地理识别,并与单维度收入贫困以及国家最新认定的扶贫开发重点县进行了对比分析,最后对识别的多维贫困县按扶贫措施相似性进行了类型划分;[①] 潘竟虎、胡艳兴通过选取重庆市、陕西省为样本区和检验区,通过夜间灯光指数和多维贫困指数来构建多维贫困测度模型,证明了识别贫困程度不仅可以通过入户访谈的方式,仅仅依据单一收入的数据,还可以通过更多元化、更先进的技术来识别;[②] 姚云云等通过对包容性发展价值理念的解释,运用人文贫困识别的方法识别出了农村人文贫困的致贫机理,为贫困识别提供了新的角度等都是多维贫困识别方法的有效实践。[③]

---

① 刘艳华、徐勇:《中国农村多维贫困地理识别及类型划分》,《地理学报》2015年第6期,第993~1007页。
② 潘竟虎、胡艳兴:《基于夜间灯光数据的中国多维贫困空间识别》,《经济地理》2016年第11期,第125~131页。
③ 姚云云、班宝申:《新常态下我国农村人文贫困识别——"包容性发展"价值理念的解释》,《西南交通大学学报》2016年第3期,第36~42页。

第五节　关于精准扶贫中贫困识别的问题

精准扶贫、精准脱贫在反贫困斗争中是新一代的扶贫开发理念。所谓精准扶贫，首先需要我们对贫困户、贫困村做到精准识别，然后才能进行精准帮扶、管理和考核，最终达到扶贫到村到户，做到科学扶贫。"识别"二字看似比"帮扶"更加容易，其实不然，精准识别贫困是所有扶贫工作的起始点，在扶贫攻坚过程中，对贫困人口进行有效的识别是决定社会资源及相关扶贫资金到村、到户、到人的关键因素，始终起着至关重要的作用，只有精准识别出贫困人口才能有效帮扶贫困人口，使得贫困户顺利脱贫致富，达到扶贫工作的最终目的。所以在精准扶贫过程中，各个地区有不同的参考标准。不可否认的是，这些标准在各地区识别贫困人口中发挥着重要的作用，对于扶贫工作的贫困人口识别和帮扶更显示出强大的功能，但是有些地区贫困识别标准也遭受着挑战，具体表现在评选贫困户和分配扶贫资源的差异，导致扶贫过程中出现不少的纠纷。令人好奇的是，为何如此科学、严格的贫困识别标准在部分贫困地区识别贫困户中还会有问题？本节将对主要的原因及案例进行分析，通过剖析主要的问题，为以后的贫困人口的识别工作提供参考。

扶贫研究自始至终都是学术研究的热点，但是从目前来看，学者们在扶贫问题研究中主要集中于研究扶贫的现状、问题及对策，还有的研究相关扶贫资源的利用效率，对于贫困识别的研究并不多见，似乎认为贫困识别仅仅是简简单单地按照国家标准来实施就万事大吉。其实不然，在国内对贫困识别的研究中，一些专家观点具有代表性，比如：汪三贵（2007）利用 OLS 模型和 Logistic 模型进行农村贫困人口的识别，发现较高的贫困线有利于提高极端贫困人口预测和瞄准的准确性；张晓静、冯星光（2008）从贫困线的确定、贫困规模的确定、反贫困效果的衡量三个方面来反映贫困识别与现有的贫困规模指标测度体系之间的关系，进一步完善了贫困识别指标体系内容，同时指出了政府在扶贫过程中的重要性，要想从根本上改善贫困问题，政府需要发挥主导作用，制定出相应战略。姚云云、班宝申（2016）从中国农村人文角度进行贫困识别，对我国农村人文贫困致贫机理进行分析和解释，探索了农村扶贫中人文开发的价值取向。综观学者的研究可以看出，大多是采取定量的方法来预测贫困线和进行贫困识别，带有很强的时效性，但是也缺乏对贫困识别中存在问题的提出及有效讨论。下文以案例的形式阐述以国家标准进行贫困识别在实施过程中遇到的困境。

一 贫困识别实施过程中的问题

首先，在以国家标准进行贫困人口识别过程中，由村民进行申请，由当地政府印发统一格式的贫困人口申请表，然后通知需要申请的村民去填写递交。就实践中出现的情况来看，一般递交申请书者所占比例要大于当地的贫困户的比例，这时候贫困识别遇到了第一个难题，就是"供不应求"，然后由村委会进行评选与摸底，在贫困申请书的申请户中，村子严格按照识别标准对申请户进行初次筛选以及审核。然而在审核过程中就会出现贫困识别的第二个难题"村民的社会关系问题"。例如：某村的张三本来符合贫困识别标准，也在贫困户的备选名单中，但是评选中没有选他，原因是他平时为人处世得罪了不少人，大家对他的评价不好，没有投票选他，但是他的家庭情况不容乐观，家里有重病的母亲和上学的儿子，每年负担很重。虽然他的家庭确实符合贫困户标准，但是经民主评议他没有被评选上，这使得贫困人口识别出现了很大的问题。由此可以看出，经过国家标准的程序评选，张三符合贫困户标准，然而经过民主评议后他没有成为贫困户，这凸显了国家标准与实施过程中所谓的"人情因素"的冲突。其次，贫困识别标准对于财产有明确的规定，然而实务工作中，对于资产的核算与评估存在各种技术上的问题，使得贫困识别变得相对模糊，不确切。最后，贫困识别依据标准，比如河北省年人均纯收入低于3026元的判定为贫困户，而与其生活水平相差不多的人，比如年人均纯收入3030元的不见得比其好多少，却没有被纳入贫困户，这种不患寡而患不均的问题也存在于贫困地区对贫困人口识别的过程中。

二 贫困识别问题的成因分析

（一）"人情世故"的传统观念根深蒂固

人的社会网络关系一直是不可忽视的重要因素，贫困地区的农村尤其如此，人们之间的利益也是建立在关系网络之中的，主要体现在日常生活的往来之中，人们不可能脱离群体而存在，平时互惠互利、来来往往都会对这种关系产生重要的影响，村子的政治、经济、文化活动以及利益都和人与人之间的关系有必然的联系。人情世故是中国社会关系存在的基础，也是中国传统文化的积淀，礼尚往来会使得生疏的关系逐渐走向亲密，良好的社会关系会使得办事高效，在贫困地区贫困人口识别也受到熟人社会的左右。熟人社会是建立在人情世故之上的，在这样的关系中，国家识别贫困的标准也自然面临传统的人情关系的考验，贫困识别自然面临失效的风险，以致在精准识别过程中，熟人社会所建构起来的关系网络成为贫困识别的重要参考依据。在农村，一般而言，村干部都有着良好的村民关系，在整个村落的社会关系网络中占据着有利地位，为村子办事自然也受到了村民的爱戴与赞许，所以贫困识别在部分贫困地区以村干部为主，村干部也会倾向于与自己关系亲密的人，这样在无形之中也就影响着贫困人口的识别，使得村里的贫困人口评判标准与国家贫困识别标准相悖，底层筛选贫困人口的标准在一定程度上削弱了国家的一系列标准体系。人们行为处事也几乎人情关系至上，超越了规则、标准等，所谓的"潜规则"也在农村上演，正如在贫困人口的识别过程中"评委"们可能一定程度上将人情因素放在了规章制度之上作为贫困人口识别的主要参考标准，这就使贫困识别发生了很大的偏离，使得贫困识别标准失去了其重要的意义。因此，我国在今后的贫困户识别过程中，必须清醒地明白，我国农民不全是经济人，而是社会人、道德人，那么人们在一定程度上是会被人情世故约束的。

（二）村民对财产价值的概念并不明确

农村人们的生产劳动很辛苦，现在种植粮食已经不能满足人们的日常生活需求了，大部分村民除了种地还会选择外出打工补贴家用，每天休息的时间很少，生活相对来说也并不那么精细，在这样的生活之中人们对自身的财产以及收入等没有明确的计算和概念。在调研过程中也能感觉到人们对自身财产及收入只能回答个大概，没有准确的数字，回答也基本上模棱两可，这种模棱两可给贫困识别工作带来了较大的困难。在农村，农民计算准确的东西都是关乎生存的，遵循"生存至上"，是一种对仅有的"存量财富"的计算，也就是平时所讲的会过日子，他们并不像城市居民那样对财产状况计算得很细致，因为每个农户基本能够自行生产自己所需的消费品，所以他们日常所需的食物、用具的来源大部分是依靠自然的力量而非依靠社会资源。而在这种生活模式下，绝大部分贫困家庭缺乏对自己每年收入、支出的细致核算。

(三) 村级民主制度并不那么健全

在贫困识别过程中，按照国家的识别标准，贫困户自愿申请后还需经过村级民主的筛选、摸底，才能确认为贫困户，获得相应的贫困补助，可见村级民主评议在整个的精准识别过程中也起到了监督作用。健全的村级民主管理制度是贫困人口识别的政治保障，一旦村级民主管理制度失灵，就失去了公平公正的效果，就目前来看，村级民主管理制度在一定程度上缺乏公开、公正、透明的原则性，村级治理过程中，扶贫资源的发放有着"不透明"的问题，主要体现在贫困识别和资源分配上。在贫困识别过程中，根据上述所提到的"人情世故"的关系，村干部会侧重评选那些与自己关系更为亲密要好的贫困户，使得贫困识别不精准；另外，在扶贫资源、资金的分配过程中某些缺乏责任心的村干部攫取大部分扶贫资源，使得扶贫资源、资金等最终不会完整地到达贫困户手中。这样一来，贫困人口获得扶贫资源很少，使得贫困识别的目标偏离严重，扶贫失去了意义，使扶贫专项资金流向了一些并不是那么贫困的群体。

综上所述，在扶贫攻坚的主要阶段，贫困识别是工作的重点，也是工作的难点。面对贫困识别中的问题，政府要具体问题具体分析，从贫困地区的实际出发，不同地区根据地方具体的实际进行贫困识别、扶贫资源的分配，尤其要注意国家制定的贫困识别标准具体地应用到贫困地区中，使贫困地区的贫困识别过程与国家上层建筑不违背，从而能够将国家层面的配套识别标准融入农村体系之中。从实际扶贫过程来看，国家设置的贫困识别标准肯定处于主要地位，各省、区、市都以国家标准严格实施，在贫困识别过程中发挥了强大的功能，但是同时在地方运用中缺乏灵活性及创新性，使得一些地区贫困识别引起不必要的纠纷，面对这种现状，我国在精准扶贫的精准识别环节，应该建立一个全面、完善的贫困识别体系，充分考虑不同地区的不同风俗、习惯等因素，规范我国各地区贫困识别制度，真正做到扶真贫、真扶贫。

第六章 贫困线测度标准与贫困监测方法

第一节 贫困标准定义的发展

谈到发展问题就会想到贫困问题,不只是发展中国家存在贫困问题,发达国家也同样存在贫困问题,只不过与发展中国家的贫困相比,发达国家的经济水平更高一些,贫困标准也更高一些。贫困问题是一个历史悠久的问题,但贫困问题具体指的是什么呢?简单来说,贫困问题就是各个国家会存在这么一个群体,在他们现有的经济水平下他们的收入不足以维持他们的温饱,他们普遍存在吃不饱饭、穿不暖衣、没有钱看病等问题。这些问题都是最基本的民生问题,也是影响社会稳定、国家安定的重要因素,所以贫困问题引起了国内外学者的广泛关注。针对贫困问题的研究首先要解决的就是贫困的测量问题,既然有贫困问题的存在就需要有一定的标准来进行衡量,针对这一问题国内外学者进行了不懈的研究,对于贫困问题的解决具有重要意义,为世界的发展做出了巨大的贡献。但是从历史发展来看,贫困问题的提出较晚,刚开始并未引起人们的足够重视,随着贫困问题进入理论领域,才开始逐渐引起人们的重视,但相关研究发展缓慢。近几年响应习近平总书记提出的"精准扶贫"的政策,我国学者高度重视这个问题,消灭贫困已成为我国的当务之急,为全面建成小康社会打下坚实的基础。

一 贫困线标准的制定

贫困线标准的制定实际上是比较困难的,要想制定贴合真实贫困状况且具有普适性的标准需要深入贫困地区对贫困区域进行广泛的调研,在深入了解贫困的基础上才能够更好地对贫困进行研究。贫困线标准的制定不仅要考虑到理论的可靠性,而且要顾及实际的可操作性,作为测度的指标,贫困线应反映以下问题。

第一,要把过程贫困和结果贫困都体现出来。随着经济社会的发展,贫困问题变得逐渐复杂,它不仅表现为物质上的匮乏,还是一种机会与过程的贫困。过程贫困已成为贫困内涵中必不可少的部分,尽管它的测量有一定的困难。

第二,要把绝对贫困和相对贫困进行统一。绝对贫困是低于国家划定的贫困标准的,是以收入来衡量的;相对贫困则需要一个合理的核心。由此而知,在探讨研究贫困问题时,必须将二者有效地统一起来,得到一个合理的结论。

第三,要根据不同国家和不同地区的实际,真实合理地反映不同区域之间的差别。每个国家或地区由于历史、资源等存在差异,经济的发展水平是有差别的,收入情况有高有低,而且风土人情也具有一定差异,因此各个地区都有着不一样的贫困内容,在客观上要求每个国家、地区要有能够反映出贫困内容差别化的贫困线,这样才能够较为明确地将一个国家或地区的真实贫困状况体现出来。

第四,计算的方式不但要科学,还要可以操作。计算方法要有准确的理论支撑、科学的推理过程,不能胡乱编造。另外,计算过程不可太复杂,若计算过于烦琐,耗费大量精力,理论上就违背了测算贫困线的核心,这样的理论很快就会被淘汰。

二 贫困定义及标准的发展

在贫困研究的初期,主要针对贫困人口的吃、穿以及医疗问题,出发点是绝对的贫困定义。绝对贫困主要是通过贫困家庭的年人均收入来衡量。而随着经济的不断进步与发展,绝对贫困正在向着相对贫困转化。贫困标准已经不能单纯用家庭的年人均收入来衡量,这种绝对贫困意义下的贫困标准主要是指物质上的,个人的收入不能维持其基本生活需求,这种基本生活需求既包括温饱问题也包括其他方面,主要是用收入或消费支出度量。随着国家经济的不断发展,绝对贫困正在不断被消除,但这并不是真正意义上贫困的消除,如今社会贫富差距的广泛存在决定了一些人在解决绝对贫困问题之后并未解决真正的贫困,他们相对另一些人更加贫困,或者说这部分人的收入远低于平均水平。所以有一部分国家慢慢地取消了绝对贫困的概念,不以规定的最低收入作为衡量标准,而是改为采用相对贫困的概念。

目前，众多学者普遍认为，贫困的表现不仅是单一的收入问题，而应从多个方面进行考察和衡量，包括住房、固定资产、本身能力、抵抗风险能力等多维度因素，需要多维的指标来衡量，多维指标综合加权不达标，才能识别为贫困人口。这些指标如何选择以及权重如何分配，是目前众多学者积极研究的问题，相信在不远的将来，会制定出一套科学合理的指标体系。

习近平总书记针对反贫困问题，发表了最新的论述——"精准扶贫""两不愁三保障"。习近平总书记指出扶贫的关键就是"精准"二字，要充分考虑各地贫困的原因，根据当地的特殊情况因地制宜来发展当地的特色产业，有的地区可能适合搞农业，有的适合发展工业，有的适合发展旅游业等第三产业，不可一味地照搬照抄，要精准到户，搞清楚每户的特殊情况、致贫原因，帮助其脱贫。习总书记提出到2020年，要让农村贫困人口不愁吃不愁穿、有安全的住房、孩子都能上学、能看得起病。既考虑基本的生活需求条件，又为贫困人口做长远的打算，为贫困统计工作尤其是贫困标准制定和贫困监测工作指明了方向。

第二节 我国农村贫困标准测算方法

一 贫困线的分类

贫困线可以区分为绝对贫困线和相对贫困线。

绝对贫困线就是指维持个人及所需要照顾的人的基本正常生活所需要的最低收入，也被称为最低的生活保障线。我国目前大多数采用的是绝对贫困的标准，测量方法主要分为以下四步。

（1）根据专家的建议，制定出一人一天所需摄入的最低热量；

（2）选择有效科学的食物需求种类和需要的数量；

（3）根据实际，结合当地及全国物价水平确定科学合理的价格，以此来计算出最低的食品消费支出；

（4）用以上所求得的最低食物费用支出与合理的恩格尔系数进行比较，所得的结果就是贫困线。

相对贫困线是指社会上一部分贫困人口、某个群体或某个地区的贫困程度或发展状况相对于其他人口、群体、地区有明显的差异，贫困程度更高,发展缓慢,由此而制定的贫困线。

我国对农村贫困标准的定义,是指在一定的时期内,根据经济发展实际与当地的风俗习惯所计算出来的,维持人们的正常基本生活必需的消费支出,其中既包括食物消费也包括非食物消费。这种定义与国际上通常使用的世界银行标准的定义大体上是一致的。

根据这一规则,结合我国农村的实际发展情况,并采用世界银行推荐的测量方法来测算农村贫困标准,测算的基本思路就是通过问卷调查、住户调查,准确地测算出贫困人口所需的基本食物消费支出,然后建立食物需求模型,再用相似的方法建立非食物需求曲线,使食物消费支出与非食物消费支出相加,这样就测算出了贫困线。

测算贫困线基本步骤如下。

第一,要确定基本食物需要。由科学数据可知,一人一天所需的热量大约为2100大卡,所以所挑选的食物首先要在热量上满足要求,其次要做到营养均衡,摄入的食物应包括淀粉类、蛋白质类、蔬菜类,然后计算一篮子基本食物的数量,对应相应的价格,计算总的费用,达到了这一要求,就可以基本解决人短期内的温饱问题。现行贫困标准的基本食物篮子如表6-1所示,主食包括一人一天1斤面粉或大米、1斤绿叶菜、1两肉或者1个鸡蛋,这些食物基本可以为人体提供一天的能量,按市场价格来计算,每天4.104元,每年就是1498元。

表6-1 1985年和2014年我国农村居民基本食品消费支出需求

	项目	单位	1985年	2014年
综合平均价	粮食	元/公斤	0.43	2.48
	蔬菜	元/公斤	0.20	2.96
	猪肉	元/公斤	3.44	18.39
	鸡蛋	元/公斤	2.52	9.53
基本食品消费所需支出	每天1斤商品粮	元	0.288	1.653
	每天1斤蔬菜	元	0.098	1.478
	每天1两肉或1个鸡蛋	元	0.174	0.794
	合计	元	0.560	3.925

注:综合平均价是住户调查中农户出售和购买价格的简单平均,原粮对商品粮的折算系数为0.75。

资料来源:全国农村住户调查、居民收支和生活状况调查。

第二,计算最低非食物需求线,从而测算出低贫困线。最低非食物需求是指人们日常生活中必不可少的东西,比如日常基本的穿着和保暖需要的衣物。低贫困线就是基本食物需求线+最低非食物需求线,代表人们最基本的生存需要水平,其中,食物的占比是非常高的,占到70%~80%,特殊情况下会更高。

第三,确定较高的非食物需求线,测算出高贫困线,也就是我国现行的贫困标准。较高的非食物需求线是指和食物的需求同样重要的一些非食物的支出,包括必要的吃、穿、住、行等方面的消费,也包括医疗、教育、通信、娱乐方面的支出。高贫困线就是指日常基本食物需求+较高的非食物需求,它代表着非常稳定的温饱水平,在高贫困线中食物的比重为40%~50%,有所下降。

二 贫困线的测度

贫困线设定是研究贫困问题非常重要的一步,它是计算贫困率必需的条件。贫困线是根据各国的社会经济发展状况而制定的生存所必需的最低标准,只有确定了贫困线,才能确定贫困人口的范围。随着贫困问题逐渐受到重视,一些研究国际贫困的专家学者在对各国贫困进行研究比较的时候,主要采用各国货币购买能力这个指标,主要内容就是利用购买力评价来制定国际统一的贫困线。这个方法首先是把各国的人均收入按照某一年度的美元值换算成统一的单位,接下来就确定了一个统一的贫困线;最后按照制定的贫困线,就可以估计各个国家的贫困人口了。

三 我国常用的贫困线测度方法

(一)恩格尔系数法

这种方法是国际上比较常用的一种方法,这种方法的具体内容就是根据科学的计算,确定出一个人生存所需最低营养摄入量,进而确定需要消费的食品种类以及数量,接下来就可以得出饮食的费用,用这个数除以计算期内的最低收入水平组的恩格尔系数,得到的商就是贫困标准。

(二)线性支出系统模型法

这个方法是建立居民的消费支出函数,用日常生活中的各种消费品的支出来代替居民的收入,以问卷调查的方式收集有关居民生活的数据,代入所建立的模型中，计算出居民生活的最基本的需求支出，作为贫困标准。

（三）基本需求法

居民日常生活中的需求有很多，但是也有主次之分，有的是必不可少的，比如吃饭、穿衣、住行方面，有的则是为了提高生活质量，此方法就是对这些需求的必要性进行排序，再对每一项依据一定的标准计算混合的平均单价，那么这些平均单价之和就是贫困标准。

（四）比例法

这个方法的定义比较直观，相对来说也比较好理解，而且实际可操作性强。它有两个方面：一是从收入的角度出发，贫困人口的收入会低于大多数非贫困人口的收入，然后按照比例在最低收入人口中抽取一部分人将其界定为贫困居民，把他们的收入水平设定为贫困标准；二是把全社会居民的人均收入的一半设定为贫困的标准。

第三节 我国农村贫困标准的调整

一 贫困标准的两种调整

发展中国家与发达国家相比，在贫困理论方面的研究明显落后，发达国家对于贫困理论的研究起步较早，科研经费也比较充足且非常受重视，所以贫困理论相对较全面且极其深刻，发展中国家则行动比较缓慢，没有对这个问题引起足够的重视，以至于反贫困知识相对匮乏。作为发展中国家，我国对贫困问题一直非常关注和重视，这也与我国的国情有关。我国地大物博，新中国成立之初贫困人口众多，且人们主要依靠的是农业，靠天吃饭，第二产业、第三产业在当时极不发达，这就导致中国众多的贫困人口面临着一个非常严峻的脱贫局面。脱贫的出路在哪里？这是新中国成立之初亟待解决的问题。我国政府一直非常重视贫困的问题，缓解贫困和解决贫困是中国政府不懈努力的目标，从20世纪50年代起，我国政府就有计划地向各个贫困地区输送资金和物资，主要进行物质上的帮助。我国政府耗费了大量的人力、物力、财力来积极地解决贫困问题，然而却没有在反贫困理论方面进行深刻研究，没有研究致贫的原因、各地的特殊情况以及怎样因地制宜地解决贫困问题，因此反贫困理论并没有取得实质性进展。改革开放后，我国才开始重视反贫困理论研究，国内众多专家学者开展了热烈的讨论及积极的研究，虽然形成了一些有价值的理论，但是相对于我国国内情况复杂的贫困现象，不论是广度上还是深度上都是不够的，反贫困具有重大的意义，我国在这条路上还要艰难前进，要加强对反贫困理论的研究，根据实际进一步拓展开发。

贫困标准的调整总的来说有两种情况：第一种就是根据经济社会的发展，贫困标准也应与时俱进，随着人们生活水平的提高而提高；第二种就是虽然衡量生活水平的标准不变，但是要用不同年度的物价水平进行衡量调整，来保证它的可比性。

（一）第一种调整

新中国成立以来，我国根据社会经济的发展水平，本着与时俱进的精神，不断对我国的贫困标准进行相应的调整，紧跟时代的步伐，就是为了更好地缓解和解决贫困问题，让人们尽快解决温饱问题，步入小康社会。我国先后出台了3种贫困标准，以适应时代的发展，具体为"1978年标准"、"2008年标准"与"2010年标准"。

"1978年标准"是说依据1978年的价格每人每年的收入需求为100元。这是在经历"文化大革命"后，首次提出的贫困标准。在那个时期，农业发展占主要地位，且没有先进的农业治理理念和先进的技术，第二产业与第三产业不够发达，因此这个贫困标准制定得非常低。虽然满足了一人一天需要的2100大卡的热量，但是营养极不均衡，食物的质量较差，在这个标准下，人们只能勉强果腹，且食物支出占总支出的比重约为85%，是极高的。

"2008年标准"实际上早在2000年就已经开始使用了，因为2008年才正式被确认为扶贫标准，所以被称为"2008年标准"。按2000年价格每人每年收入需达到865元，这个标准相对于"1978年标准"在非食物部分有了一些扩充，适当地添加了一些比较合理但并非生存必需的条件，总的来说，这是一条比较基本的温饱标准，满足了每人每天所需的2100大卡食物支出，在这里食物支出占比为60%，相比有所下降，这个标准保证了人们吃饱穿暖。

"2010年标准"在贫困农村地区执行至今。按照2010年价格，贫困标准是每人每年收入2300元，按照2014年和2015年的价格应该是每人每年收入2800元和2855元，这是联系习总书记提出的"两不愁，三保障"，且根据实际测定的比较合理的基本温饱标准。这个标准的提出，背后有非常强大的科学现实依据，政府组织专业的技术人员以问卷调查的方式下乡实地调研，收集一线数据，调查的内容包括温饱、住房、教育、医疗、公共文化卫生等各个方面，对收集的数据做专业的统计分析，得到精准的结果，才制定的这个贫困标准，具有非常重要的现实意义。这个标准是满足人民的食物支出，且营养较均衡，还包含非常高的非食物支出，2014年的食物支出占比为53.5%；除此之外，还对高寒地区有政策倾斜扶持，对高寒地区采用的是1.1倍的贫困线标准。

（二）第二种调整

对于第二种调整，主要依据的是"农村贫困人口生活消费价格指数"，每年都根据实际对贫困标准进行补充、更新、删减，让它更好地适应现实情况，更具有权威性和可比性。在农村贫困人口的消费中，食物支出始终是占比最高的，所以在计算贫困人口生活消费价格指数时，要对食品消费价格指数与农村居民消费价格指数进行适当的加权，要有意识地提高食物支出的比重。表6-2表示的是三个贫困标准以及不同年份间的调整。

表6-2 我国农村三个贫困标准

单位：元/（人·年）

年份	1978年标准	2008年标准	2010年标准
1978	100	—	366
1980	130	—	403
1985	206	—	482
1990	300	—	807
1995	530	—	1511
2000	625	865	1528
2005	683	944	1742

续表

年份	1978年标准	2008年标准	2010年标准
2008	—	1196	2172
2010	—	1274	2300
2011	—	—	2536
2012	—	—	2625
2013	—	—	2736
2014	—	—	2800
2015	—	—	2855

说明：同一标准，不同年份之间的数值虽然不同，但代表了同一生活水平，是可比的，而不同标准代表了不同的生活水平，是不可比的。

资料来源：国家统计局历年农村贫困检测报告。

二 按不同标准测算的贫困人口数据

在这三个标准下，所测算的贫困人口数据是没有可比性的，因为各个标准制定的时期不同，每个发展时期又都有不同的特点，科学理论知识在不断地发展。我国目前执行的是2010年的标准，已经基本消除"1978年标准"和"2008年标准"下的农村贫困人口，扶贫工作取得重大进展，尤其是习近平总书记上任后，大力强调民生问题，关注民生问题，给人们的幸福生活指明了方向。

总之，我国现阶段推行的贫困标准是合理的，非常符合我国的基本国情和现阶段我国的社会经济发展情况，在这个标准的指引下，能精准地划出贫困人口的范围，进而根据各地区不同的致贫原因，找准对策，帮助一方人民脱贫致富。这个标准的科学性与合理性是不容置疑的，但是要与时俱进地更新与补充。这是因为：测算方法非常的科学规范，是经过大量权威的专家学者认证的；数据的来源非常可靠且精准，都是一线数据，是工作人员下乡入户访问搜集的，在搜集的过程中，不仅了解设计问卷上的内容，还根据居民的实际反映，适当地添加与删减。

第四节 国际贫困标准与中国农村贫困标准

一 世界银行发布的国际贫困标准

世界银行是世界上研究贫困问题比较权威的机构，各国的贫困研究专家与学者在对本国的贫困问题进行研究时,都会参考世界银行发出的一系列标准,但是不应该生搬硬套,而是结合各国的实际制定贫困标准。目前有两个标准:一个是国际极端贫困标准,内容为一人一天生活费低于 1.9 美元;另一个是以发展中国家贫困线取得的中位数,为每人每天生活费 3.1 美元。这两个标准的共同之处就是都以 2011 年为价格基期。

国际贫困标准不是一成不变的,而是随着价格基期变化而变化。国际极端贫困标准是广为人知的"一人一天一美元",到最后发展成为一个响亮的口号,其数值其实也是在不断变化的。2015 年开始,世界银行发布"1 人 1 天 3.1 美元"的贫困标准。为了与极端贫困标准相区别,有的时候也将这个标准定义为"一般贫困标准"。世界银行发布的有关贫困标准如表 6-3 所示。

表 6-3 世界银行采用的国际贫困标准

单位:美元/(天·人)

极端贫困标准				一般贫困标准	
发布年份	价格基期	数值	测算方法	数值	测算方法
1990	1985	1.01	12 个最穷国的最高标准	—	—
1994	1993	1.08	10 个最穷国的平均标准	—	—
2008	2005	1.25	15 个最穷国的平均标准	2	发展中国家贫困标准中位数
2015	2011	1.9	15 个最穷国的平均标准	3.1	发展中国家贫困标准中位数

二 我国农村贫困标准

贫困是新中国成立初期所要面临的重大问题。但是改革开放前,由于某种原因我国对反贫困的理论研究起步较晚,改革开放后,开始逐渐着手研究贫困问题。改革开放的春风一经吹起,我国勤劳的人民大众就紧紧地抓住这个机会,积极地发展自己的事业,有的靠农业致富,有的紧追时代的潮流,成为个体户。在这种潮流的带动下,很多农民脱贫致富,但也有一部分农民并没有在这个伟大的政策下受益或受益极为有限,甚至连基本的温饱问题都没有解决。在这个背景下,1985 年中国政府开始实施专门针对贫困地区的特殊扶持政策,旨在使全国人民都受益于改革开放的春风，共同步入小康社会。20世纪90年代初，城镇贫困问题表现得越来越严重，我国的一些专家学者针对反贫困问题进行了积极的研究，虽然起步较晚，但是也取得了一些实质性进展，结合国际经验与我国的实际，研究出了适合我国发展的反贫困理论，但是我国的贫困问题涉及范围广且贫困发生原因十分复杂，现有的反贫困理论还是显得相对薄弱。随着社会经济的发展，人们的需求日渐增长，不管是在物质方面还是精神方面，都有很大的需求，人们对贫困的认识越来越深刻，亟须构建一套完整科学的反贫困理论体系。目前我国反贫困理论存在的问题主要有以下几个。

一是实证分析强于基础理论研究。目前，不管是起步较早的外国研究还是我国学者的反贫困研究，对贫困问题的探究分析都不算是专一的，因为提到的贫困研究总是包含在一些经济理论中，比如人口经济学、统计学、发展的经济等理论，而不是实事求是地专门研究贫困发生的原因，根据各种贫困不同的特点，用最有效的方法来积极解决贫困问题。

目前我国反贫困理论的研究还有很多欠缺，专家学者主要采用实证研究方法，比如选取某一个地区，介绍当地的发展情况，搜集当地近几年的关于人民生活的资料，最主要的是根据实证研究的需要，采集关于贫困方面的数据，进而对这些数据进行统计分析，得到反映这个地区的指标数据，最后将研究结论推广应用到其他贫困地区。但是我国现在需要大量的基础性数据，因为这些数据可反映贫困现象的共性，有助于找到反贫困的突破口。

二是目前国内反贫困理论主要针对的是农村地区，对城镇关注较少。主要因为我国是农业大国，自古是以农业为主要经济支柱，虽然新中国成立初期和改革开放初期，我国城镇化建设发展较快，但这也不能改变我国农村人口众多、占全国人口的大多数这一事实。并且贫困问题在初期也主要集中在农村，所以大量的反贫困理论研究讲的是农村的问题。但随着社会的发展，城镇贫困也逐渐凸显，而反贫困理论没有及时跟上，总的来说，我国反贫困理论不够系统、完善、全面，需要积极发展与改进。

三是反贫困理论大多数和经济挂钩，忽略了其他方面的影响。一个地区贫困的发生，往往是很多方面原因造成的，包括历史条件、社会因素、宗教信仰、风土民情、地理环境、政治因素等方面，但是我国目前的反贫困研究主要集中在经济方面，与其他方面很少挂钩，这就暴露了很多问题，也说明我国的反贫困理论研究还有非常大的发展空间和进步空间，这也给了国内专家学者一个信号和一个研究方向,要不断地创新,敢于创新、敢于探究,相信经过学者的不断努力、探索,在不久的将来,贫困理论会越发完善。

四是贫困理论研究者没有足够重视制度因素。一个国家关于一项政策的制定,对社会的影响是巨大的,所以要加强对制度的重视,同样关于贫困政策的制定,更应该非常慎重,要勤于反思,反思现有的贫困政策在当地是不是适用,是否能积极地促进当地的发展,而且对政策要有针对性地利用,不能一味生搬硬套。作为政策制定者,也要懂得与时俱进的道理,要勤于反思,勤于补充修正,不断进步。

总体来说,一些比较前沿的反贫困理论集中在发达国家,所以这些理论所涉及的也大多数是发生在发达的资本主义国家的贫困问题,但有一个和我国情况相似的地方:都是在农村贫困问题方面研究成果较多。

第五节 贫困监测方法

贫困监测的方法有很多,我国采用的是住户调查方法,这种方法在国际上是比较流行的,有很深厚的理论基础,监测技术也比较成熟。我国的农村住户调查从1954年就开始了,由于"文化大革命"等原因,一度中断,改革开放后又继续施行。大量专家学者有计划有组织地下乡收集一线数据,国家统计局对这些数据进行研究分析,测算农民的收入消费情况;同时,通过对数据深入挖掘分析,发现影响消费、导致贫困的一些因素。

一 中国贫困监测体系的现状

国家统计局作为贫困监测中的重要职能部门,在整个监测过程中处于举足轻重的地位。贫困监测的首要任务就是要准确地识别贫困人口,准确地划出贫困线,这就要求统计工作人员收集的数据足够精确,搜集完数据后,要用专业的软件对数据进行处理,从而得到一些有用的信息。国家统计局在实务工作中,一方面搜集到了有关农村居民消费支出的数据,以此计算贫困发生率;另一方面,也在努力地搜集有关医疗、教育、卫生文化等方面的数据,以更全面地掌握贫困人口的信息,从而找到贫困群体特点,积极帮助他们摆脱贫困,走上致富的道路。贫困监测的具体情况如下。

(一) 贫困监测的数据基础

我国贫困监测的数据来源非常丰富，一是专门针对农村住户的抽样调查数据，主要是用来分析农村不同区域的贫困特征以及致贫原因，动态监测贫困状况。这个数据库中的数据具体到户，拥有非常强大的功能。二是在全国的贫困县设置数据观察点，主要针对的是国家重点扶持的国家级贫困县。通过这样的数据观察点，可以清楚地观察到扶贫政策的实施效果，近一段时期扶贫工作需要改进的地方、值得借鉴学习的方面，从宏观上对扶贫工作进行调控。三是集中全国的力量、历史的力量、众多专家学者的理论研究、地理位置研究以及对当地的风土民情的介绍，还有地区发展的历程以及众多的优秀案例。这些资料都可以为贫困监测提供充足且准确的数据。

(二) 数据发布途径、周期与及时性

我国的扶贫数据发布是比较及时的，且数据审核也比较严谨，首先要向发改委、统计局、教育部等部门通报，经各部门一致审核、确认无误后发布。主要的发布渠道包括电视台、报纸，还有各大媒体，调查数据和调查分析报告在中国的各大年鉴上都能查到，为想要利用数据做分析调研的社会人士提供方便，实现数据的共享。

(三) 贫困监测主要内容

我国农村贫困监测范围很广，但是层次非常清楚，位于第一层的，是最重要的、也是最基础的，就是农民基本收入和支出情况，这两个数据决定着贫困人口生活的质量。再就是非常关注贫困人口的住房、医疗、教育情况，在当今社会，这三个方面已经是非常重要的了，其重要程度不次于吃饭穿衣。"再穷不能穷教育"，新中国成立以来民众的教育意识提高得非常快，但普通家庭供养一个大学生已经非常吃力，所以政府应提高对教育的重视。再就是医疗方面，贫困人口对于疾病一般没有抵挡能力。所以，我国还应增加监测内容，丰富监测内容，系统化搜集数据，让监测内容更加丰富、有条理。

(四) 贫困标准确定方法

国家统计局根据搜集到的数据及对数据的分析，利用实际消费价格指数和消费的数量来统一确定每年的贫困标准，这个标准的确定有很强的时

效性，需要很新的数据作为依据。中国推行的此贫困标准代表的仅仅是可以生存的最低的支出，并没有把食物质量、生活质量等重要因素考虑进来，所以有的贫困人口勉强达到这一标准，也没有自己致富的能力，隐藏的贫困问题仍然需要大力解决。

（五）2000~2006年农村贫困情况

表6-4 2000~2006年农村贫困情况

年份	贫困人口			低收入人口			合计	
	标准［元/(人·年)]	规模（万人）	比重（%）	标准［元/(人·年)]	规模（万人）	比重（%）	规模（万人）	比重（%）
2000	562	3209	3.5	865	6213	6.7	9422	10.2
2001	603	2927	3.2	872	6102	6.6	9029	9.8
2002	627	2820	3	869	5825	6.2	8645	9.2
2003	637	2900	3.1	882	5617	6	8517	9.1
2004	668	2610	2.8	924	4977	5.3	7587	8.1
2005	683	2365	2.5	944	4067	4.3	6432	6.8
2006	963	2142	2.3	958	3550	3.7	5692	6

二 贫困监测调查

（一）调查范围

贫困监测主要包括两项基本调查：首先就是全国居民的收入消费情况，也就是基本生活情况的调查，这个范围非常广，覆盖了全国大部分地区，此调查的目的就是从微观角度细致地观察人民的生活情况，并对全国各地区的同一时间点的收入情况进行对比分析。其次就是专门为农村贫困地区设立的监测点，主要就是收集贫困地区各方面的数据，比如最主要的消费支出情况，还有儿童教育、老人养老、公路设施等方面。有了这些数据就可以对比贫困地区与非贫困地区的发展差异，还可以看到两者之间的具体差异，既可以比较同一时间各个贫困地区的差异，也可以按照时间序列的顺序，比较不同年份同一地区的差异。

（二）调查内容

调查内容主要包括年人均收入情况、每人每年的消费支出情况、住房条件、受教育情况、村里通公路情况、村里的文化设施，还包括养老保险缴纳情况、医疗保险缴纳情况、就业问题等方面。

（三）抽样方法

抽样方法主要分为分层抽样、多阶段抽样、随机抽样等方法。首先，确定抽样框，即需要调查的范围，根据需要抽样的数据，把各个地区进行分层，每一层要有自己独特的地方，要有代表性。其次，贫困监测是一件需要长时间来做的事，所以要有计划地把年份分好，几年作为一个时间档，要有科学的规划。再次，执行随机抽样方法，按照不放回的原则进行抽取。在这个过程中，要有专门做这件事的工作人员，还要有监督人员在旁帮忙观测，以防抽样环节出现差错。最后，将抽样的数据进行系统汇总，检查无误后交由处理数据的工作人员。抽样这个环节至关重要，抽样的方法直接影响数据的质量。所以在这个环节要非常认真慎重，保证数据的准确性与科学性。

（四）严格审查

应认真阅读各地区的各种统计资料，做到对每一个地区心中有数，关于地理位置、经济发展情况及当地的风土民情都要了然于胸，对上报的各种资料，应严格分析与审查，避免出现虚报和漏报的情况。对上报的数据，还要定期进行实地抽查检验与电话回访，务必保证调查的质量。

三 主要监测内容和指标

（一）贫困发生率

贫困发生率的概念与贫困人口和全部人口两个概念有关，指的是贫困标准以下的人口即贫困人口占全部人口的比重。

（二）贫困人口规模

贫困人口规模是指贫困人口总数。贫困人口规模测算方法如下：首先，要使用上述计算方法计算出各省（区、市）的贫困发生率，然后通过这个贫困发生率求得每个省（区、市）的贫困人口规模，每个省（区、市）的贫困人口规模相加就得到了全国的贫困人口规模。

(三)人均可支配收入

人均可支配收入是指人们可以自由支配的收入,可以用来买自己需要的物品,而不用征求其他人的意见,可支配收入是消费和储蓄之和,既包括存在银行的现金也包括可以抵押的私人物品。这些收入的来源可以是工资,也可以是做生意的收入,也可以是出租收入,也可以是继承的财产。

(四)人均消费支出

人均消费支出是指日常生活中为了满足需求而进行的消费。既包括必需的食品衣着支出,也包括孩子的教育费用支出、住房支出、生活用品支出、医疗保健支出,还有在人们生活中比重日渐增高的交通通信支出、教育文化娱乐支出。

(五)百户耐用消费品拥有量

百户耐用消费品拥有量是指日常生活中为了提高生活质量,满足人们需求,减轻日常劳动而进行的消费的数量,指平均每百户家庭拥有某种耐用消费品的数量,其中包括百户汽车拥有量、百户计算机拥有量、百户洗衣机拥有量等。

(六)居住条件指标

居住条件指标主要涵盖房屋的面积、居住土坯房屋的比重、利用自来水的比重等。

(七)农村卫生教育条件

农村卫生教育条件包括一个村子里有医保的人的比重、适龄儿童的入学率、每个村的卫生站设立的情况等。

(八)农村基础设施条件

农村基础设施条件包括通公路的自然村的比重、公路的亮化硬化情况、文化广场的修建情况以及孩子上学便利情况。

四 目前贫困监测工作面临的主要问题

(一) 贫困标准的问题

目前，关于贫困标准的问题实际上有以下三个。

1. 贫困标准更新的问题

随着我国经济社会的不断发展，大部分的贫困人口在衣、食、住、行上基本得到了保障，所以现有的贫困标准在新的形势下不能反映实际，需要补充更新。

2. 区域比较的问题

我国地大物博，人口众多，所以每个地区发生贫困的原因不同，各地都有自己独特的地理位置优势或是各自的特色产业，因此全国各地区共用一个贫困标准是不合理也是不恰当的。各个城市之间没有可比性，城乡之间也没有具体的比较准则，但是实际上，城乡之间发展差距非常大，各个城市之间的发展差距也非常大，面对这个难题，唯一的解决方法就是根据实际，制定不同的贫困标准对不同的地区进行约束。这样可以很好地对城乡进行对比分析，不同城市间也有了对比的依据，可以发现反贫困过程中存在的问题，政策的落实，也可以相互借鉴经验，相互学习。

3. 国际比较的问题

对于国际经验，我们要取其精华、弃其糟粕。根据我国实际来制定方针战略，吸收对我们有益的部分，要用清醒的头脑来做判断，国际标准照搬到我国可能会出现错误，要用科学的眼光审视，认真理清每条标准制定的背景与用到的原理，并与我国实际做对比，制定适宜的贫困标准。

(二) 县及县以下贫困监测信息存在巨大的供需缺口

1. 存在的问题

首先，反贫困工作实际上主要针对的是县级以下的地区，因为大多数的贫困发生在这些地区，所以此区域对贫困信息的需求是非常旺盛的，但是这些地区信息搜集往往存在很大的困难，环境差、条件差、与外界沟通少，搜集这些信息已成了现在亟须解决的问题。知己知彼才能打好扶贫这场硬仗，才能更好部署项目，分配任务。

另外，目前的贫困监测体系存在很多不足，搜集到的数据不全面、不准确、可信性差、对数据的处理不专业，这些问题和经费不足、人员不专业、生活条件艰苦有直接关系。

2. 较为科学可行的解决方法

第一，及时开展贫困地图研究。经常性地研究贫困地区的地图，应包括当地现在的发展水平、特色产业或特殊的地理位置、新兴产业、基础设施构建情况、老百姓的生活状况以及亟待解决的问题，关心百姓生活，关注地区发展，准确有效地记录每一个数据，包括生活、医疗、文化、经济发展情况，为有关部门及时提供合理有效的便捷数据框。

第二，贫困监测是必不可少的，但是实时反馈更新更是后续需要做的事情。在持续的监测过程中，每几年进行一次问卷调查，问卷的问题要符合当地的风俗习惯，要能精准地反映需要了解的问题。要了解在这几年中政策的落实情况、人们的发展情况以及对扶贫工作的满意度，还要能反映老百姓的心声，数据最重要的就是要做到真实可靠。

第三，掌握数据需要一定的方法，可以利用最近人人都在用的手机通信工具，设置一系列奖项来激发人们的参与热情，这样信息的搜集会变得相对简单一些。

（三）部门信息共享和整合的问题

各个部门收集到的信息，有相同的地方，也有不同的地方，因为各个部门职能不同，所以所收集的数据可能偏向某方面，这个时候就需要各部门发扬团结合作的精神，实现数据的共享，这也是一种快速搜集信息比较有效的方法。

第七章 反贫困概述

第一节 反贫困的定义

一 反贫困的定义

（一）反贫困的定义

反贫困概念最早由瑞典学者缪尔达尔提出，之后随着认识的不断深入，人们对于反贫困概念的理解逐渐产生了层次性，包括减少贫困、减缓贫困、扶持贫困、消除贫困。减少贫困主要是从贫困人口考虑，即减少贫困人口的数量以及致贫因素；减缓贫困主要是指减轻贫困的程度；扶持贫困主要是指利用政策、手段来帮扶贫困，落实反贫困项目与政策；消除贫困是指将贫困根除，这也是反贫困的最终目的。实际上，完全消除贫困的目标是不可能实现的，这只是一种理想的状态，能够消除的也只能是绝对贫困，贫困的标准是不断变化的，是一个动态的过程，所以相对贫困将始终存在，反贫困也将是人类社会一个永恒的任务。

如今，在国内与国外的相关研究中，反贫困主要有两种倾向：一是贫困减缓，二是贫困消除。这能够体现出人们对反贫困的含义具有不一样的认知。但在现实社会中，绝对贫困可以通过提高收入使其超过贫困线而得以消除，但若想消除相对贫困绝非易事，只要社会存在不平等、不公平，相对贫困就具有生存的土壤。在当下世界各国中，贫困呈现出绝对贫困与相对贫困交织共存的现象，脱贫、返贫不断相互转化，因此，彻底消除贫困对国际社会来说是一个长期的任务，而非一朝一夕就能实现。因此，目前国际社会对于反贫困较为倾向于缓解贫困，而慎用消除贫困的想法。从本质角度来说，反贫困应该重点关注贫困人口自身的能力水平，帮助贫困人口增加生存技能而缓解贫困。所以，我们可以这样定义反贫困，为贫困人口、区域提供成长机遇，提升自身水平，最终达到缓解贫困的目的。

(二) 反贫困的外延

1. 扶贫

反贫困、减贫、扶贫是目前媒体常用的词语，我们往往将三者等同视之。然而，探究其根本，三者之间存在很大区别。首先，扶贫、减贫是从国家和社会的角度出发，因而扶贫、减贫，往往是国家、社会扮演主动方，贫困地区、贫困人口扮演被动方。但在反贫困这一概念中，虽然国家和社会也发挥了重要作用，但更加注重贫困地区与贫困人口自身的生存技能和可持续发展能力，通过增加其内生动力促成其脱离贫困，这样可以最大限度降低返贫率。

2. 社会救助

社会救助主要是指对于社会中较为弱势的群体，例如贫困人口等，国家、社会可以在经济、医疗和社会福利等方面对其进行帮扶。在世界各国，政府往往会主动承担起社会救助的责任，通过各方面的救助，例如我国的低保、五保户政策，帮助较为弱势的人群解决生存难题，维持社会秩序和稳定发展。社会救助关联的范围较广，不仅涵盖贫困人口，还包含其他社会弱势群体。在西方，一般来说，教会和政府是社会救助实施主体；在中国，政府是社会救助的实施主体。

3. 慈善救济

慈善救济主要是由社会自发组织的非制度性的行为，是公益事业的组成部分。慈善救济是反贫困的一种方法，但无太多的强制性限制，其主要有三个特点：一是慈爱悲悯之心，这是慈善事业建立起来的核心原则。只有拥有慈爱怜悯之心，才有可能进行社会捐赠，而社会捐赠是慈善事业的主要来源，两者共同支撑起慈善事业；二是慈善事业并不要求强制性捐赠，它是一种自发行为，主要看社会公众的收入支出情况；三是慈善事业更多涉及的是道德层面。捐赠者需要根据自身的经济条件选择无偿帮助社会弱势群体。慈善事业是社会的重点构成板块，一方面它可以促进反贫困工作的进展；另一方面，它可以维持社会秩序的稳定，缩小社会贫富差距，缓解社会矛盾，提升道德水平。

4. 社会保障制度

以农村合作医疗保险和城市的企业职工医疗保险相比，两者的区别在于前者不能满足农民的需求，而后者可以满足城市人口的相关需求。农民的主要经济保障仍来自土地，降低了农民抵御天灾的能力。有差别的社会保障进一步拉大了城乡的差距，农村人口大量进城，重点发展城市化进程是历史发展的必然，但是原来我国因城乡分隔、社会保障成本和重点发展重工业等因素而设立的一些制度却阻碍了这一趋势，导致人力资本、教育资源等资源遭受了巨大损失，放慢了国家成长的脚步。社会保障机制同样使得人口的自由流动受到了限制，影响了劳动市场的形成。首先，农村人口进入城市无法获得相应的社会保障，同时农村人口进城务工一般从事的是危险程度较高的工作，造成很多农村人口不敢进城工作；其次，拥有城市户口的人有些也向往农村平和安逸的生活或是因在城市中生活成本过高而希望去农村生活，但是农村的社会保障体系不是很完善，使得这一部分人没有办法定居农村。同时减少了农民扩大增收渠道、改善自身生活条件的机会，使其陷入贫困的循环之中。

5. 社会福利

社会福利项目包含很多内容，其核心主旨是救助特殊贫困人群。社会福利发展到20世纪，已经成为世界上所有国家的共识，即国家公民有权利享受社会福利项目。英国学者把社会福利界定为：通过政府和社会的帮扶，使英国全体公民的物质及精神生活达到国家规定的最低标准。美国学者弗里德曼在《选择的自由》这本书里认为，保障、援助、补贴、医疗等方面共同组成了社会福利。通过弗里德曼的观点，我们可以看到美国社会福利是一种系统保障，从生活的各个方面提供相应的帮扶和支持，通过一系列整体的措施，帮助并促进个人或群体物质生活和精神生活处于或高于平均水平。在我国，因为实施"一国两制"的制度，所以大陆与台湾、香港和澳门地区的社会福利制度也存在一定的差异。新中国成立之初，大陆主要实行了计划经济，城镇居民福利远高于农村居民，城镇居民社会福利由所在单位提供，而农村居民的福利却由整个村集体提供，通过提供主体的对比则可以看出两者福利水平的差距。同时，对于特殊的贫困群体，国家也提供了多种针对性的措施进行专项帮扶，但多数是以解决基本温饱问题为主要目的。改革开放之后，我国经济实力显著增强，国家更加重视贫困地区和人口，对社会福利项目进行了扩增。因此，我国大陆地区的社会福利制度主要是以国家推动的由上而下的帮扶，有着我国自身的特殊性。我国台湾、香港和澳门等地区的社会福利项目涉及的范围则更加广泛，包括医疗、保险、服务、救助、住房、环境保护等多个方面，基本将社会民众生活所需方面涵盖在内。

因此，社会福利在反贫困系统中有着举足轻重的地位，它通过对社会民众生活所需的各方面进行覆盖而缓解、预防贫困，是国家经济发展的必然结果。

（三）世界反贫困的发展战略

1. 各国成功的经验做法

在反贫困的历史中，各国积累了一些成功的经验。比如，在贫困地区发展因地制宜的相关产业，用产业带动贫困人口参加劳动获得报酬来增加收入，同时还可以降低当地的失业率；深度贫困地区缺乏必需的基础设施，因此在深度贫困地区着重提高基础生产力和相关基础建设；通过一系列帮扶措施激发贫困人口的内生动力，提高贫困人口自身生存技能和素质，使其在失去外部帮扶之后依然可以将生活水平维持在最低标准之上；制定穷人可以受益的再分配政策；增加贫困人口小额贷款。

2. 世界银行的经验总结

世界银行在1990年的年度报告中提供了新的策略，即在扶贫攻坚工程中运用"机会"和"能力"两个因素：一是解决贫困地区人口的就业问题，贫困地区人力资源最为丰富，可以在当地建设符合当地条件的劳动密集型产业，将其他的劳动人口纳入其中，提升其收入水平；二是增强贫困人口的内生动力，即通过投资的手段提高其自身的资本，利用基本社会服务提高贫困人口的生存技能。两者相结合，可以解决贫困人口数量多且自身素质低的问题，从而进一步提高贫困人口收入，解决其自身面临的生活窘境。贫困人口作为国家进一步发展的短板，政府应着重对其进行帮扶，可以将下一阶段的经济增长政策与帮扶贫困人口相结合，使贫困人口可以获得稳定的收入来源，可通过分红、资产所有权以及搬迁等措施实现。

世界银行对发展中国家的反贫困工作进行了总结，发现反贫困工作应具备以下特点才能有效：一是应以人民作为核心对象，在反贫困工作过程中，人民通过自身劳动来实现反贫困，他们在工作过程中获得的报酬可以帮助自身摆脱贫困，同时他们的工作成果可以帮助其他贫困人口；二是反贫困工作不是小范围的，而是覆盖全部贫困人口；三是因地制宜，根据各贫困地区和各贫困人口的特点进行有针对性的帮扶，以增强内生动力为根本点，结合国际国内的经济形势和经验，实现不易返贫的脱贫。反贫困工作不应作为政策的边缘板块实施，政府应把扶贫定义为主要政策和投资目标，在保持经济快速增长的同时保证贫困人口收入的持续增长，同时也不能以破坏贫困地区的环境为代价。降低人口增长速度，建立全面的社会保障，提高政策实施效率，进一步开放经济和政治体制，这些措施都会促进反贫困工作的实施。

（四）反贫困视角

研究反贫困的同时，也出现了许多研究视角。主要包括：制度视角、区域视角、文化视角、性别视角。

1. 制度视角

在制度视角背景下，反贫困工作大致涉及以下两个层面：第一，制度是形成贫困的一个主要原因；第二，如何通过制度的完善来推进反贫困工作的实施。相关的制度即土地、社会保障、户籍以及公共产品等制度。

2. 区域视角

我国集中连片贫困地区共有22个，大部分分布在西部地区，地处偏远，气候恶劣，交通不便，信息交流不畅。其中，国家级贫困县共有327个，在地理分布上极不均衡，整体上呈现西部数量多于中部，中部数量多于东部的趋势。一般来说，我国的贫困地区大多处于山区，交通极为不便，所生产的产品无法销售出去，所需产品、技术也很难输入。还有一部分贫困地区虽地处平原，但多为盐碱地，无法进行生产种植等作业，在农业不发达的情况下，也很难以此为基础推动工业、服务业等产业的发展。

3. 文化视角

传统意义上的贫困一般指的是经济贫困，因为人们判定一个人贫困往往从他的衣、食、住、行等物质方面进行考虑。但在贫困地区，我们应该重视的还有文化对贫困的影响。在贫困地区交通不便、信息交流缓慢，人们思想观念只能停留在一个小圈子中，看不到外面的世界，只能和自己身边的人进行比较，从而导致了文化贫困。经济贫困可以依靠帮扶、培训等措施解决，但文化贫困是人们精神、心理上的贫困，需要多角度、长时间地进行帮助才能解决。因此，文化贫困所导致的经济贫困是目前我国扶贫攻坚工作的一个难点。

综上所述，可以看出，贫困涉及的不仅有经济物质方面，还有文化的影响，因此，在扶贫攻坚工作中，我们不仅要解决贫困地区的物质需求，更要从精神层面扭转民众的思想观念和价值取向，帮助他们走出精神上的贫困，从而降低重返贫困的概率。

4. 性别视角

在目前的社会结构中，妇女处于劣势地位，在教育、健康、社会地位等方面女性较男性获得的保障程度更低。因此，妇女贫困问题有它的特殊性，然而，妇女贫困问题在过去并没有引起研究者的较大关注。但最近这几年，性别视角受到了很多研究者的关注。通过查阅文献，我们可以看到，有关性别的文献逐渐增多。常红琴认为，农村男性和女性时间利用受到不同的约束，男性几乎未受到有关的约束，而女性不仅要照顾儿童、老人，完成家里大小事务，还要参加工作补贴家用，使得女性承担多重压力。李敏认为，在当前的社会文化中，性别结构并未随着社会的发展而有太多改善，在贫困的家庭中，女性所处地位一般仍较低，性别不平等的现象依旧存在。对反贫困工作从性别的角度出发进行研究，在一定程度上推动了社会公平，解决了部分敏感性问题。同时，大量的相关文献使得政府、社会更加关注性别问题，推动了文明社会的进一步发展。

除了上述四种主要视角外，反贫困研究还有特殊群体视角、生态视角以及人口视角等其他视角。特殊群体视角主要是关注社会弱势群体，关注他们的物质和精神贫困问题，主要针对留守儿童、空巢老人、农民等。生态视角则更加关注自然生态环境与贫困的关系，自然环境是人类赖以生存的基础，双方并不是相互冲突的关系，而是依赖与被依赖的关系。若是人类对原始资源采取攫取、粗暴的开发方式，自然就会反攻人类，会破坏人类在自然中取得的发展成果。因此，在开发自然的过程中，人类应该注意合理利用自然，在资源开采时也要注意保护，实施可持续的发展战略。

（五）反贫困目标

反贫困的目标简单地说，就是解决影响贫困的各个因素。但是，解决贫困却并非这样简单，原因有以下两方面：第一，一般情况下贫困是由多种因素共同作用形成的，所以，贫困是一个综合征；第二，虽然贫困的原因有很多，但是这些原因都是相互关联的，并非彼此独立的，它们互为因果，或者相辅相成。贫困的形成是多种因素综合作用的结果，因而贫困的治理方法也具有综合性；而根据这些原因的相关性，又必须攻其主要矛盾。要以此为基础确定解决问题的方法并设立反贫困目标。

1. 人力资本投资

西方经济学者认为，人力资本并不属于物质资本，而是属于隐性资本，它主要反映劳动者个体，通过劳动者的人数和水平来表示。对劳动者的必然要求就是提高劳动力素质，特别是对于那些迫切需要摆脱贫困的劳动者来说。因此，激发劳动者内生动力，提高其自身素质，有利于推动反贫困工作的开展，是解决贫困问题的根本措施。这不仅是社会生产发展的需要，更是因为在现代化生产条件下，低素质的劳动力是过剩的，这些劳动力已经没有用武之地。

2. 减少贫困的经济增长

反贫困工作的推进反映在经济上表现为经济的增长，但与贫困人口无关的经济增长并不能推动反贫困工作发展，还有可能进一步加剧贫困人口的贫困窘境。这是因为社会经济总量的增加也许仅仅使小部分人受益。发展中国家采取的经济政策应与贫困人口相关。因此，既有一定的市场效率，又有相对公平的收入分配模式是必须存在的。

3. 人口控制、资源和环境保护

大多数的发展中国家在过去的时间里人口出生率都很高，这就造成了人口数量成倍增加，人口压迫生产力的情况越来越严重，有限的资源与不断增加的人口导致很多人的生活水平在平均线以下，同时环境承载的压力越来越大。大多数贫困地区人口增长率过高，在资源及收入增长缓慢的情况下，人均享有量在降低，导致贫困地区经济发展和民众生活难以得到改善。同时，人口增长率过高产生的间接影响在于，贫困地区人口的身体素质提升缓慢或没有提升。因此，反贫困道路上就需要对人口数量的上升进行节制，同时还需要以保护资源、环境为基础，恢复被毁坏的生态资源。

4. 社会稳定与可持续发展

维持社会稳定与可持续发展是反贫困的基础。在不安定的社会环境下，生产效率是难以提高的，所以更无法摆脱贫困。因此，在像我国这样的发展中国家，社会稳定是反贫困的一个至关重要的发展条件，社会稳定本身就是可持续发展的社会保障。

第二节 反贫困理论

一 收入均等化理论

1920年，经济学家庇古的《福利经济学》因其提出测量经济福利的标准和提升社会福利的方法而具有很高的知名度。庇古觉得测量社会的经济福利的规范是"国民收入",即国民收入的总数目以及第一次和第二次分配的情况。换句话说,就是国民收入的总数目越高,社会经济福利水平越高;人们的收入越均等化,差距越小,社会经济福利水平越高。他认为边际效用递减法则适用于这一研究,在国民收入的第一次和第二次分配中,对于穷人和富人发放同样的收入或者财富,带来的边际效用是不同的,穷人的边际效用明显高于富人。而经济政策制定及实施的目的是促使整个社会的总福利效应达到最大。因此,可以通过累进税的实施,把有钱人的部分收入向穷人转移,从而推动收入相对平均这一目标实现,能够促进资源的合理分配和利用,提升社会福利水平。

二 自由主义理论

(一) 分配正义论

1971年,罗尔斯提出了分配正义论,即政府作为收入分配的主体,应该采用公平的收入分配政策。罗尔斯认为,公平并不意味着平均主义。他认为,人只有在出生之前进行讨论时才会制定出最为公平客观的政策,因为在那时没有任何因素能影响他们。但是这种情形在现实生活中是无法实现的,因而罗尔斯进一步研究认为,在无法判断自身处于何种条件下时,我们往往会将目光聚焦到收入水平最低的标准。因此,政府应该通过改革使收入处在最低水平的民众受益,即采用公平的收入分配政策,每一个社会成员都会从中受益,包括日常最容易受到忽略的贫困群体。因此,可以这样说,政府采用这种政策是对贫困人口的一种保障。

(二) 机会平等论

诺齐克的观点与罗尔斯有所不同,他认为自身的权利是不可侵犯的,不能为了他人而牺牲自己的利益。诺齐克认为,为了穷人而对富人进行征税是错误的,虽然两者的收入差距并不是自然形成的,但是是社会发展的客观事实。政府应该关注的是权利和机会的公平,只要财产的获得是合法的,政府就没有理由去干涉,政府应该制定合理的人才培养框架,通过这种公平的框架使每个人都有机会去施展自己的才华和能力。在有关收入方面,政府的作用仅为尊重个人权利,而无权对其收入进行重新分配,所制定的政策也不应该偏向穷人或者富人,只要能保证尊重两者的权利,并在此过程中符合政府自身制定的程序即可。

三 临界最小努力理论

1957年，美国经济学家哈维·莱宾斯坦提出临界最小努力理论。莱宾斯坦认为，"低水平均衡陷阱"和"贫困恶性循环"主要是发展中国家人均收入水平过低、社会资本不足所导致的。要想突破这一循环，必须在经济开始发展时就投入巨额的资金，确保国家经济增长速度高于人口增长速度，同时，巨额投资还会增加就业机会并提高人均收入水平，用"最小的临界力量"推动经济突破"低水平均衡陷阱"，实现快速稳定的经济发展。莱宾斯坦同时认为，发展中国家贫困问题的根源在于人均收入水平过低以及社会资本不足，使得发展中国家经济发展过程中的内部刺激性小，有效需求不足，即使增加了投资，资本量也无法推动经济发展突破相应的临界值，从而无法摆脱"低水平均衡陷阱"。

临界最小努力理论为发展中国家指出了贫困问题难以解决的根本所在，强调了社会资本以及人均收入水平对贫困问题的影响。这些观点为发展中国家制定符合自身发展的政策提供了参考，对学术界研究贫困问题具有巨大的理论指导意义。

四 二元经济结构理论

1954年，美国经济学家阿瑟·刘易斯提出"二元经济模型"。刘易斯认为，在发展中国家主要包括两个性质不同的部门，即农业部门和工业部门。两者的发展都要以减少对方占国民经济的比例为代价。农业部门是最为传统的部门，因而在发展中国家存在的数量最多，但是所获得的边际收益近乎为零，无法为国家带来经济快速增长所需要的动力；工业部门主要集中在城市，其劳动生产效率远高于农业，可以为国家带来经济快速增长所需要的动力。但发展中国家缺乏充分的资本发展工业，导致其支配性产业部门仍是农业。若想打破这个格局，发展中国家应集中资本发展工业，但又考虑到自身资本的不足，可以在发展工业的同时投资部分农业，使两者保持一定的增长来解决发展中国家内部有效市场不足的问题。这样的投资一方面可以增加社会资本，另一方面可以解决有效需求不足的问题，两者相互补充，发展中国家的经济就可以实现快速增长，有利于解决贫困问题。

第三节 反贫困理论形成的影响因素

反贫困理论在消除贫困过程中扮演了重要的角色，反贫困成功应当充分考虑相关因素的影响，只有在全面分析影响贫困的因素基础上总结出反贫困理论才能够指导中国的反贫困事业，形成真正的具有中国特色的反贫困理论。

一 贫困群体的生存环境与地理分布

与教育医疗条件的落后、基础设施不全等问题相比较，贫困人口所处的自然环境才是造成贫困的根本原因。我国的贫困县主要分布在自然条件恶劣、自然资源匮乏、地理位置偏僻的地区，其中就包括中西部的深山区、荒漠区、黄土高原区等。国家"八七"扶贫攻坚计划的相关资料表明，我国的贫困人口主要集中在22个集中连片贫困地区，其中多为少数民族地区、老革命根据地、边陲地区和山区，也就是通常所说的"老、少、边、穷"地区。这些地区的特点就是地理位置偏僻、自然条件恶劣、交通闭塞、远离经济社会发展的中心。而且地理环境恶劣、交通条件落后使得这些地区的人民依旧遵循着老旧的思想，祖祖辈辈被困在落后的小山村里。基于这种现状国家实行有针对性的扶贫政策，划定14个连片特困地区，对这些地区实行精准扶贫、精准脱贫的相关政策。在此基础上构建反贫困理论，有利于正确处理人口、资源、环境三者之间的关系，有针对性地进行资源开发，改善集中连片贫困区域的生产、生活、生态环境，提高反贫困措施的精准度，提高反贫困措施实施成效。

二 贫困群体的收入与支出差距

贫困比较直接的表现就是贫困人口的收入不足以支付贫困人口的基本生活开支。贫困人口的收入在应对日常生活衣、食、住、行、基本医疗、教育文化等支出时存在较大的缺口，或者也可以说是收入低于社会平均生活水平。而导致这一情况的根本原因主要还是贫困人口获取收入的能力较低，这种情况也被称为能力贫困。造成能力贫困的原因是多方面的，第一，疾病、残疾造成贫困者无法获得满足其基本生活需求的收入，靠自身力量很难翻身；第二，贫困人口获得文化教育的能力和机会不足，一般来说，贫困地区的人口文化素质普遍比较低，自身就没有获取知识提升自身的想法，再加上所处地区的落后使他们没有条件去获取知识与技能，这也导致了他们只能获取低收入；第三，贫困地区人口增长速度过快，贫困状况难以改善。贫困地区居民由于思想观念的落后以及固有思维的限制，缺乏与社会各种力量博弈、争取社会权利的能力，这也进一步导致了贫困人口在教育、文化、医疗、财富分配等方面的不利地位。因此在考虑贫困人口收入与支出差距基础上构建反贫困理论，才能深入了解贫困本质，治理贫困，并实现长期、有效脱贫。

三 政府政策

政府政策是反贫困措施中的主要部分，在帮助贫困人口脱贫方面发挥了重要作用。我国的贫困人口大多身处农村，而且农村与城市之间的差距也比较大，这主要是因为我国长期实行城乡二元经济，对于城乡之间的人口流动进行了严格的控制，好的资源政策主要用于建设城市，很少有资源能够投入农村建设中。城市人口大多知识水平较高，能够享受到社会保障，而农村人口的各项支出主要依靠农民家庭自己负担，这也进一步加重了农民的负担。而且在基础设施建设方面，贫困地区的饮水、交通、能源、通信等设施的落后也是政府资金投入不足所导致的，这些都导致了贫困的长期化。同时社会福利政策的制定、收入分配原则的确立、贫困线划定标准等都是由政府主导的，从政府政策这一角度考虑反贫困理论，能够促使政府正确认识自身在反贫困中的角色定位，通过制定切实可行的反贫困措施促进脱贫的长期效应。

第八章 扶贫帮扶理论

第一节 财政扶贫理论

一 财政扶贫的基本理论

贫困问题在各个国家中广泛存在，而政府也是各个国家反贫困工作的重要领路人，政府为各项反贫困措施实施提供了物质基础。中国作为人口大国，在新中国成立之初人民生活水平普遍比较低，贫困人口数量多，反贫困任务相当严峻。当时的政府也成为反贫困的主力军，而依靠财政资金的反贫困手段也成为脱贫的核心手段。同其他反贫困手段相比，依靠公共财政实现减贫是效果最明显、最直接的，而且其他减贫手段不能独立运用，必须借助公共资金支持才能发挥效用。

在扶贫过程中政府扮演着重要角色，而财政资金正是政府消灭贫困的有力武器。财政扶贫作为减贫战略的重要手段在减贫过程中发挥着最为基础性的作用。当前的扶贫模式多种多样，但多是建立在财政资金基础上才得以发展的，所以财政扶贫也是扶贫过程中最根本的措施。财政扶贫的主要任务就是将各项资金集中到一起，确定投入方向，保证资金的及时到位，同时还要保证资金的使用效率，确保财政资金的投入能够发挥出其应有效能。在财政扶贫措施的实施下中国的扶贫事业有了重大发展，同时中央投入各地区的财政资金也在不断增加。因此，中国反贫困理论的核心要义应当是政府主导下的财政减贫。

财政扶贫措施的实施加速了我国贫困人口脱贫的步伐，与其他扶贫措施相比较，财政扶贫措施的实施往往有着立竿见影的效果。但是财政扶贫措施的实施也有其弊端，当前常见的财政扶贫措施主要包括低保、五保户等政策，但这部分财政扶贫措施的消极影响也是普遍存在的。首先，财政扶贫措施作为福利性扶贫措施，对于贫困人口的劳动积极性会产生消极影响，不利于贫困人口技能提升，而且减贫效果也无法保证；其次，因为财政扶贫措施实施起来较其他扶贫措施更简单、见效也更快，所以一些地方政府也会由此产生竞争行为，我国每年的扶贫资金是有限的，一些非重点贫困县往往会隐瞒具体实情，借助一些手段来争夺扶贫资金，这就对财政扶贫资金的精准性投入产生了影响；最后，财政扶贫资金的具体落实需要依靠一层层的政府机构及人员，中央政府作为财政资金的供给者很难确保每一级政府每一个官员的廉洁，所以对于财政资金的安全性及分配、管理的效率都无法做到完全保证，这也可能导致减贫效果不明显。所以完善财政扶贫措施是发挥财政扶贫效果的关键。

二 财政扶贫的基本措施

（一）优化财政体制

财政体制是否完善在很大程度上决定了财政资金是否落到实处，要想建立完善的财政体制要保证做好以下几方面：第一，确定好层级关系并把财政资金下放到县级，保障财政资金下拨时可以直接由县级派发到乡镇一级，实现财力的合理分配，解决县的实际困难和难题，充分发挥省级财政调节市县财力差异的职能作用，确保贫困县财政基本能力得以保障。第二，减少财政资金下放过程中的管理层级，从根本上保障财政资金的安全性，提高财政资金利用效率、降低管理过程中的成本。第三，经济发展落后、财政收支规模较小的乡镇，应由县级政府进行财政管理与监督，提高当地财政资金利用率。第四，明确乡镇政府职能定位，明确政府职能是提供公共服务，积极促进当地乡镇机构改革，在改革基础上为农村提供更高水平的公共服务，而且政府应积极采取措施减少各乡镇供养人员数量，鼓励有劳动力的人口积极参与到乡村建设中。

（二）均衡发力，提高贫困地区财政减贫能力

均衡发力主要是从收入和支出两个角度来考虑的。首先，在收入方面，财政收入主要来源于税收，因此应当进一步推动地方税收体制建设，完善相关制度。在省级以下要彻底打破按隶属关系划分收入的做法，实行按税种和比例划分收入。其次，在支出方面，各省级以下政府间的支出应当由财政作保障，主要是考虑到较贫困的县域自身的财政收入能力有限并且远远低于较发达地区县域的财政收入能力，而贫困县又是财政资金的需

求大户,所以各省级政府在做出相应的政策安排时需要考虑到各县级政府的承受能力,对于财政基础薄弱、能力有限的县级政府,上级政府应通过新转移支付方式对下级政府进行必要补助。最后,考虑到税收作为各级政府财政的主要来源,各省级政府应完善税制改革,按照"减税制、宽税基、低税率、严监管"的原则,逐步健全和完善地方税收体系。

(三) 完善转移支付制度

当前政府的转移支付主要有专项转移支付和一般转移支付等。专项转移支付作为政府的专有资金有其特定用途,并且存在资金使用效率不高、分配办法不尽完善等问题。因此,政府在完善转移支付制度时,首先应当控制专项转移支付的规模,专项转移支付本身存在不足,如果资金规模过大将更加难以控制和管理,政府也应当加强对转移支付资金的监督管理。其次,针对转移支付存在的不足进行积极改善,完善转移支付的分配方法,对于像教育、医疗、卫生等公共服务支出更多采用财政性转移支付,而对于农田水利、土壤改良等公共支出采用专项资金支出,减少专项财政支出规模。最后健全完善转移支付的激励约束机制。通过该机制的建立与完善促使基层贫困地区更多地借助自身努力去摆脱贫困现状而不是等待政府的福利救助政策;同时建立转移支付资金使用的绩效评价机制,确保政府的转移支付资金的利用效率,提高减贫效率。

(四) 健全财政减贫的体制机制

财政部门在反贫困过程中扮演的重要角色就是对财政资金的监管。财政资金投入扶贫工作中,其成效如何决定了扶贫工作的成功与否。完善的财政减贫机制对于财政扶贫工作运行中的每一个环节都是必需的,只有保证财政减贫体制机制的完善才能确保扶贫资金使用效益最大化。一是提高财政减贫目标的精准性。我国精准扶贫的目标就是要解决贫困人口的温饱问题并且实现贫困人口的长期有效脱贫,防止返贫。所以健全财政减贫的体制机制,要建立良好的扶贫目标瞄准机制,加强基础设施建设力度,促进贫困地区产业发展,提升贫困人口"造血"能力。二是完善财政扶贫资金监管机制。完善的财政减贫体制机制离不开好的监管体系,要从监管人员与监管指标体系两方面入手,完善监管体系。监管人员要实现专业技术人员与贫困人口相结合,监管指标要分行业、分种类设置,确保指标体系的完善。三是实行财政扶贫资金监督检查机制,针对财政扶贫资金的使用情况,相关财政部门应当定期检查,防止扶贫资金被占用、贪污等,建立完善的监督检查机制,包括事前审核、事中控制和事后检查,对扶贫资金使用过程中的违纪、违规行为及时制止。

第二节 片区扶贫攻坚理论

一 片区扶贫攻坚的基本理论

我们可以从微观视角和宏观视角来把握与片区扶贫攻坚相关的基本理论。微观层面的理论主要从微观视角研究个体或家庭致贫原因以及通过何种方式摆脱这种贫困现状;宏观层面的理论主要将整体作为一个总视角,从宏观上评估一个国家或者一个地区贫困发生的原因以及如何摆脱贫困,实现国家以及民族的现代化。

(一) 微观层面的理论

微观层面的理论主要涉及人力资本贫困理论、贫困代际传递理论、贫困农户的脆弱性理论等。人力资本贫困理论认为,劳动者从自身劳动中所取得的知识和技术技能以及所获取的健康等在经济上都具有重要的价值(舒尔茨,1960)。人力资本贫困理论所表达的基本观点是,由于现代化的社会是市场经济体制支配下的自由社会,它给每一个有发展意愿的人提供的发展机会都是均等的,因此那些不能进入市场分享社会发展成果的人必定是受一些特殊因素限制,比如缺少知识、技术或健康体魄。因此可以看出,人力资本贫困理论与我们所了解的理论存在不同之处,它所提出的贫困问题的决定因素并不是我们日常所关注的空间、能源、土地等,而是人口的素质以及所掌握的知识水平。随后大量的研究也表明,人力资本不足是导致一个家庭贫困的根本原因之一。倘若个体患病,不仅会导致个体劳动生产力的丧失,同时也会增加其家庭经济负担,对个体和家庭其他发展因素造成巨大的负面影响。

贫困代际传递理论是人们在观察地区和家庭持久贫困时所发现和总结的观点。促使贫困在代际传递的原因是多方面的,最主要的是文化贫困和贫困文化。一些家庭由于缺少投资教育的能力,在代际很容易形成"低水平教育-贫困-低水平教育"的恶性循环。这种恶性循环一旦形成将会一代一代延续下去。除此以外,大量实证研究还表明,居住在一起的穷人如果长期挣扎于贫困陷阱之中,会不自觉地形成具有强烈宿命感、无助感和自卑感的价值观念,这种观念会像风俗习惯一样传递给子女,继而与文化贫困一起共同造就了贫困家庭的持久贫困。

与人力资本贫困理论和贫困代际传递理论把个体素质作为分析起点不同,贫困农户的脆弱性理论主要从物质和经济的角度分析贫困形成机制和减贫路径。不同学科对脆弱性的定义不同,世界银行环境部将脆弱性分解为风险暴露和应对能力两个主要维度,脆弱性对于家庭来说主要是他们本身条件差而应对风险的能力又比较弱。就目前我国贫困人群的分布形态及特点而言,其脆弱性是生态脆弱、经济脆弱和社会脆弱的高度叠加与累积。基于这种情况,一旦贫困家庭遇到自然灾害,在不同时段都将表现出相当不利的局面。在灾害发生以前,贫困对象房屋抵御灾害的能力偏低,贫困人口更容易居住在自然灾害发生频率高和建筑规划空间格局不合理的区域;贫困人群所从事的产业类型对自然依赖性强、技术含量低、保护措施不健全等,使得穷人遭受灾害打击的可能性更大。在灾害发生时,由于穷人的房屋一般是其主要财产,同时农业收入又在其总收入中占据较高份额,因此穷人在风险打击下将面临仅有的财产和生产资料被完全剥夺的风险。在灾害发生以后,贫困群体由于居住偏远及获取普惠性政策能力偏低,其恢复到正常生活水平所需要的时间也会更长,付出的代价也会更高。① 基于以上理论观点,在风险因素确定的情况下,加强贫困家庭应对风险的能力将是应对因灾致贫最有效的方式和方法。

(二) 宏观层面的理论

宏观层面的理论主要从战略的制高点来对中国贫困问题的成因以及反贫困路径进行详细的分析。1953 年美国经济学家纳科斯在《不发达国家的资本形成问题》一书中提出了"贫困恶性循环"理论。他认为,从资本供给角度出发,发展中国家收入水平低从而导致储蓄水平以及资本形成的水平很低,最终生产率以及产出水平也会变低,进一步导致了收入水平

---

① 黄承伟:《汶川地震灾后贫困村恢复重建规划设计与实施展望》,《扶贫开发》2009 年第 11 期,第 30~37 页。

的低下，陷入恶性循环中。而从资本需求的角度来看，收入水平低会使得投资不足，导致资本水平低下，进而引发生产率以及收入水平的低下，也进入恶性循环之中。① 以上内容就解释了发展中国家经济水平长期落后的原因。经济学家纳尔逊（1956）提出了"低水平均衡陷阱"这一理论，他认为贫困这一过程是循环的，这一理论指出了人均国民收入增长和人口的增长具有相互抵消的关系。

上述微观层面与宏观层面理论说明，发展中国家要想跳出"低水平均衡陷阱"实现持续的经济增长，除了依靠国家采取强制性手段积累大量资本外，别无选择。

"贫困恶性循环"理论和"低水平均衡陷阱"理论为解读新中国成立到改革开放这段时期的制度及经济体制设置提供了新的认识视角。资本的积累和投入的增加，对于拉动一个国家经济摆脱低水平均衡陷阱的重要意义毋庸置疑。但在资本投入方式上，法国经济学家佩鲁认为，一个国家不可能实现平衡性发展，在他看来，经济增长不是所有地区同时增长，而是从某些特定的"中心"慢慢地向其他地区输送，然后实现其他地区的经济增长。② 因此，发展中国家的经济要想实现快速腾飞，应该选择特定的增长空间或主导产业作为经济发展的增长点，只有通过这些特定的增长空间发挥自身的带头作用然后向落后地区进行辐射带动，才有可能实现国民经济的稳定持久发展。

改革开放以来，我国在东部沿海地区选择一批优先发展的城市或地区，走外向型非均衡的经济发展道路，就符合"增长极"理论的基本思路。瑞典经济学家缪尔达尔（1957）提出著名的"循环积累因果关系"理论，解释了经济不发达国家经济落后的原因。他指出了，强化的区域要比弱化的区域更容易吸引市场的力量，如果某些地区有一个良好的初始发展，那么它以后的发展也会很好。因此，政府干预显得十分重要，政府必须以强有力的宏观调控来推进落后地区的经济快速稳定地向前发展。

经过30多年不均衡发展，我国经济社会和综合实力取得很大进步，目前区域之间和城乡之间的发展差距问题逐步上升为我国社会的主要矛盾之

---

① 李祖佩、曹晋：《精英俘获与基层治理：基于我国中部某村的实证考察》，《探索》2021年第5期，第187~192页。
② 邢成举、李小云：《精英俘获与财政扶贫项目目标偏离的研究》，《中国行政管理》2013年第9期，第109~113页。

一，在这种形势下，该理论观点对认识新阶段片区扶贫攻坚有重要启发意义。

二　片区扶贫体制的具体措施

在精准扶贫的大背景下，要想提升扶贫效率需要我们对片区扶贫体制机制进行不断的创新。精准扶贫与过去所进行的扶贫工作是不完全相同的，有着很多本质上的差别。精准扶贫是对传统的扶贫工作延伸与拓展，传统扶贫模式减贫效应正逐步减弱，所以需要我们对原有扶贫工作进行调整，开始新时期的扶贫开发，这需要扶贫机制体制的创新。比如以片区为单位的扶贫开发，需要创新资源整合机制、需要制定统筹协调区域间关系的方案，同时也需要研究瞄准新的扶贫对象及需求。总的来说，创新扶贫机制是基于新时期片区扶贫具有综合性、跨区域和跨领域等特点做出的必然选择。

（一）工作体制

农村扶贫开发工作体制是指农村扶贫工作的组织形式，是划分管理农村扶贫工作职责权限关系的制度。过去十年我国扶贫工作明确了"责任到省、任务到省、资金到省、权力到省"四个到省的扶贫工作原则，在新的扶贫工作纲要中，国家提出了"中央统筹、省负总责、县抓落实"的新管理体制和"片为重点、工作到村、扶贫到户"的新工作机制。扶贫工作体制发生重大转变主要是为了适应新时期扶贫工作格局的转变。首先，新阶段农村扶贫是以14个片区为主战场，有些片区横跨了几个省，在这种形势下，如果还继续沿用传统的管理体制，不强调中央统筹的作用，势必会影响片区扶贫效果，不利于解决限制片区发展的共性矛盾。其次，新时期扶贫开发是国民经济与社会整体发展的重要组成部分，是缩小区域与区域之间、城市与农村之间发展差距，消除社会矛盾的重要战略举措。新时期扶贫开发的这一特性决定，强化在片区扶贫中的责任，加大对落后地区经济社会发展投入力度，提升中西部地区经济社会发展竞争力，进一步宏观统筹全国经济社会均衡发展是中央应该履行的工作职责。

（二）片区协调机制

解决片区发展的共性瓶颈、发挥不同区域比较优势、促进区域资源共享是以片区为单位实施扶贫开发的主要目标。为了能够实现这些目标,必须对片区协调机制进行有效的设计与创新。从目前来看,国务院通过将一个中央单位与一个片区结合起来的方式,使相关省份与中央部委联系沟通,共同协调并且解决该片区发展过程中所面临的重点难点问题,以达到指导督促该片区发展的作用。中央单位都是权威性较高的上级机构,因此,这一机制不仅能有效统筹协调跨省利益关系等方面的问题,同时还能从中央层面为片区经济社会发展争取更多的支持政策。除此之外,对于那些跨省的片区,建立省与省之间的联席会议制度,定期研究相关问题,协调解决片区发展中遇到的问题,也被作为重要的机制纳入片区协调机制体系当中。

(三) 片区优惠政策

片区扶贫攻坚特殊优惠政策主要包含这么几项内容:一是财政投入方面,建议加大财政资金对于扶贫方面的投入力度,增加均衡性财政转移支付额度,强化对建设基本生活设施投入贷款的贴息扶持,提高建设项目的财政补贴标准等。二是税收方面,建议对国家和省市扶贫龙头企业适当减免税收,提高地方矿产、水电等特殊资源权价款的分成比例。三是金融方面,建议大力发展农村金融,安排专项金融扶贫贷款指标,并实行优惠利率;同时要注重对小额信贷的发展,加大金融机构对于小额信贷的宣讲力度;建立生态补偿基金,更科学地将资源投入与产业发展结合起来;探索建立相应的金融服务平台,提升金融服务质量,鼓励更多的金融机构在农村地区设立网点,扩展金融服务范围。四是投资方面,在扶贫资金的投入与运用方面需要注重扶贫资金运用的多元化,使得资金更多地投入农业、民生、基本生活设施建设以及自然环境保护方面;明确各行业部门扶贫攻坚的资金投入渠道、使用范围和具体任务;其中涉及公益性的国家投资,要对其取消相应的资金配套政策。五是土地方面,要注重易地扶贫搬迁工作,深化土地制度改革,满足农村土地种植的需求;同时要保障移民搬迁的住房需求,使得土地流转程序更加高效化、制度化。六是社会救助方面,要进一步强化扶贫工作的协助,鼓励企业树立社会责任心,对片区发展做出积极的贡献,定期为扶贫工作捐款捐物等,承担起企业的社会责任。

（四）片区新型扶贫模式

扶贫模式在一定程度上是对反贫困理论的具体实践，是反贫困理论在实践中的应用与开发，同时也是在扶贫攻坚过程中所总结出来的一种方式和方法。就目前而言，我国的扶贫措施主要有六种：整村推进、雨露计划、产业扶贫、连片开发、移民搬迁、特困地区综合治理等。这六种扶贫模式在脱贫攻坚任务中起到了不可忽视的作用，具有良好的扶贫效果。经过修整完善以后，它们仍将是新阶段扶贫攻坚主要的扶贫机制。但面对新时期新的贫困形态、新的经济社会生态环境和新的减贫目标，也需要与时俱进地创新扶贫模式。

1. 创新扶贫资金的来源渠道

2011年中央相关会议宣布中国农村扶贫标准上调至2300元，符合标准的扶贫对象在2011年底上升到1.28亿。扶贫对象规模总量大幅度上升和以片区为单位开展扶贫开发意味着新时期的扶贫攻坚需要以更大的资金量为支撑。在这种形势下，创新扶贫资金来源渠道就有了非常重要的意义。前文阐述的"片区优惠政策"部分集中论述了片区扶贫可能争取到的资源，但在具体层面，还需要进一步探索细化相关机制、渠道和方式。比如就如何建立生态补偿基金的问题，可以探索通过建立碳汇市场交易平台来实现。目前，我国大多数贫困地区既是生态脆弱区，同时又是自然生态保护区，这些地区因灾返贫的现象很突出，但这些地区同时也蕴藏着十分丰富的植被、林木资源，具有很强的固碳能力。针对这些地区的特殊状况，可以探索引进清洁能源发展机制（PCDM），给予那些贫困家庭应得的经济补偿。同时，引进这一机制还能起到鼓励贫困地区植树造林的作用。通过植树造林来调节这些地区生态环境的脆弱水平，减少当地灾害发生频率和强度，进而减少因灾返贫的现象。

2. 创新扶贫对象瞄准机制

新十年，片区扶贫攻坚，从扶贫部门的角度来讲，如何避免把针对贫困人口的政策措施变成一项普惠性的政策措施是这项工作的核心。由于片区扶贫需要解决的问题很多，如果操作不当，扶贫资金很有可能会流失到其他领域。解决这一问题需要从两个方面寻求突破：首先，需要规范财政扶贫资金用途。必须明确财政扶贫资金核心目的在于帮助贫困家庭和贫困个体脱贫发展，依靠逐步增加扶持到户的资金规模等，确保扶贫对象优先受益。其次，必须做好对农村贫困人口最低生活保障工作，实现其与农村扶贫开发制度的有效衔接，完善动态扶贫统计监测体系，及时发现、识别贫困对象。

3. 创新扶贫模式

提高扶贫开发项目的科学性、项目管理的规范性等是创新扶贫模式的关键主题之一。目前我国的扶贫开发模式虽然日趋成熟，但一些扶贫模式仍然存在扶贫成效不明显、扶贫成果不稳定的现象。例如关于产业化减贫，目前一些地方多集中于通过扶持龙头企业或引导组建农村经营合作组织的方式来实现，这两种方式符合经济发展的一般规律，起到一定的扶贫作用。但一些实践也证明，由于农民和龙头企业之间缺乏稳定和有约束力的风险共担机制，遇到市场和自然风险时，作为弱势一方的农民，利益得不到有效保护；而农业经济合作组织，通常因组织管理人员经营能力和技术水平有限，所能够发挥的作用以及发展的空间也较为有限。1998年，经济学家蒂埃里·让泰表述了社会企业的组织形式这一概念，这种组织形式的产生为解决该类问题创造了机会。社会企业本身也是企业的一种存在形式，但其收益主要用以加快社区、弱势人群以及社会企业自身的进步和投资。鼓励和引导社会力量在贫困地区发展社会企业，并依靠这种方式开发贫困地区资源，带动农民发展农业经济和其他经济，应该是一种可以积极探索的扶贫模式。

第三节 教育扶贫理论

一 教育扶贫的基本理论

贫困从来都是人类需要解决的大问题，社会主义的本质要求我们必须消除贫困，但是我国目前还有大量贫困人口，贫困攻坚仍需持续进行。贫困发生的原因不仅在于经济方面，而且是多种因素综合作用的结果，其中教育因素影响很大。所以在脱贫攻坚工作中我们不应该忽视教育扶贫的作用，应充分发掘教育扶贫在增强人力资本方面的潜力，提高贫困地区人口的综合素质。

阿马蒂亚·森认为，缺乏教育或者教育水平较低所导致的贫困是比经济因素带来的贫困更严重的一种贫困，它会导致贫穷的代际传递。教育扶贫恰恰能够解决这种代际传递问题，使得贫困人口通过教育能够摆脱贫困，防止代际贫困的循环。所谓教育扶贫，顾名思义就是在贫困地区通过基础教育与职业技能培训的方式，让贫困人口获取满足自身发展需求的技术技能。现代社会与传统社会不同之处在于，仅依靠简单的种植并不能满足自身发展需求，个体教育水平过低将难以寻求相对满意的工作，也就限制了收入来源。随着农业现代化、工业现代化的不断推进，不及时掌握相应的生产技能，个体随时会被淘汰，成为失业者，造成经济上的贫困问题。

教育是脱贫的希望，是"授之以渔"，实现的不是暂时的脱贫，而是可以阻断贫困代际传递，它的影响是广泛而深远的。总的来说有三个方面：①通过加强教育可以提升贫困人口自身技能，实现可持续发展。②能够使得教育资源进行合理配置，有侧重点地提升劳动人群的素质和能力。③增加教育投入可以有更大的回报，使社会稳定团结。教育扶贫的依据如下。

第一，扶贫攻坚必须坚持从提升贫困人口自身素质着手，激发贫困人口的内生动力，必须把教育摆在优先发展的位置上，教育在扶贫工作中起到了基础性的作用，无论是"治愚"还是"扶智"都要依赖教育的功能，通过提高劳动者的素质，促使贫困人口掌握满足自身发展的技术技能，提高自身发展水平，使得贫困人口可以提高参与社会竞争的内在实力，使之可以适应多种工作，所谓"治贫先治愚"就是这个道理。总之，就是要致力于提高贫困人口生存技能、劳动技能，构建全方位的教育体系，确保贫困地区广大受教育人群有接受教育的平等权利，使得国家的教育政策惠及更广大的人群，从而实现贫困人口教育水平的提升。

第二，教育扶贫符合科学发展观"以人为本"这一理念，通过这种方式提升人口综合素质使其摆脱贫困处境，这种始终把人民利益放在第一位的做法使得教育扶贫的意义得以体现。

第三，党的十九大指出了民生领域还有不少短板，教育发展面临一些问题和挑战，目前，我国城乡教育水平参差不齐，教育资源分布不对称，一些偏远乡村教育资源比较匮乏，儿童接受教育水平较低。

二 教育扶贫的具体措施

第一，促进贫困地区职业教育发展。针对贫困地区贫困现状，当前的主要任务就是帮助贫困人口脱贫，发展职业教育，使得贫困地区通过职业教育提高自身劳动技能，带动整个家庭脱贫。所以相对于高等教育而言，职业教育应当是贫困地区教育扶贫事业的重点。职业教育的帮扶不仅能有效解决贫困地区青壮年劳动力的就业问题，还能有效改善贫困家庭生活，提高贫困家庭收入。

第二，国家在实施教育扶贫政策时应当依据不同地区的实际，针对不同地区给予财政支持。就教育水平来说，贫困地区由于经济、文化长期落后已经与其他地区有了较大的差距，所以这些地区需要国家给予更多的支持与帮助，包括软件和硬件设施，提高贫困地区教育水平。贫困地区只有在教育方面与其他地区处于同一起跑线上，才能真正达到教育扶贫的理想效果。

第三，健全教育扶贫的体制机制。教育扶贫是一项长期性的扶贫措施，与财政扶贫措施相比具有见效慢、投入力度大等特点，所以更需要借助完善的体制机制来对教育扶贫过程进行监督和管理。只有健全完善的体制机制才能使参与教育扶贫的组织、机构明确其权利和义务。另外，还应当引入第三方监督机构对教育扶贫资金的使用进行监督管理，确保国家划拨到教育扶贫项目上的每一分钱都用到改善贫困人口教育上。

第四，完善的基础设施是开展教育的前提条件。要注重提高贫困地区学校的基础设施建设，改善乡村地区学校较为陈旧落后的办学条件，增加学生宿舍的数量，扩大学校的办学规模，从而容纳更多的贫困生，及时更新教学设备和图书等。

第五，师资水平在一定程度上决定了接受教育者的学习水平，提升乡村地区教师教育水平，给予教师相应的生活补贴，改善教师的待遇水平，组织教师进行培训学习等，进一步促进教育水平提升。开展支教活动，选派市区优秀教师到农村去教学，让高校优秀大学生以实习的形式到贫困地区支教。

在国家政策的大力推动下，人们越来越感受到教育对脱贫的根本性、持续性的作用。教育让人们拥有一份工作，增加收入，从而让整个经济获得长足发展。教育对于改善生活水平具有至关重要的作用，对于贫困地区来说，这一点更具突出性，教育水平关系人口技能水平。只有从教育发力，提升贫困人口教育水平，才能激发贫困人口内生动力。到2020年我国要全面建成小康社会，这当然包括各贫困地区，所以要发挥好教育在精准脱贫中的重要作用，实现脱贫致富。

第四节 产业化扶贫理论

一 产业化扶贫的基本理论

随着我国产业结构的不断调整以及产业的优化升级,可以通过对龙头产业的发展来带动贫困地区生活条件的改善,将发展特色产业应用到精准扶贫工作当中。产业化扶贫本质上就是外源式扶贫,它指的是通过积极依托当地的环境优势,因地制宜发展当地的特色产业,鼓励贫困地区人民依托地区特色发展产业,发扬不怕苦、不怕累的精神。

产业化扶贫之所以能够帮助落后地区摆脱贫困,在于产业化扶贫存在着明显的比较优势。产业化扶贫将政府、企业、贫困户之间联系起来,形成一个共同发展的团体,政府通过政策性的引导为企业开绿灯,积极鼓励相关企业入乡发展,使得贫困地区的企业逐渐增多,市场活力有所提高;企业在贫困地区不但可以解决自身的劳动力成本高的问题,还拓宽了自身的发展领域和市场;通过进入相关企业工作,贫困人口就业机会得以增加,家庭收入得以提高,进一步向脱贫目标靠近。

然而,产业化扶贫也存在着一些弊端。一方面,贫困地区大部分特色产业趋同,这主要源自贫困地区以传统农业为主,这样依托当地特色发展产业化扶贫容易引发雷同效应,同时发展特色种植业或者养殖业容易造成同类农产品供大于求,使得农产品不能卖一个很好的价钱,收入也就难以提高,久而久之挫伤他们的积极性。另一方面,产业化扶贫会在一定程度上造成企业与贫困户之间利益博弈,使得扶贫目标容易偏离。企业都是以追求利润最大化为目的的,不可能全心全意地为贫困人口的利益着想,而贫困户也对新进入的企业有所防备,互相之间的不信任容易导致结果与扶贫初衷有所偏离。同时,存在着隐藏的风险,大量的工业企业在贫困地区肆意发展,会给当地生态带来十分严重的影响。由于产业化扶贫更侧重于最终的扶贫成效,一些企业在这样的压力下一味地追求生产,而忽略了生态的保护,埋下了日后返贫的祸根。

二 产业化扶贫的具体措施

(一) 加强组织领导

产业化扶贫的具体实施过程需要顶层设计的支撑,中央应该设立专业部门针对特色产业化扶贫措施及过程进行相应的协调,完善产业化扶贫机制,明确各政府部门的分工,根据各地优秀的产业扶贫经验进行汇总、推广,为各地产业化扶贫提供参考示范,以便解决产业化扶贫过程中遇到的相关问题。同时还要加大对产业化扶贫工作的监察力度,各地区应该成立相关的领导小组,同当地的扶贫部门、农业林业部门相互协作,共同承担起产业化扶贫的重任,切实做好产业化扶贫的相关实施工作。

特色产业发展规划应加强与其他相关规划的衔接,紧紧围绕产业发展精准到村到户到人的要求,确保贫困人口精准受益。制定省级规划要摸清当地特色产业发展现状和问题,明确发展思路和目标,突出重点任务,选准特色产业,将产业布局和生产加工基地落实到县,科学设计重大工程项目,构建利益联结机制,创新和健全产业扶持政策,明确资金筹措方案,细化实施保障条件。

(二)加强发展指导

国家层面要出台特色产业脱贫的指导意见,明确当前和今后一段时期特色产业脱贫的总体思路、目标原则、工作重点和保障措施,并将其作为各地推进特色产业精准扶贫、精准脱贫的指导性文件。召开特色产业脱贫工作会议,部署推动相关工作。各有关省(区、市)依据本指导意见,编制省、县两级特色产业脱贫规划。

各部门应该注重结合多元化资源,通过多种渠道整合相关的产业扶贫文件,出于资金、科技、人才、生态等方面考虑并出台促进贫困地区产业发展的政策性文件。在扶贫资金的使用上,可以合并同类项,将目的相同、使用方向类似的专项资金进行整合,用来支持贫困地区的特色产业扶贫项目,以资金投入促使贫困户发展特色养殖业、种植业、传统手工业、乡村旅游业等特色产业,以增加经济收入,提高生活水平。

(三)加大投入力度

各级各类涉农专项资金尽可能加大对贫困地区特色产业发展的倾斜支持力度。鼓励引导各类金融机构,通过扶贫小额贷款、扶贫再贷款等金融扶贫政策加大对产业扶贫的支持力度,引导更多的社会资金投入特色产业发展。健全东西部扶贫协作机制,确保帮扶资金紧紧瞄准建档立卡贫困户,重点支持特色产业发展。

(四) 推广典型模式

要围绕特色产业脱贫开展调研，挖掘各地涌现出的好经验、好做法、好模式，通过召开现场会、宣传报道等形式，及时在其他贫困地区加以推广，切实发挥特色产业发展在脱贫攻坚中的积极作用。

在产业化扶贫实施过程中，不同的地域适应的产业扶贫模式会有所不同，主要原因是地域的不同也就决定了自然生态环境不同，自然生态环境不同决定了有的地区适合发展旅游业，有的地区适合发展特色产业，依据各地特色也就产生了各地区的典型模式。

(五) 加强督察考核

国务院扶贫开发领导小组将通过联合督察、行业督察、专项督察等形式，对产业脱贫成效进行督察考核。探索建立第三方评估机制，对省、县级特色产业精准扶贫工作进行评估，从特色产业经营成果方面考察各地区扶贫成效。

(六) 加大宣传力度

借助各种媒体渠道，宣传特色产业脱贫工作的重大成就、丰富实践和先进典型，各地集中推出一批产业脱贫先进典型、一批产业帮扶先进典型、一批产业精准扶贫脱贫成功案例，凝聚多方力量，鼓励各方面积极投身特色产业脱贫事业。

第五节 可持续发展理论

一 可持续发展的基本理论

随着经济社会的繁荣发展，人类越来越认识到生态环境的重要性。自然界蕴藏着丰富的资源，人类生产生活的基础来自自然界。生态系统调节、生命的维持与延续都是建立在平衡稳定的生态系统之上的。但是，科学技术的发展在带给世界经济高度发展以及物质文明的同时，也造成了一系列生态问题，如自然资源和能源过度消耗、生态环境恶化等。基于西方国家先污染后治理的前车之鉴，我国在经济发展过程中越来越重视对自然生态的保护。例如，政府在"十一五"规划中就已提出要在降低消耗、保护环境的基础上增强发展的协调性，实现经济的又好又快发展。但是，由于长期受传统思想观念的影响，人们的生态保护意识仍然较弱，我国的生态环境仍面临着十分严峻的挑战，主要体现在以下几个方面：第一，生态系统失衡，生态破坏范围扩大；第二，大气、水、森林资源匮乏，野生珍稀物种濒临灭绝；第三，生态环境较为脆弱，水土流失、土地沙漠化、草原退化、高发的自然灾害严重制约了农村地区的种植业以及其他的经济发展行业。如果不采取相应的措施解决生态环境与经济发展之间的问题，会使得贫困地区经济发展受限，陷入发展与保护相互矛盾的怪圈。我们既要金山银山，又要绿水青山，落实科学发展观的要求，全面协调可持续扶贫工作，实现经济与环境的永续发展。将经济发展与生态保护的关系解决好，才是实现精准扶贫可持续发展的必由之路。

在扶贫开发过程中，我们要注重发挥各地区的功能性作用，以外延扩张为主，由内向外开始延伸，转变空间发展的结构，以生态保护为前提，开发秉承有度有序的原则，尽可能地提高空间的利用效率，同时要考量水土资源的承载力，以当地环境最大容量为基准，合理地控制人口流动以及相关经济产业的发展；实现人与自然、社会的和谐发展，合理地协调人口与环境的关系。具体可以将国土资源开发空间细分，同时按照各自主体功能区的定位来做出相应的环保政策与环保绩效的评价，以达到合理的空间开发目的。在国土空间的重点开发功能区要做到合理有序地运用当地资源，在与自然协调发展的基础上对区域进行合理开发利用；在限制开发区要注重有所节制、有所限制地发展，限制开发区并不是要限制一切发展，而是由于限制开发区的生态环境比较脆弱，环境承载能力较低，因此要限制那种大规模、高强度的工业化活动。在限制开发区中，要合理有序地利用中央财政资金提高当地的生态保护能力，改善公共服务的现状，逐渐提升这些地区的生活水平。在限制开发区中最重要的就是重点生态功能区，在这个生态功能区中，要着重关注生态系统，因为这类区域是全国生态系统的重要组成部分，不仅为全国提供了生态安全保障，而且在一定程度上维持着生态平衡。在限制开发功能区中它的主体功能就是要提供绿色、生态的系列产品。

可持续发展是一个关于社会、经济和环境三者相互影响的综合的、动态的概念，包含两个基本内容：第一，发展要统筹兼顾，发展的目的是消除贫困，满足人们自身生存发展的需要，不能因为怕污染环境或者破坏环境而不进行发展，使得贫困者的生存状况恶化，但同时也不能为了某一部分人的生存，而去破坏生态环境，不为他人以及后代人发展考虑。第二，发展一定要注重提高资源利用率，现在的发展能耗比例太高，要科学地发展就要提高资源使用效率，不能大量地浪费自然资源。总之，发展必须做到人与自然和谐统一，不能以牺牲环境为代价来谋求经济的发展，要贯彻可持续发展的理念，发展生态经济。生态经济，顾名思义，就是指在生态系统承载力之内，将生态保护原理运用到生产生活以及消费方式之中，提高资源使用效率，利用一切可以利用的资源进行高效的生产发展，建立和谐的自然生态环境，从而形成开发与保护并重、物质文明与精神文明并举的可持续发展模式，也就是我们平时所说的绿色经济。生态经济是对科学发展观的具体实践，它充分地践行了发展的可持续要求，在保护生态系统的基础上，实现人与自然的可持续发展，最终实现经济发展与生态建设双赢的局面。

良好的生态文明要做到人与自然相互统一，人们要改变以往不顾自然环境、一味追求发展生产的方式，在利用自然资源发展自身的同时要注意保护自然、爱护自然，实现人与自然的协调发展。同时践行社会主义生态文明观，需要我们学习并且掌握相关的自然规律，按照自然规律办事我们就能够永续发展，一旦挑战大自然的底线，必将受到它的惩罚。必须在环境承载力的范围内，树立可持续的、绿色的发展生产理念，以提高可持续发展能力作为着眼点，共同遵守生态伦理观，讲生态文明，树生态文明观，促进经济更好更快地发展，同时建立起资源节约型、环境友好型社会。

生态补偿机制也是在生态文明的背景之下出现的一种新型的环境管理机制，生态补偿在协调生态环境与人类发展和社会公平方面起着十分重要的作用。随着经济的发展，环境问题日趋严重，各国在制定自身发展战略的同时都高度关注生态补偿机制的建立，生态补偿机制已经成为世界上热门的研究对象。但是对相关概念的界定还不十分明确，不同国家不同行业的研究者对生态补偿的认知也有所不同，但毋庸置疑的是，生态补偿一定是以生态保护为前提的，以生态和谐为目的，运用生态服务价值、发展计划成本等因素以及相关的市场手段，调整人与自然的关系，在此基础上更好地保证经济发展与环境的协调。在社会主义生态文明建设过程中，发展生态补偿机制、保护生态环境具有十分重要的战略意义，尤其是在扶贫攻坚、全面建成小康社会的关键时期，更能凸显生态补偿机制的重要意义，不仅能够有效地进行生态建设，还能够协调区域发展，促进社会公平。

二 可持续发展的具体措施

（一）以可持续发展思想和生态文明观为指导，加大"生态扶贫"力度

我国生态环境脆弱地带与贫困区域之间存在着极为显著的相关性，针对上述特征而提出的一种新的可持续扶贫方式——"生态扶贫"正受到社会的广泛关注。受自然环境的制约和传统农业发展思想的影响，我国大多数贫困地区长期以来对自然资源的开发利用采取粗放方式，这种生产方式导致当地生态环境恶化、资源枯竭、土地生产力下降，最终陷入生态环境恶化与贫困的恶性循环。而"生态扶贫"将扶贫与生态环境保护和资源可持续利用紧密结合起来，将经济效益与生态建设紧密结合起来，兼顾减贫与生态环境保护双重目标，而且体现了减贫效果的可持续性。"生态扶贫"是新一轮扶贫攻坚战略思路之一，是解决集中连片特殊贫困地区贫困问题的重要途径。

落实生态扶贫的理念需要技术措施和项目投入，需要对该项目的具体政策予以保障，如建设"国家级武陵山地生态系统扶贫规划区"，则是实现武陵山区"生态扶贫"所需要的基本政策保障，该政策的实施大致可以分为区域的管理机构设立、生态扶贫资金运行和管理以及可持续生计的规划等。[①] 根据规划的内容和要求，设立国家级"山地生态系统"专项补偿基金。将"山地生态扶贫"资金定义为专项扶贫基金，强调生态意义的扶贫，将该地区的生态致贫转变为生态扶贫，抵抗该山地生态系统的原生态脆弱给农户带来的贫困。由于国家的生态主体功能区划已经为国家层面的生态补偿机制明确了空间架构，可以利用激励机制鼓励农户发展生态友好型产业，保护山地生态系统的多样性。一方面，提供必要的生态风险担保，保护农户或合作社发展适合该区域生态系统多样性的产业的积极性；另一方面，鼓励开发适合山地生态系统休养生息的可持续生计。[②] 充分发

---

① 栾胜基：《集中特困地区（武陵山区）"生态扶贫"研究报告》，内部研究报告。
② 《关于未来十年武陵山区扶贫开发的政策建议》，内部研究报告。

挥国家扶贫政策、区域发展规划在产业结构调整、生态产业发展、土地流转、环境保护和生态建设方面的宏观控制与引导作用，将生态功能与经济功能相结合，实现经济效益、社会效益和生态环境效益的协调统一。

要适当提高资源性产品价格，深化相关资源性产品的税制改革，使得市场价格以及税收能够反映出市场供应水平以及资源稀缺程度等，从而更深刻地体现生态价值和相关的生态补偿制度。要严格在规定的18亿亩耕地红线内，建立生态保护机制，完善生态补偿机制，加大财政资金的投入力度，吸引更多的社会资本投入生态保护中，从而提高贫困地区的生态产品、绿色产品的供应能力，促进贫困地区的产业化调整，推动贫困地区的生态优势转化为发展优势，增强发展后劲，实现脱贫攻坚与生态保护的双赢。

（二）树立大局观念，坚持生态与整体最优原则

各区域根据国家发改委牵头编制的扶贫纲要编制的具体发展规划，都指出了要加强生态建设的发展方向。扶贫攻坚中要充分利用生态资源，发展生态经济，建起生态示范区。在扶贫攻坚过程中要注意生态保护，注重整体与部分的关系，部分的发展不能离开整体，整体的发展也离不开部分。也就是说，经济的整体发展带动贫困地区脱贫离不开生态文明建设，而生态文明建设也离不开经济的发展、贫困地区的发展。二者相辅相成，不能只关注局部利益，要有长远的眼光，按照具体规划、分步分期实施。形成生态产业链，使得更多产业发展依托整体的经济与生态效益。为了维护整个生态的平衡发展，需要各部门协调生态产业与生态建设之间的关系，通过出台一系列政策，编制相应的发展规划，更好地促进环境保护与经济发展。因此，要加快产业结构调整，推动生态产业升级，加强对生态环境与经济发展的宏观调控，积极引导绿色健康产业发展，以增强贫困地区的综合实力以及可持续发展能力。

（三）突出优势，因地制宜开发地域特色

实现贫困地区经济社会的发展，必须因地制宜。根据当地区位、自然、资源、人才、技术、社会经济基础条件等因素，充分发挥区域优势，扬长避短，选择比较优势产业，使该产业的发展与区域社会经济优势等条件有机结合，发展有市场、有潜力的产品，形成自己的特色，带动当地社

会经济发展，维护生态环境，促进生态建设。

以建始县"关口葡萄"品牌为例，花坪镇关口乡村坊村（关口）在2002年以前交通闭塞，信息不畅，发展非常落后。但深受中外游客青睐的关口葡萄生长在这里，关口地处建始景阳河与花坪交界的一个山垭，这里群山蕴林，气候温和，雨量充沛，土地肥沃，地势平坦，槽田居多，得天独厚的小气候，孕育了独特的"关口葡萄"。

实践证明，关口葡萄生长地仅限于花坪镇关口乡村坊村（关口），当地地理生态条件、环境质量造就了"关口葡萄"这一品牌，取得了显著经济效益。即使是在同一县乡，种植同样的葡萄种苗，但由于地质条件和气候条件的不同，这些葡萄的品质要差得多，特别是在口感上与关口葡萄相比差距很大。虽然关口葡萄市场前景广阔，但因其生产的地质、气候条件的限制，难以大面积推广，不过正是因其"量少而质优"，才具有独特开发优势。建始县在扶贫开发过程中，立足各乡、各村实际，制定了"一村一品牌"建设目标，即在扶贫开发过程中，立足县域整体实际，制定发展规划，以村为单位，依托本村优势资源，以整村推进的方式在各村培育特色品牌，共同开拓市场，实现共生共赢。

（四）以生态旅游为牵头，推动产业联动

任何产业的存在与发展，都是多种自然的、社会的、经济的因素相互作用的结果，区域产业结构的形成与发展，不能脱离本地区的客观条件，特别是当地的自然生态条件和原有经济基础条件，这决定着本地区应该发展什么产业、形成什么样的产业结构。

立足区域实际，探索旅游产业与扶贫开发相结合的路径及模式是推动山区经济社会发展的重要途径。整合旅游、民俗资源，培育生态旅游区，加快脱贫致富步伐，应该遵循以下五个原则：一是注重从政策倾向、资金投入、基础设施、技术等多层面支持，探索利于脱贫的旅游产业发展模式。二是突破行政区域限制，树立大旅游产业发展观。旅游资源的规划、开发布局应以武陵山区各民族特色风俗文化为基点，形成一条旅游产业链。三是树立整体发展意识，充分发扬自身文化特色，避免重复建设和恶性竞争。四是关注旅游收益共享，尤其是对于特困地区的旅游收益的合理共享，发挥好旅游促进脱贫的重要作用。五是加大对区域生态优势的宣传，创立生态旅游品牌。

在生态旅游业蓬勃发展的同时，开发设计富有浓郁地方色彩和情趣的生态旅游产品，其中就包含一些具有地区特色的纪念品，不仅具有宣传作用还有利于带动当地经济发展。发展生态旅游，开发设计生态旅游产品，能很好地带动其他生态产业的发展。比如具有民族风情的西兰卡普、背篓，利用当地林木制作的根雕、漆筷，用药材加工而成的各种保健品等，体现了当地生态农业、生态工业等产业特色，促进经济发展。生态农业等与生态旅游是相互联系、相互促进的，发展其他生态产业，能有效推动生态建设，为生态旅游奠定基础，而生态旅游又反过来推动其他产业的进一步发展，逐渐形成一条完整的生态产业链。加快推进景区基础设施建设，逐步完善旅游配套服务功能及拓展旅游宣传推介空间，如启动特色旅游商品开发，组织建始县首届旅游商品设计大赛，积极开展旅游宣传推介，展示本县文化旅游特色，增强旅游知名度，提升旅游影响力，基本构建起了大景区、小景区、旅游新村同步推进的旅游开发新格局。

发展生态产业，是扶贫攻坚和区域发展过程中的战略选择，而生态旅游则是其中发展辐射能力最强的产业，以发展生态旅游为牵头，能在很大程度上推动各产业联动、相互促进、协同发展。以发展生态农业为例，随着生活水平的提高，人们愈发注重食品安全，绿色有机食品越来越受到广大消费者的青睐，以市场为导向，发展生态农业，不仅能保护当地生态资源，还能增加经济效益。发展生态旅游，吸引大批游客，通过体验田园生活等方式展示当地生态产品，能起到很好的宣传效果。实践证明，发展生态农业，是这些地区摆脱贫困的重要途径，同时也有助于改进其脆弱的生态环境，落实可持续发展战略。贫困县应该以县域为单位，依托生态优势，形成"公司－基地－农户"的生产模式，建立以绿色有机食品为主的生态农业，从而辐射、带动整个县域的生态建设和农产品开发。在利用生态环境优势发展生态农业的同时，要加大科技投入、模式创新，如将电脑农业推广应用作为新型农业的技术支撑，通过科学、高效的生产方式来减少建设生产过程中对环境的污染，提高生态生产洁净度，改善生态环境。很多游客慕名前来，欣赏当地绮丽的自然风光，品尝原生态绿色有机食品，过一把"生态瘾"。

（五）研究提高并足额兑现生态补偿和相关补助资金

在2016年新一轮退耕还草中央补助标准从每亩800元提高到1000元

的基础上，积极研究提高退耕还林种苗造林费补助标准。全面实施森林生态效益补偿和草原生态保护补助奖励等生态补偿机制，为重点生态公益林区、天保工程区和草原牧区贫困人口提供稳定的转移性收入来源。结合国家财力情况，逐步提高相关生态补偿标准，发挥好生态补偿对贫困人口脱贫助推作用。

第六节　资产收益扶贫理论

一　资产收益扶贫的基本理论

近年来，随着扶贫开发工作的深入推进，一些地方围绕中共十八届三中全会提出的赋予农民更多财产权利的要求，积极探索盘活农村资源要素、提高财政资金使用精准度和贫困人口收入水平的有效途径，资产收益扶贫模式在一些地方逐步落地开花，取得了一定的成效。

（一）资产收益扶贫是适应扶贫开发新形势的客观需要

随着贫困地区的发展和贫困人口不断减少，扶贫开发工作形式也在不断发生变化。伴随整体贫困状况的缓解，因病因残致贫的比例明显上升，无劳动能力和弱劳动能力的贫困人口占了较大的比重，脱贫难度进一步加大。对这部分贫困人口，难以通过增强其自我发展能力实现脱贫。这要求扶贫工作者与时俱进完善扶贫开发思路和政策，提升扶贫措施的针对性、精准性，探索新的精准扶贫模式。

（二）资产收益扶贫是农村生产关系变革的必然结果

随着经济社会的发展，农业效益比较低、农村"空心化"的问题日益凸显，农民有资源没资产、有权利没收益，亟待探索进一步解放和发展农村生产力的新模式。资产收益扶贫可以建立企业、农民合作社和农民的利益联结机制，通过折资入股经营项目等方式，将农民和集体拥有的土地、林地、荒山、房屋、农机等资源要素盘活，让"死资源"变成"活资产"，提高农村经营的集约化水平和组织化程度，既可以使农业经营主体实现利润最大化，又增强了农民的参与性和主人翁意识。

（三）资产收益扶贫是提高财政资金投入精准度的有效手段

近年来，国家强农惠农富农政策体系不断强化，针对农村脱贫攻坚的政策措施出台力度也不断加大，各级财政投入贫困地区、贫困人口的资金规模巨大，但很多财政资金没有精确瞄准贫困人口，资金的"造血"功能不足，使用效率不高。资产收益扶贫，通过发挥市场化机制作用，使财政资金和社会资本紧密结合，把原来一次性、无偿投入的财政资金转变为贫困人口的股权，既提高了财政资金的投入精准度和使用效率，又可以为贫困人口持续带来收入，让农民在产业链条中占据应有的位置，形成政府资金和社会资本共同促进扶贫开发、企业和农民共享发展成果的良好局面。

（四）资产收益扶贫需要把握好几个关键问题

第一，除了财政下拨的扶贫专项资金以外，资产收益扶贫资金还有其他来源。这进一步拓宽了资产收益扶贫的筹资渠道，从强调财政专项扶贫资金的减贫作用转变到更加依靠多渠道财政投入，有利于地方把条块分割、交叉重复的各类涉农资金统筹整合起来，发挥各类资金合力，积极探索资产收益扶贫。

第二，对资产收益扶贫的一个基本要求是，不得将资金挪为他用，其中涉及的折股量化并非改变了资金的用途，而是将资金变为资产之后对资产进行折股量化。《中共中央关于坚持和完善中国特色社会主义制度推进国家治理体系和治理能力现代化若干重大问题的决定》要求不改变资金用途，就是指不能简单地把相关涉农资金直接投资入股，在不改变资金用途的情况下实际上是将财政资金转化为具体的资产，比如开发旅游、发展水电等形式，然后将购置的资产进行折股量化分配给贫困村和贫困户。这主要是因为各类财政涉农资金都有特定的政策目标、明确的管理规定和支出范围，发展资产收益扶贫的目的包含两个方面：一方面，下拨的财政资金都有特定目标的，所以资产收益扶贫首先应当保证的就是财政资金投入目标的实现；另一方面，财政资金在运用过程中不得随意投资高风险行业，要确保资金的投入能够为贫困人口带来持续稳定收益，资金在运行过程中应当接受群众监督。

第三，资产收益扶贫项目中量化股权分配必须向贫困群众倾斜，确保贫困群众优先受益。各地在推进资产收益扶贫的过程中，可以根据当地实际制定股权分配方案，充分发挥农民民主议事决策机制的作用，合理确定配置给村集体、村民、贫困户的股权比例，尤其对于特困农户在政策上应当有一定的侧重。

第四，探索资产收益扶贫必须强化监督管理，资产运营方对财政资金形成资产负有保值增值责任，并确保资产收益及时回馈给持股贫困户。资产收益扶贫是一项新生事物，要使这项探索获得成功并能够推而广之，必须确保财政资金安全有效使用，必须确保贫困群众能从改革过程中真正获益。从政府部门的角度看，重点要制定扶持政策，完善规章制度，加强监督管理和提供公共服务，引导资产运营方和持股贫困户共同建立合理的利益分配机制，充分保障贫困户的知情权、参与权，防止资金被骗取套取，防止贫困户利益被侵害。从资产运营方的角度看，要充分发挥技术优势、经营能力，防范化解经营风险，让资产保值增值，实现财政资金和社会资本的有效结合，让持股贫困户合理分享资产运营的红利。

第五，获益范围应当进一步扩展，可适当扩展到电力、矿产方面。《中共中央关于坚持和完善中国特色社会主义制度推进国家治理体系和治理能力现代化若干重大问题的决定》提出，电力、矿产资源的开发会涉及相应土地的占用问题，对于土地被占用的村庄应当给予相应的集体股权，使贫困人口可以从中获取相应收益。这有利于促进工业反哺农业，提高贫困地区经济增长的包容性。

二 资产收益扶贫的具体措施

对资产收益扶贫这一新生事物，应该积极对待，加强引导，成熟典型应及时宣传推广。要构建多层次的支持保障体系，充分发挥地方的主动性和创造性，促进资产收益扶贫依法规范有序开展，不断丰富解决深度贫困人口增收脱贫问题的路径和方式。

（一）鼓励和支持各地探索资产收益扶贫

中央、省、市加强指导，在政策制度上持续为贫困地区松绑，支持贫困地区研究完善配套政策，允许各地大胆探索、前瞻探路，将更多适宜的财政资金纳入范围，进一步提高资产收益扶贫的改革效能。

（二）探索资产收益扶贫要以特色优势产业为依托

资产收益扶贫要取得成果，良好的产业发展条件是前提，否则不但财政投入形成的资产难以保值增值，带动贫困户增收更是无从说起。各地区在发展特色产业过程中，应当准确把握本地区地域特点及自然条件，将资产收益与产业相结合，着力完善扶持政策，推动机制创新，推动集约化、规模化经营，做大做强特色优势产业，促进第一、第二、第三产业融合，通过产业发展创造更好的经济效益。

推进需求主体进行组织和机制创新，推进农民专业合作社、涉农中小企业、龙头企业发展，推进特色农产品流通市场发展，结合县域产业发展优势，推动形成全产业链。在此基础上，推进农业价值链金融创新。

在县域产业发展和组织创新的基础之上，通过"核心企业＋合作社＋农户"（核心企业直接融资）、"银行＋核心企业（一般为龙头企业）＋合作社＋订单农业＋农户"（银行向核心企业融资，核心企业为农户融资）、"银行＋核心企业或者合作社担保＋订单农业＋农户"（核心企业担保，银行为农户融资）等模式来发展供应链金融。促成下游企业为了确保原料供应的数量和质量而拿出一部分利润与生产环节进行分享，使得加工、销售环节的收益也能惠及农户。同时，缓解了农户在生产经营（扩大）中的资金约束问题。

目前建始县发展良好的合作社起到了很好的扶贫带动作用，但是发展良好的合作社比例较低，这并不是由于人们对合作社不了解，而是由于产业发展遭遇了资金瓶颈，合作社无法正常运行。应当利用合作社社员相互之间的了解、对其他社员的资产的变现能力较强等特性，发挥合作社的作用，增进合作社及其社员的信贷融资能力。

（三）不断拓宽资产收益扶贫筹资渠道

推广资产收益扶贫模式，要解决好贫困户股份的筹资问题。一方面，在财政专项扶贫资金项目审批权限下放的背景下，各地可以完善调整资金使用机制，将资产收益扶贫作为财政专项扶贫资金支持的重点；另一方面，积极统筹整合其他渠道的财政支农资金，投入贫困地区农田水利基础设施建设和农业产业发展，并从产生稳定经营收益的财政支农资金中，拿出一部分折股配置给当地贫困群众。在不改变财政支农资金既有用途、不影响农业产业发展的情况下，帮助贫困群众更多地占有股份。

目前金融扶贫资金主要用于扶贫贴息贷款，但是由于金融机构的慎贷，扶贫贴息资金要么无法贴出去，要么贴给了较为富裕的农户，贫困瞄准出现了问题。因此，应该扩大扶贫贴息资金的使用范围，在加大扶贫贴息资金投入的同时，将扶贫贴息资金分为三部分使用：一部分资金继续进行贴息；一部分用于对农村征信体系建设、金融服务"村村通"等基础性金融公共服务的补贴；一部分资金用于扩充担保基金、建立农村金融服务激励基金和风险补偿基金等。

（四）做好贫困人口的精准识别和动态调整等基础工作

依托资产收益扶贫实现精准扶贫的目标，对贫困人口的精准识别和动态调整非常关键。地方政府在开展贫困识别、建档立卡工作时，应加强对不同家庭致贫因素的调查和分析，便于分类施策。尤其对于缺少劳动力的家庭，由于无法通过就业政策帮助其脱贫，所以在资产收益方面应当有所侧重，帮助其实现稳定增收。与此同时，建立贫困人口和股权配置动态调整机制，以便根据贫困识别情况及时调整受益对象，确保资产收益扶贫的精准性。[①]

第七节　迁移式扶贫理论

一　迁移式扶贫基本理论

迁移式扶贫又称为易地搬迁式扶贫。在我国的贫困地区中，部分地区所具备的基本资源不足以让其拥有"造血"的功能。这些地区开展扶贫工作具有独特性，而易地搬迁扶贫正是这些地区扶贫的治本之策。"易地搬迁扶贫"主要针对的是生活在资源匮乏、生态恶劣地区的群体，运用当地的基本条件，在政府主导、社会参与等方式下，让贫困地区的人获得一定的生活资源并具备自力更生的能力。当一个地区的生产、生活资源匮乏，基本条件不足以供养该地区所有人口时，将其中的一部分人口或全部人口迁往另一个资源相对充足的地区进行安置。与此同时，对新的安置点进行

---

① 国务院扶贫开发领导小组办公室组织编写《脱贫攻坚政策解读》，党建读物出版社，2016，第121～125页。

改善、重建，最终形成具备自我发展能力的新地区。当前实施的扶贫政策主要包括财政扶贫、教育扶贫、产业扶贫、旅游扶贫等措施，而产业扶贫与旅游扶贫与一个地区地理环境因素有着很大的关系，产业扶贫是借助贫困地区的产业优势，也就是以当地特产及其加工为主要依托，利用现代技术进行产业化生产与售卖。旅游扶贫则是对贫困地区的地形优势、自然景色加以开发，可以借助旅游产业进行发展。这也是多数贫困地区发展的主要途径，产业扶贫以及旅游扶贫不仅提高了贫困人口的收入水平，也为贫困人口提供了大量的工作岗位。但是有些地区的自然地理环境根本不适宜人口居住，更不利于经济发展，大量贫困人口无法依托当地的资源实现脱贫。所以唯一的改善方式就是迁移式扶贫。

易地扶贫搬迁政策不仅是将贫困人口从一个生存发展环境较差的地区迁移至一个生存发展环境较好的地区，其中会涉及多方面的利益关系，包括迁入地与迁出地、搬迁户与政府等多方面关系，需要解决的问题也是多方面的。对于迁出地人口来说，他们是否愿意迁出自己世世代代居住的地区，在他们不愿搬离原先居住地时应当采取何种措施去解决，在他们迁入新的地区之后，他们能否很好地融入新的生存环境之中，当地的发展机会是否适合他们，能否为他们脱贫提供助力。对于迁入地人口来说，大量新人口的迁入是否会影响他们的利益，争夺他们的资源，会不会引起当地人口的不满，这些都是该政策实施所面对的问题。

迁移式扶贫政策实施成功，不仅取决于政策实施遵从人口迁移的规律，能够实现经济、文化和环境之间的协调，更取决于政策实施主体——地方政府的执行情况。因此，易地扶贫搬迁的实施首先应该关注人口迁移本身的规律，让政策在符合客观规律的前提下发挥作用。同时对该项政策的实施也应该遵循政策执行的变通理论的指导。

"易地搬迁"模式在实施过程中准备阶段是十分重要的，在易地扶贫搬迁政策实施的前期需要投入大量的人力、物力、财力，对于迁入地的选取也需要十分的慎重，要综合考虑迁入地的资源、环境发展潜力，依据迁出地人口的实际需要进行选择，有利于减少迁出地人口工作的推进难度。迁移式扶贫作为一项重大的社会工作，需要与扶贫开发、生态环境保护等紧密结合，做好迁入地公共服务以及基础设施建设，切实保证包括交通、教育等民生问题的解决。同时，土地安置与户籍管理等社会工作也要做好。

二 迁移式扶贫的具体措施

易地扶贫搬迁是将贫困人口从资源贫瘠、无发展潜力的地区迁移至资源相对丰富的地区，目的和其他扶贫措施是一样的，都是促进贫困人口脱贫，通过搬迁的手段实现贫困人口逐步脱贫，最后实现致富的目标。围绕"服务城市、富裕农民、保护生态"，以农业产业化为切入点，科学选择产业，打造特色产业，发展新型现代化工业，完善工农一体机制。

（一）严格规范工作程序，提高识别精准度

迁移式扶贫开始阶段首先要做到人口的精准识别，首先由乡政干部向大家宣传易地扶贫搬迁的相关政策，先由农户根据自己对政策的理解和自身实际进行自测。然后乡镇政府组织专门人员成立调查小组，进入各村自愿申请的农户家中实地了解其经济状况与生活状况。依据调查结果，经过评议之后确定迁移对象。对于确定的迁移人口进行定期回访，进一步确定识别的精准度。

（二）注重生态修复，变"绿山"为"金山、银山"

对于搬出区域，政府需要关注其生态修复工作，而且在生态恢复的基础上结合迁出地的生态优势，因地制宜，发展绿色产业，发展特色生态旅游项目，变"绿山"为"金山、银山"。树立绿色发展理念，把绿山转化为金山、银山，推行绿色产业扶贫，将绿色变为生产力、竞争力。加快发展农产品加工业，培育一批绿色优势主导产业。将绿色优势转化为发展优势，使农户在农业发展中得到更多的实惠，从而推动精准扶贫工作发展。

（三）消除多重搬迁顾虑，增强群众搬迁意愿

建议政府通过多种方式提升符合条件农户的搬迁意愿、消除搬迁顾虑。一是完善易地扶贫搬迁后续保障机制，为迁入群众的基本生活提供良好可靠的保障；二是加强劳动力培训，保障农户当地就业以产带迁，形成经济吸引的良好局面；三是政府各部门协同，加大搬迁地资金投入力度，落实各项优惠政策。

此外，政府在执行易地搬迁政策的过程中，要切实保证核算过程的公

平、公正、公开。打消民众追求不正当利益的思想动机，保障政策的合理有效落实。

第八节　内生动力扶贫理论

一　内生动力扶贫的基本理论

贫困有很多种状态，比如丧失生活能力导致贫困、遭遇天灾人祸导致贫困、缺乏技术导致贫困等。贫困的原因很多，所以扶贫方法也会不同。扶贫要想精准，就必须先弄清导致贫困的原因。只有对症下药，才能彻底铲除"贫根"。毛泽东同志在《矛盾论》中指出："外因是变化的条件，内因是变化的根据，外因需要通过内因而起作用。"消除贫困，不能仅靠社会保障等外因起作用，必须依靠自身发展，发展才是硬道理。正所谓"授人以鱼不如授人以渔"，打赢脱贫攻坚战也是同样的道理，只有将"输血式"扶贫转换为"造血式"扶贫，扶贫工作才能加速，贫困才能从根本上清除，才能实现到2020年全面脱贫的目标。因此必须对准靶心精准扶贫、精准脱贫。

内生动力扶贫，首先要转变贫困地区人民的"贫困思想"。内生动力从根本上来说就是人的主观能动性，脱贫攻坚的主体是贫困农民。只有农民主动设立摆脱贫困的目标，产生实现全面小康的愿望，才能够从内心激发动力，扶贫攻坚工作才能实现质的飞跃。扶贫攻坚的关键并不在于"扶"，而是应该激发农民的内生动力，并通过农民的内生动力"造血"，从根源上消除贫困。脱贫要依靠扶贫办，要依靠扶贫干部，但更要依靠老百姓自身。基层干部要加大宣传力度，进行"一对一、面对面"宣传，为老百姓进行精神补"钙"，让老百姓能够吃透政策要求，积极配合扶贫工作，用自身努力改变生活状态，推动扶贫工作进程。

内生动力扶贫，要提高老百姓的积极性和参与程度。让贫困地区人民从"要我脱贫"变为"我要脱贫"，需要外部力量的刺激。例如，可以开展"自力更生"表彰大会，对于主动脱贫、积极脱贫的个人和家庭给予精神和物质的双重奖励，让踏实肯干的人有荣誉有奖励，以此来激励更多的人参与到脱贫工作当中。引导贫困户转变观念、态度，主动学习，掌握一技之长，积极投入脱贫工作中。

内生动力扶贫，关键是令农村经济实现自我循环。让贫困地区人民能够自力更生，在这个基础上进行扶贫工作，才是扶贫的正确方向，才能达到扶贫的效果。各个贫困地区要根据自身条件实施特色产业扶贫项目。贫困，因地区不同，因家庭不同，所以扶贫工作不能采用一刀切的方式，特色产业扶贫是根据不同地区、不同致贫原因开展的，能够解决贫困地区特殊的贫困问题。产业扶贫是扶贫攻坚工作的重点，是贫困地区人民增强造血能力的主要方法。从贫困地区的实际出发，发展可持续产业，增加获取收入的渠道，提高贫困群众的劳动能力。

内生动力扶贫，要注重创新，鼓励创新。不同地区、不同家庭的贫困原因、贫困程度不同，所以扶贫工作不能"一刀切"，要具体问题具体分析。对于有先天优势的地区来说，要运用好自身优势。例如，地理环境较好的地区可以开展特色农业（养殖业），让家家户户都参与到产业扶贫中来，采用特色产业改善百姓的生活条件；有自然景观的地区可以开发旅游业，吸引游客，增加收入；而对于那些环境极差的地区，就要实施易地扶贫搬迁。阳原县上八角村根据自身地理条件开发光伏产业，家家户户都参与了产业扶贫项目。该村有一个大水库，冬天结冰后就组织滑冰比赛等各种活动，既增加了该村的融洽氛围，也吸引了外地游客观光，不仅为该村增加了收入，也让该村的文化得到传播，激发村民的发展动力。

二 内生动力扶贫的具体措施

（一）消除贫困群众的贫困思想

加强贫困地区的思想教育，培养贫困群众自立自强的思想观念。推动参与式扶贫，使群众依靠自己的努力摆脱贫困。例如，组织贫困群众到脱贫地区进行参观，"见贤思齐"，学习先进技术；加强对贫困群众的思想教育，改变贫困地区人民的思想观念、思维方式。

（二）为贫困地区发展注入现代力量

发展农村金融，将现代金融融入特色农业中，促使贫困地区人口脱贫致富，实现可持续发展；在农村发展互联网＋，加强贫困地区现代化建设；将农村和大型企业结合，让大型企业带动贫困地区发展。

(三) 改变扶贫方式

将"无偿扶贫"改为"参与式扶贫",让贫困群众真正加入扶贫工作。让贫困户了解参与各种帮扶政策项目,根据自己的实际参与整个过程,从而拥有长足发展能力。

第九章 精准扶贫与贫困退出理论

贫困问题是重大的民生问题，贫困问题得不到解决国家的发展就会停滞不前。因此，打赢脱贫攻坚战是经济发展的重要保障。全面打赢脱贫攻坚战必须做到精准识别、精准发力、精准脱贫，保障脱贫的长期性、稳定性。未来几年是贫困退出工作的关键时期，严格落实贫困退出相关工作要求对于实现贫困人口脱贫意义重大。2016年11月23日，国务院发布的《"十三五"脱贫攻坚规划》作为我国贫困工作的指导性文件为我国的贫困退出工作的实施指明了方向。

第一节 精准扶贫下的精准脱贫理念

"精准"是扶贫的核心要义，对于精准扶贫来说，精准就是要做到以下几个方面：贫困对象识别精准、扶贫项目匹配精准、扶贫资金使用精准、扶贫措施落实精准、驻村帮扶精准、脱贫成效精准。而当前对于精准脱贫的定义并不十分明确。在一些学者看来，精准脱贫的定义还是从精准扶贫的角度出发的，要想实现精准脱贫，首先要保证扶贫对象的精准识别，在精准识别扶贫对象的基础上对贫困人口及贫困地区的现状进行分析，准确识别贫困对象的致贫原因，综合以上分析设定精准脱贫进程表，逐步消除导致贫困的不良因素，实现贫困人口的精准脱贫。

精准扶贫与精准脱贫两者之间是相辅相成、密不可分的关系，精准扶贫是精准脱贫的基础，精准脱贫是精准扶贫的结果。相对于精准扶贫，精准脱贫更加强调扶贫措施带来的结果，包括脱贫户对于脱贫退出的认可度、扶贫措施实施的效果、扶贫目标是否得以实现、扶贫成效是否具有长期性等。

精准扶贫是精准脱贫的基础，主要体现在精准扶贫的各项措施都是为精准脱贫服务，实现精准脱贫目标是精准扶贫的最终目的。一切精准扶贫措施的实施都有其目标导向，失去了目标的指引，一切方法的提出与实施都会变得空洞且盲目。同时目标的实现也需要相配套的措施予以辅助，不然再宏伟的目标也会变成空想。精准扶贫理论的提出就是为实现精准脱贫目标服务的，以切实可行的手段最终实现贫困对象的精准脱贫。

精准脱贫是精准扶贫的结果，主要体现在精准扶贫重点在于扶贫对象、扶贫措施的精准性，精准识别、精准施策的目的都是实现贫困人口脱贫，保障脱贫成效的长期性，而这些都是精准脱贫的一部分。而且现阶段的一切发展措施都是为了两个百年奋斗目标得以实现，精准脱贫是实现全面建成小康社会、缩小贫富差距、实现共同富裕的一个重要组成部分，是精准扶贫所要达到的重要目标。

第二节 精准脱贫与贫困退出

一 精准脱贫与贫困退出

我国当前的扶贫形式比较单一，大多是由科层制组织自上而下来分配扶贫资源。这就会造成一个显而易见的后果：处在科层制底端的贫困地区的贫困人口对扶贫资源需求量大，但是现实中却掌握着极少数的资源；科层制的中上端对扶贫资源需求量小，但是手中却掌握着绝大多数的资源。这种扶贫资源流动方向和分配方式直接导致扶贫资源配置低效、不合理以及精准扶贫效果差强人意。因此，为了达到精准脱贫的目标，扶贫资源的配置必须做到科学、合理、精准。扶贫资源的配置问题在党的十八大以后得到了明显的缓解，"精准扶贫"这一概念的正式提出为我国的扶贫攻坚伟大事业指明了方向。扶贫资源在精准识别下精准发力，才能实现精准脱贫，真脱贫和脱真贫才不是一句空话。第十二届全国人大五次会议上，习总书记曾经指出，脱贫攻坚好比"绣花"，整个过程都要做到精准，不得有丝毫的马虎。总书记以"绣花"为喻，形象地强调了脱贫攻坚工作中精准的重要性，把握好细节，力争不让一个贫困人口在脱贫的道路上掉队。2017年作为脱贫攻坚承上启下的关键一年，既需要把握机遇又要迎接挑战，只有做到像习近平总书记所说的那样"下一番'绣花'的功夫"，精准脱贫的目标才能得以实现，广大贫困地区的贫困问题才能得以解决。

目前，国家已经提出在2020年解决全国贫困人口问题，"贫困退出机制"也应运而生。贫困退出工作贵在高效和精准,只有遵循科学的原则和正确的方法,准确把握"精准"的深刻内涵,才能从根本上杜绝"大水漫灌式"的扶贫,最终实现全面脱贫。因此,我们必须将精准脱贫作为贫困退出工作的落脚点。

二 贫困退出与摘帽、出列、脱贫

贫困并不是发展中国家的独特现象,任何国家都会存在。现阶段,我们正在为第一个百年奋斗目标努力,贫困问题的解决必须做到贫困县全部摘帽和所有的贫困人口按照现行的标准脱贫。

我国的贫困退出涉及多个层面,从上到下依次是县、乡镇、村和农户。对于不同的贫困退出主体而言,贫困退出的说法也各异,比如说,贫困县的退出通常被称为"贫困县摘帽",贫困村的退出往往被称为"出列",贫困户的退出则被称为"脱贫"。在我国,由于戴上"贫困县"这项帽子的地区可以享受到和其他地区不同的优惠待遇,因此贫困县摘帽这种行为也变得极为复杂,政府在这当中起着不容忽视的作用(张琦,2016)。

贫困不是一成不变的,当所有的脱贫条件具备时,贫困现象就会消失,而脱贫正是基于贫困存在的。因此,贫困退出这一概念更具有包容性。不论是贫困县、贫困村还是贫困人口的脱贫退出,都是在扶贫这个大环境下产生的,具有明显的阶段性的特征。我国现阶段的"贫困退出"主要指的就是上述三大主体的"摘帽"、"出列"与"退出"。

第三节 贫困人口退出标准及理论基础

中国的扶贫事业所取得的扶贫成效举世瞩目,已经得到了国际社会的广泛认可,我国的脱贫决心不可动摇,我国的贫困人口退出工作也随着相关理论的发展而得到完善。

一 贫困人口退出的有关标准

(一)国家农村扶贫标准

根据我国国情,中央政府审时度势,于2011年将农村居民年人均纯收入2300元(2010年不变价)作为一项重要的脱贫指标。2009年,我国的脱贫标准是年人均收入1196元,2011年的这个标准与2009年相比,上升了92%。2016年底,我国的扶贫对象约为1.28亿,呈现出扶贫规模更大、扶贫范围更广的特点,扶贫对象约占农村户籍人口总数的13.4%。因此,解决中国的贫困问题是一个光荣并且浩大的工程。庄健(亚洲开发银行驻中国代表处的高级经济学家)曾经说过,从中国大幅度上调扶贫标准可以看出,中国政府做好了迎接一切困难和挑战的充分准备,其打赢脱贫攻坚战的决心不容动摇,中国的贫困人口的脱贫不仅是数字上的脱贫,而是从根本上杜绝返贫现象的发生,尤其重视扶贫质量的动态提升。

(二) 农村贫困户建档立卡(贫困识别)标准

2014年,贫困户的建档立卡由国务院扶贫办开始实施,范围共辐射28个省、区和市。此次脱贫标准为2013年农民年人均纯收入2736元(在2011年2300元的基础上考虑了物价变动因素)。此外,本次建档立卡农村贫困人口的基数是2013年底的8249万人,但是各地根据自己的实际可以有所调整。比如说,省级统计的贫困人口数如果大于国家统计的,省级可在国家统计基础上上调10%左右;如果省级和国家统计的结果差距较大的话,上调的比例可以适当提高。具体的建档立卡的规模需要省级扶贫部门领导研究后确定,但是需要上报国务院扶贫办进行核查。在实际的识别过程中,由于从乡镇到行政村缺乏抽样监测数据,因此国务院扶贫办制定了专业的参考办法,来确定从乡到村的贫困人口的规模,这一过程需要考虑很多因素,比如说乡镇之间的实际距离、村内基础设施情况、农户的年人均纯收入等。本次贫困识别把握的一个重要原则就是要整户识别,综合考虑农户的整体情况,不能仅仅依据收入来简单地判定其是否达到脱贫标准。这样做主要基于两方面考虑:一是在实际操作中,农户由于非正规就业等原因,无法准确统计其各项收入;二是国家确定的贫困人口脱贫的标准是"两不愁,三保障",涉及了识别对象的住房、教育、健康等情况(王小林,2016)。

(三) 农村贫困人口脱贫目标

贫困问题是制约我国实现第一个百年奋斗目标的关键因素。《中国农村扶贫开发纲要》确定的贫困人口脱贫目标是:到2020年,使全部的贫困人口达到"两不愁,三保障"。"两不愁,三保障"的核心内容是"两个确保"。"两个确保"具体内容为：第一，确保所有的贫困县"摘帽"；第二，确保所有的农村贫困人口脱贫。随着政策的日益完善，"两不愁，三保障"的表述也发生了些许的改变，由原来的"住房"变为现在的"住房安全"，这一变化表明国家重点解决的是农村贫困人口的住房安全问题，而不是确保其住上装饰豪华的住房（王小林，2016）。所有的政策正在往完善、明晰的方向发展。

《关于建立贫困退出机制的意见》统一了贫困退出的口径。在这一文件提出之前，不同地区对于贫困退出工作的管理和操作依据有很大的差异。有的地方以国家农村扶贫标准为依据；有的地方以建档立卡标准为依据；还有的地方以国家制定的贫困人口脱贫目标为依据。因为口径不一致贫困退出工作管理有些混乱，给脱贫工作造成了阻碍。因此，必须从理论认识上予以明确。

二 贫困人口退出的理论基础

（一）年人均纯收入稳定超过国家扶贫标准的理论基础

《关于建立贫困退出机制的意见》明确提出，贫困人口的退出主要衡量标准之一是，农户年人均纯收入平稳超过国家扶贫标准。我们应从以下几个方面来理解国家扶贫标准的相关理论。

我国基于世界银行的基本需求方法，于1986年首次制定了农村的贫困标准——年人均收入206元（1985年价格）。这一标准综合考虑了食物基本需要和非食物基本需要。食物基本需要的标准是以每人每天需摄入的最低营养标准来设定的；非食物基本需要的标准是依据恩格尔系数来设定的。后来随着经济的发展和物价的变化，农村的贫困标准也在发生相应变化。2000年，农村的贫困标准调整到以年人均收入865元作为低收入标准；2007年，这一标准上调到1067元；2008年我国将"两个标准"（农村贫困标准和农村低收入标准）整合，统一将1067元作为农村的扶贫标准；2009年和2010年，伴随物价指数的变动，贫困标准继续上升，升至1196元和1274元。到2011年，基本需要已经不是决定贫困标准的唯一因素了，国家在制定标准的时候，不仅要考虑到基本需要，还应该考虑到发展需要，这样制定出来的贫困标准才更加科学合理、切合实际。

（二）"两不愁，三保障"的理论基础

在对贫困户进行识别的时候，首先要做到整户识别，以户为基本单位来开展工作；其次，除了核算贫困人口的年人均纯收入以外，还应该关注其是否有吃有穿、是否能够接受基本教育、家人的基本医疗和房屋安全是否有保障，简称"两不愁，三保障"。关于"两不愁，三保障"我们可以从以下几个方面加以理解和认识。

1. "两不愁，三保障"是贫困户跳出"贫困陷阱"的标志

20世纪50年代，先后有3位学者研究阐释了"贫困陷阱"这一理论，他们分别是纳克斯、纳尔逊和缪尔达尔。1953年，纳克斯首次阐述了"贫困恶性循环"理论，开创了该理论的先河，为其他学者进行相关研究奠定了基础；1956年，纳尔逊阐述了著名的"低水平均衡陷阱"理论，完善了相关的理论基础；1957年，缪尔达尔阐述了"循环积累因果关系"理论。这三大理论为我国现行扶贫工作开展提供了良好的借鉴。纳克斯曾在他的《不发达国家的资本形成问题》中写道：发展中国家之所以长期存在贫困现象，在很大程度上是"贫困的恶性循环"导致的，发展中国家一旦掉入"贫困陷阱"，而外力的作用又不足以使其走出"陷阱"，贫困现象就会一直延续下去。

对于贫困的划分主要是生存贫困、能力贫困和参与贫困。生存贫困属于绝对贫困的范畴，是指一个家庭入不敷出，所有的合法收入加起来仍不足以维持其基本生存需要，它反映了人们的贫困程度。阿马蒂亚·森和杰·德热兹认为一个人的能力决定了其将来会拥有怎样的生活，更高的能力也就对应了更好的生活。阿马蒂亚·森还指出，贫困不单单是指缺乏收入，它也剥夺了人们开展不同行为的能力。那么就可以得出这样的结论，能力贫困也就是人力资源贫困，是劳动人口因为能力不足而不能够获取自己需要的生产生活资料，这种能力包含多方面，包括学识、技术、体力、智力等。因此，能力贫困着重反映的是人们的发展程度。参与贫困是指贫困人口由于处于社会的最底层，缺乏参与国家的经济、社会、文化和政治生活的意识，长此以往，这种公民应有的基本权利就会被剥夺，出现被社会排斥甚至歧视的不良现象，它强调人们的社会权利平等（甘露，2010）。

基于上述对贫困的分类，我们可以进一步来分析为什么贫困人口会长期陷入"贫困陷阱"而无法自拔。我们将从三个方面来探讨这一现象。其

一，生存贫困方面的恶性循环：造成这类循环的根源是资本不足与自然资源匮乏。一方面，资本不足会导致投资受限，造成一定程度的贫困，投资受限又会导致资本形成更加不足，贫困程度进一步加深，由此陷入恶性循环之中；另一方面，自然资源的匮乏与生态状况紧密联系，生态恶化是长期处于贫困的一个重要原因。其二，能力贫困方面的恶性循环：造成这类循环的根源是贫困人口不能接受良好的教育或者身体素质差，这些因素直接导致其工作能力受限，没有能力改善其贫困的处境。其三，参与贫困方面的恶性循环：造成这类循环的根源是贫困人口对社会生活的参与程度低，进而这种权利就会慢慢被剥夺，最终失去维护自己正当权益的机会。

2. "两不愁，三保障"来自"贫困"的深刻内涵

"两不愁，三保障"的提出，更加符合我国的基本国情，也更加贴合识别贫困的本质，不管是出于语言的合理性还是内容表述的完整性，该想法都比之前的《纲要》和《决定》中所阐述的脱贫标准更加贴合实际。"贫困"一词的内涵既包括家庭收入未达到脱贫标准所导致的"贫"，也包括家庭成员能力不足无法确保基本教育、医疗和房屋安全的"困"，而"两不愁，三保障"既涵盖了吃穿问题的物质之"贫"，也涵盖了家庭成员缺乏技能无法提升生活质量之"困"。因此，贫困人口能够达到"两不愁，三保障"是保证其实现脱贫的基础。

"两不愁，三保障"是实现脱贫标准的最基本的结果导向，它是一个结果类的度量，不仅年人均纯收入要达到脱贫线，"两不愁，三保障"中的其他条件也应该达到。我们对此必须有清晰的认识。因此，判断贫困人口真正脱贫，不能仅考虑收入这一单一因素，还应当考虑顺利达到"两不愁，三保障"的目的。我国目前的扶贫标准所规定的收入水平，保障的更多的是贫困人口的吃穿问题，而"义务教育、基本医疗和住房安全"问题有时候仅依靠自身收入是无法解决的，需要借助政府的力量来改善贫困人口的公共服务水平、社会福利水平以及居住的住房环境等。比如说，一些偏远山区当地没有学校和医疗机构，这样实现义务教育和基本医疗的成本就会很高，仅仅依靠脱贫标准的收入很难满足贫困人口医疗和教育方面的需求；一些地区自然条件比较恶劣，自然资源匮乏或者自然灾害频发，导致农户的生活和居住条件得不到保障，在这种情况下，即使农户的收入达到了脱贫线，也无法实现真正意义上的脱贫。再比如，一个贫困户家庭成员年人均纯收入达到了国家的脱贫标准，家庭住房安全也能够得到保障，

但是家中的义务教育阶段儿童接受基本教育的权利无法保障，这种情况也不能视为贫困退出。因此，"两不愁，三保障"是一项综合性的结果类指标，用这一指标来检验贫困退出工作将更具科学性和适用性。

第四节　贫困户退出标准及理论基础

一　贫困户退出标准及退出程序

（一）贫困户退出标准

我国现行的贫困识别要求进行整户识别，将单个的贫困人口按照户口本进行整合，综合考虑整户的实际并且以户为基本单位来测量脱贫的各项指标。对单个贫困人口进行测量时，如果不将其放入整个家庭的环境中，识别的准确性会大打折扣。在我国，户籍政策决定了整户识别必须借助户口本这个载体，将户口本上所有的在册人员考虑进去，从而实现对贫困户的监测和评价。

1. 收入标准

贫困户退出界定标准为贫困户家庭年人均纯收入连续3年超过国家规定的当年贫困标准线。我国当前的农村扶贫标准是依据《全国农村扶贫对象建档立卡工作方案》制定的。当前，我国对贫困户的识别标准是年人均纯收入2300元（2010年不变价），这一标准于2013年、2014年和2015年分别上调至2736元、2884元、3028元。收入标准虽然不是衡量贫困的唯一指标，但它却是最基础的指标。贫困户收入水平的提高在很大程度上证明了其生活水平、消费水平的提高。而连续3年超过国家规定的当年贫困标准线，说明贫困户的生活状况趋于稳定，出现返贫的可能性降低。在现实的测算过程中要依据经济发展与物价变动状况进行相应的测算调整。

2. 劳动力标准

家中的收入水平在很大程度上取决于劳动力，因此在判断贫困户退出时需要将劳动力标准加进去。劳动力标准分为两类：一类为扶贫户，另一类为扶贫低保户。其中，扶贫户是指那些具有劳动能力且年人均纯收入为2500~3500元的农户；扶贫低保户是指那些虽具有劳动能力但年人均纯收入在2500元以下的农户。上述是普遍原则，但是特殊情形需要特殊考虑。比如说，像残疾人、老年人、大病病人等这些丧失劳动能力的特殊群体，在界定其脱贫标准时还需要考虑一些综合因素。伴随着扶贫制度的不断完善，我们需要准确界定一般贫困户与贫困线、低保贫困户与低保线。各省（区、市）可以根据自己的实际对标准略作调整。

3. 住房条件

农户的居住环境是其生存的根本，要想脱贫必须保障其住房条件。根据多维贫困指数与联合国发展指数所定义的，考察住房条件主要有两个指标，一是住房的产权是否属于农户自己，二是住房是否属于按国家标准界定的危房。

4. 教育标准

这一标准主要是指根据《国家中长期教育改革和发展规划纲要（2010－2020年）》的要求，2020年，实现儿童义务教育的巩固率为95％。

5. 医疗保障

贫困户的健康状况和养老情况是设计贫困退出指标体系时必须考虑的因素，因此多维贫困指数将医疗保障指标纳入其中。这一标准主要是指我国到2020年，设定参合率和参保率为98％。

（二）贫困户退出程序

我国贫困户退出必须按照严格的程序进行，依次为：制定实施年度脱贫计划－评估小组入户认定－相关部门公布认定结果－乡镇审核结果－县级审定－公告。

1. 制定实施年度脱贫计划

各县的年度脱贫计划是根据全区的整体脱贫计划制定的，采用倒逼的方法来确定帮扶对象，将扶贫资源向这些农户倾斜，做到重点扶持。

2. 入户认定

这是进行贫困户退出的关键一步。进行入户认定必须先成立验收工作队。验收工作队由县级扶贫开发领导小组统一指挥，乡镇人民政府组织建立，且工作队必须包括以下成员：县级、乡镇干部，驻村工作队成员，农户帮扶责任人。在实际入户认定过程中，每组至少为两个人。验收工作队要根据各地区的实际脱贫标准进行入户排查，详细填写调查问卷，经分析达到脱贫标准的，要与农户进行当面确认，填写《贫困户脱贫"双认定"验收表》，并且由调查对象、验收工作队成员签字确认。对所有农户完成入户认定后，验收工作队成员要将所填写的资料交到当地的村民委员会。

3. 村评议公示

公示评议结果可以使整个流程更加透明公正，增加了农户行使正当权利的机会。首先，各村召开村民大会进行民主评议，对拟脱贫户、新认定的贫困户、错评户、漏评户、错退户等特殊情况的农户进行重点评议，根据评议结果确定初步脱贫名单。其次，将村委会评议的结果向村民进行一次公示。在公示期内村民如果对公示结果有异议，可以向上一级人民政府反映，上一级人民政府根据所反映的内容进行第一次复核调查。最后，公示期结束后，相关人员在《贫困户脱贫"双认定"验收表》中填写村委会审议意见，并将初步脱贫名单上报乡镇人民政府。

4. 乡镇审核公示

乡镇政府主要负责审核《贫困户脱贫"双认定"验收表》上的各项内容，审核无误后，在验收表上填写乡镇审核意见并对脱贫名单进行第二次公示。在此次公示期内如果村民仍有异议，可以继续向乡镇人民政府反映，乡镇人民政府组织队伍进行第二次复核调查。待公示期结束后，乡镇人民政府将脱贫名单提交县级扶贫开发领导小组。

5. 县级审定

县级扶贫开发领导小组对《贫困户脱贫"双认定"验收表》进一步审核，审核无误后，将最终脱贫名单报省、自治区、直辖市扶贫开发领导小组备案。

6. 公告

经层层审核筛选后，最终确定为贫困户的，在村内再次进行公告，相关扶贫部门将新认定的贫困户及时录入系统，将脱贫的农户及时剔除，动态管理脱贫档案，以达到精准脱贫的目标。

二 贫困户退出标准的理论基础

显而易见，贫困户的退出与贫困人口的退出是密不可分的。贫困户的识别与退出以户为单位就像一把"双刃剑"，但总体而言利大于弊。一方面，贫困是以个体的形式表现出来的，无论是收入活动还是支出活动，个体都是主要承担者。如果单从这个方面来看，贫困的识别与退出工作最好以个体为单位来进行，因为一个达到国家法定脱贫标准的家庭，如果家庭内部资源分配不均，也可能存在生活极度贫困的个体，相反，一个未达到国家法定脱贫标准的家庭，其中某个个体由于掌握了家庭大部分的资源而达到脱贫标准，因此以家庭为单位开展贫困退出工作，很可能会忽略家庭中的弱势人群。另一方面，如果以个体为单位进行收入与其他资源统计，会面临一个棘手的问题——家庭中存在很多资源（比如说住房、饮用水、卫生设备等），因此，很难确定每个家庭成员具体消耗了多少。因此，综上分析，在实践中通常以家庭作为贫困的分析单位。

第五节 贫困村退出标准及理论基础

建立和完善贫困村退出机制，明确贫困村退出的标准和程序，在理论上加以认识，是确保我国农村有效实现贫困退出的保障，是正确识别扶贫对象、实现精准扶贫、确保精准脱贫的关键。

一 贫困村基本情况

之所以要确定贫困村，是因为贫困村是对贫困县的进一步精细化划分，贫困问题更加详细具体。在同一个贫困区域内，思想观念、文化底蕴、自然资源、环境条件、基础设施建设、公共服务等方面具有很多相似的地方，划区域进行管理更加便捷。根据《全国农村扶贫对象建档立卡工作方案》，要按照"一高一低"的标准开展贫困村识别工作。"一高"是指贫困村测定的贫困发生率原则上要高于全省贫困发生率的一倍；"一低"是指贫困村在2013年所有农村人口的年人均纯收入要低于省级平均水平的60%。截至2015年底，全国各地已全部完成贫困村、贫困户的识别，并录入信息系统，全国共识别出12.8万个贫困村、8800万贫困人口。

因此，在当前贫困人口总量不断减少的背景下，进一步加大对贫困村的扶持力度，实现贫困村渐次退出，是实现贫困人口退出的有力保障，是解决当前贫困相关问题的坚实基础。

二 贫困村退出标准及退出程序

2016年4月28日，中共中央办公厅、国务院办公厅印发的《关于建立贫困退出机制的意见》要求各相关地区、各相关部门要结合各地区的具体问题认真执行相关标准。该《意见》指出：贫困村退出需要综合各方面的因素，比如村内产业扶贫的状况、村内的基础设施建设和公共服务情况等，通过摸底计算出各村的贫困发生率，以贫困发生率作为衡量贫困村脱贫标准是最重要的指标。通常情况下，中东部地区贫困发生率应当小于2%，西部地区为3%以下，方可达到贫困村退出的相关标准。

（一）贫困村退出标准

不同地区的贫困村应根据自身的实际设定不同的退出标准。以广西壮族自治区贵港市为例，贫困村脱贫摘帽标准按照"十一有一低于"执行。"十一有"指有特色产业、有住房保障、有基本医疗保障、有义务教育保障、有安全饮水、有路通村屯、有电用、有基本公共服务、有电视看、有村集体经济收入、有好的"两委"班子；"一低于"指贫困发生率低于3%。

（1）有特色产业。这一项需要同时满足两个条件：第一，在全县所有的特色产业中，贫困村应该拥有1~3个，并且所包含的特色产业应该辐射到60%（含）以上的贫困户，这里所说的贫困户不包括无劳动能力的和不属于常住人口的农户。第二，贫困村必须覆盖产业园基地和农村合作社。

（2）有住房保障。贫困村内98%（含）以上农户的住房必须有安全保障，房屋坚固安全且人均建筑面积需要大于或等于13平方米，各项入住的基本条件均已具备。对于易地扶贫搬迁户来说，安置的房屋也需要达到上述条件，并且已经拿到钥匙搬迁入住。

（3）有基本医疗保障。贫困村内的居民参合率需要达到98%（含）以上；贫困人口的4种重病、18种慢性病能够得到及时有效的治疗，所花费的医疗费用可以按照规定的程序进行一定比例的报销；医疗救助政策得到有效落实。

（4）有义务教育保障。贫困村内所有的适龄儿童能够享受受教育的权利，接受正规的九年义务教育，并且在其他阶段的教育能够享受各种优惠政策，比如说"雨露计划""三免一助"等，保证没有因贫辍学的学生；教育扶贫政策得到有效落实。

（5）有安全饮水。贫困村内98%（含）以上的农户能够解决饮水问题，保证用水方便并且水质达到安全用水标准。

（6）有路通村屯。通村公路需达到硬化的要求，并且道路两旁应当安装路灯，亮化也要达标；对于临近自然保护区及自然保护区内部道路的建设按相关建设规定实施。

(7) 有电用。贫困村内98%(含)以上的农户家中接通生活用电,且用电方便,能够满足基本的日常用电需求。

(8) 有基本公共服务。贫困村村委会有合规、正式的办公场所,有公示栏,定期向农户进行政策讲解与宣传;村内有文化娱乐场所,比如文化广场、阅览室、篮球场、戏台等;乡村内部有标准化的卫生室,保障农户最基本的医疗需求;村内的学校和村委会等地需要接通网络,满足学生和相关工作人员上网的需要;村民的医疗保险参保率达到98%(含)以上,年龄超过60岁(含)的养老保险参保人员100%能够按月领取养老保险金;满足低保条件的贫困户都要被列入低保贫困户之列。

(9) 有电视看。村内超过98%(含)的农户家中应该配置相应电子设备,通过看电视或者上网浏览了解国家的大政方针政策,同时也可以丰富日常生活。

(10) 有村集体经济收入。

(11) 有好的"两委"班子。

(12) 贫困发生率低于3%。

(二) 贫困村退出程序

对于贫困村退出的具体程序,全国没有统一细化的规定,各地市因地而异,在总体方针的指导下,各地制定了符合当地实际的退出程序细则。例如,广西壮族自治区贫困村的退出流程为:县级扶贫开发领导小组根据本县的实际制定实施年度脱贫计划－贫困村认为达到脱贫标准申请脱贫－乡镇组织人员进行评估调查－县级相关部门审核公示－市级相关部门审定－县里公布最终结果。认定贫困村脱贫流程结束。

(1) 县级制定实施年度脱贫计划。各县的年度脱贫计划是根据全区的整体脱贫计划制定的,采用倒逼的方法来制定贫困村年度脱贫计划并报自治区备案,将相应资源向这些贫困村倾斜,做到重点扶持。

(2) 村申请。每年底,贫困村综合自身的实际提出脱贫申请并填写《贫困村脱贫摘帽认定表》。

(3) 乡镇自评。进行这一环节的前提是要成立验收工作队。验收工作队在县级扶贫开发领导小组的指挥下开展工作,对所有申请脱贫的贫困村逐个进行评估调查,通过计算相关指标来判断贫困村是否达到脱贫标准,验收工作完成后在《贫困村脱贫摘帽认定表》上填写评估意见,通过报告的形式向县里说明验收的结果。

(4)县级审核公示。收到乡镇的评估结果后,县级相关部门成立调查小组入村进行核实调查,审核无误后,将拟脱贫村的名单进行公示,公示期内若没有不同意见,县级扶贫开发领导小组在《贫困村脱贫摘帽认定表》中填写审核意见,通过报告的形式向市里说明审核的结果。

(5)市审定。收到县级的审核结果后,市级相关扶贫部门要依据认定表的内容进行再次核查,最终形成报告,连同认定表一起报自治区扶贫开发领导小组备案。

(6)县里公布最终结果。根据乡镇初选、县审核、市审定以及自治区扶贫开发领导小组研究结果,对符合脱贫摘帽条件的贫困村进行公示。

三 贫困村退出标准的理论基础

(一)以贫困发生率为主要衡量标准的理论基础

贫困发生率即贫困人口所占的比重,这一比重是相对于总人口而言的,贫困发生率=低于贫困线标准的人口数/总人口数。改革开放之初,我国农村地区有2.5亿的贫困人口,贫困发生率高达30.7%。经过几十年党中央和各级部门的不断努力,我国的扶贫事业取得了举世瞩目的成就,2010年,贫困人口数就已经下降到2688万,占总人口数的2.8%。我国现行的衡量体系以贫困发生率为主要指标,目标是到2020年实现全面脱贫,即所有中部地区的贫困村贫困发生率下降到2%以下,西部贫困乡村的贫困发生率降低到3%以下。没有实现顺利脱贫的贫困人口可以通过低保、五保、救济金、生活补贴、养老保险等社会政策进行兜底,保证所有人到2020年能够顺利脱贫,没有一个人在脱贫的道路上掉队。

(二)村内基础设施纳入贫困村退出标准的理论基础

把村内基础设施作为贫困村退出的考虑标准,是因为贫困地区农林水利基础设施薄弱,生态环境相对脆弱,这是阻碍贫困村出列的重要因素之一。贫困村要想顺利出列,必须突破贫困村发展的瓶颈。中共中央在制定政策时全面考虑了这一因素。为了促进脱贫攻坚的进程,加强贫困地区农业、林业等基础设施的建设,国家有关部门特地印发了相关文件,将基础设施建设标准纳入贫困村退出的衡量标准。

在学术研究界，自从 Aschauer（1989）的开创性文章发表后，大量学者诸如 Estache（2006），Romp、de Haan（2007）以及 Straub（2008）基于实体存量、支出流量或者资本的存量运用了多种方法考察计算，证实了基础设施建设对于产量、生产力及其增长率具有长期促进作用。

（三）基本公共服务纳入贫困村退出标准的理论基础

《中国农村扶贫开发纲要（2011—2020年）》提到，2020年，实现全面脱贫，在提供公共服务方面，其各项标准要与全国基本标准相当。提升基本公共服务标准和达到公共服务标准平均化已经被纳入贫困村退出标准。从福利经济学的角度，我们便能清晰认识到为什么将基本公共服务纳为贫困村退出标准之一。

由于社会矛盾日益凸显，贫困问题受到重视。工业革命以后，欧洲各国的工业化进程迅速加快，大机器生产带来了商品经济的繁荣，资本家的财富在这一时期大量积累。但是，资本家发展却造成了工人阶级生活水平的下降，社会的贫困问题愈演愈烈。为了解决日益凸显的贫困问题，人们开始从多个角度重新审视其形成的根源和解决方法。费边社会主义等学派主张造成贫困的因素有多个，应将个体、国家等均纳入考虑范畴。20世纪20年代，庇古基于福利经济学理论，提出影响福利的主要因素：国民收入的数量和国民收入的分配情况。因此，克服贫困的相关问题应当考虑两个方面：一是提升贫困人口的收入水平，直接改善其生活水平和工作环境；二是借助政府力量实现国民收入的再次分配，只有这样才会使更多的福利向贫困人口转移。庇古的观点是，国民收入转移主要有两个途径：第一，通过社会的保险机构或其他基本公共服务设施直接转移；第二，通过提升贫困人口内生动力间接转移，比如保障适龄儿童的受教育权利、为失业工人授予新技能促使其二次就业等。其中，第一条转移途径便是我们把基本公共服务纳入贫困村退出标准的理论基础之一。

（四）产业发展现状纳入贫困村退出标准的理论基础

徐翔、刘尔思认为：产业扶贫应该形成完整的产业链来推动经济的发展，产业扶贫需要根据市场的需求设立具体的项目，注重经济效益的提升，以产业集聚为依托、以资源开发为基础，做到布局合理、生产高效、服务专业，形成一种利益共同体的机制。产业扶贫的发展可以按照时间顺序划分为两个时期：一是计划经济时期，利用产业扶贫的政策很少，以救济援助为主；二是市场经济时期，逐步对产业扶贫重视，以坚持产业发展带动贫困地区脱贫的措施为主。在国外，DavidBigman 及 P. V. Srinivasan 考察了印度地区的贫困问题以及相应的解决措施，其中产业扶贫在脱贫方面发挥了重要作用，最突出的应当是结合地利优势的特色产业，提出了可行的方法论与实施理论（张泽辰，2015）。

综上可知，产业发展现状与当地贫困减缓情况呈正向关系，产业发展良好直接促进当地贫困退出工作的实际开展，是贫困村退出的重要标准之一。

（五）集体经济收入纳入贫困村退出标准的理论基础

《关于建立贫困退出机制的意见》将集体经济收入纳入贫困村退出标准；在全国政协十二届常委会第十六次会议上，全国政协常委、民进中央副主席姚爱兴强调了集体经济收入在贫困村退出中起到至关重要的作用。笔者通过实地走访调研发现，当前的村集体经济收入主要依靠"输血"，"造血"功能缺乏导致内生动力不足的问题普遍存在。根据数据统计，在全国58.8万个行政村中，一半的村无经营性收入，30%的行政村收入不到5万元。很多贫困村受自身条件的限制，集体经济发展困难，长期以来滋生了"等、靠、要"思想，发展陷入恶性循环之中。

对于集体经济基础薄弱或者完全没有村级集体经济的行政村而言，如果靠行政村自身发展必定困难重重。因此为了保证行政村的正常运转，必须借助政府的力量，通过政府的拨款为贫困村提供一定的资金支持。但这并不能解决根本问题，行政村要想发展壮大，必须发挥好"村级集体经济"的作用，这样既能带动农户收入提高实现精准脱贫目标，又可以为实现第一个百年奋斗目标做出重大贡献。此外，村级集体经济还提高了扶贫资金的使用效率，同时提升了贫困农户的内生动力，形成了脱贫致富的长效机制。

第六节 贫困县退出标准及理论基础

一 贫困县现状

（一）国家扶贫开发工作重点县

对于贫困县的划分有不同的等级，主要包括省级和国家级贫困县，其中国家级贫困县是重点关注对象，对于贫困等级进行划分是我国扶贫开发区域瞄准的重要手段之一。贫困县的确定从1986年开始经过了一系列的调整，最终确定国家级贫困县的数量为592个，以后隔年还会不断调整。

592个重点贫困县的确定采用了专门的技术方法，这种方法就是631指数法，其中6、3以及1分别代指了相关指标。首先，"6"表示贫困人数在全国贫困人数中占60%；其次，"3"表示农民年人均纯收入较低的县数占全国30%；最后，"1"表示人均GDP低的县区数量、人均财政收入低的县区数量占全国的10%，其中人均GDP以2700元为标准、人均财政收入以120元为标准。

依据631指数法最终在全国范围内确定了592个重点贫困县，就地域的分布来说，这些重点贫困县主要集中在偏远落后、生活条件差的边境特困地区。

表9-1 国家级贫困县全国数量分布

省（区、市）	贫困县个数	省（区、市）	贫困县个数
河北	39	湖北	25
山西	35	湖南	20
内蒙古	31	广西	28
吉林	8	海南	5
黑龙江	14	重庆	14
安徽	19	四川	36
江西	21	贵州	50
河南	31	云南	73
陕西	50	甘肃	43
宁夏	8	青海	15
新疆	27	全国合计	592

（二）连片特困地区县

党中央、国务院提出，要将我国的集中连片特困地区作为精准扶贫工作的重点。以2007~2009年人均国内生产总值、农民人均纯收入、人均一般预算收入等重要指标作为基本评价标准，判断某县脱贫或贫困程度。笔者发现，集中连片特困地区的几项指标不仅低于中部贫困地区，甚至低于同期西部地区的相应指标，结合自然的地理联系、相似的环境气候、相似的传统产业发展模式以及类似的致贫原因等各种因素，划分出连片特困地区县的范围，能够在政策制定和实际落实过程中得到民众较高的接受，能够降低区域内脱贫难度。其中，在划分连片特困区时，要对含有少数民族小聚居区的县区、革命老区等情况较为特殊的县（市、区）采取增加特殊权重的政策倾斜照顾。依据此标准，我国目前共有11个集中连片特困地区，加上需实施政策倾斜的少数民族聚居区西藏、四川省藏区以及新疆南疆三地州，构成我国实现全面精准脱贫的重点、难点区域。

目前，上述14个集中连片特困区的县（区）共计680个，包含440个扶贫工作重点县（区）、371个民族自治地方县、252个红色革命老区、57个临近陆地边境的县（区），自然、社会环境十分复杂，脱贫工作实施难度较大。

二　贫困县退出标准

2015年10月，我国召开了十八届五中全会，会上第一次阐述了全面建成小康社会的总体目标和要求，会议指出：要在我国现行的贫困评估标准下，实现全国范围内农村人口无贫困状态，全部县（区）摘掉贫困县"帽子"，实现全国范围内真正的全面脱贫。在评价贫困地区脱贫时，要将该地区的贫困发生率作为最基本的评价标准，会议指出：在进行贫困县退出评估时，首先，县一级的扶贫开发领导小组讨论并且提出退出申请。其次，由市一级相关领导小组依据该申请进行初步审核；接着由省一级扶贫开发领导小组就审核后的结果进行进一步核查；省级核查完成后，将确定好的最终贫困县退出名单向社会公示，并接受民众的反馈意见。最后，省级（含自治区、直辖市）扶贫开发领导小组将公示后的结果向国务院直管部门报告，等待审核。

提交申请后，国务院将委派相关部门成员对提出申请的贫困县针对贫困退出涉及的相关评价标准进行评估核查。对于审核未通过的或者在之前程序上存在漏洞的申请，责成地方相关政府工作部门进行核查、完善。对于符合退出标准的贫困县，国务院将发文告知省级扶贫开发领导小组，由省级政府正式批准该县退出贫困县行列。

三　贫困县退出标准的理论基础

2016年5月10日，国务院新闻办公室针对我国贫困县的退出标准以及退出的相关依据，召开了新闻发布会。国务院扶贫办政策法规司司长、新闻发言人苏国霞在发言中表示，我国现行的贫困退出机制在制定过程中，经过了资深专家的反复研究推敲、集合各地方总结的脱贫实践经验并参照国际贫困退出相关标准。我们从上述三方面，分别探究我国贫困县贫困退出机制的理论标准。

（一）我国现行贫困退出机制经过了反复研究

到 2020 年全面建成小康社会、实现全国范围内贫困人口全部脱贫是党中央、国务院从人民根本利益出发制定的目标要求。就中国当前情况来看，居住环境差、生活条件落后地区仍存在较高的贫困发生率。根据现有贫困人口建档立卡的统计数据，贫困县的平均贫困发生率约为 17.3%、贫困村平均贫困发生率约为 16.9%。以此为基础，我们能够做出如下测算：2020 年我国中部地区贫困县的平均贫困发生率维持在 2% 以下的水平，西部地区县（区）贫困发生率下降到 3% 以下，全国建档立卡贫困人口降低至 800 万。基于此，党中央、国务院相关工作部门有能力通过现行低保、农村五保、医疗保险政策、农村基本养老保险政策等措施，实现"两不愁，三保障"的生活水平，保障全国范围内的农村贫困人口年人均收入提高到国家扶贫标准之上。

（二）现行的贫困县退出标准结合了各地扶贫工作经验

目前，各地方已按照国务院统一部署，制定了本地区相关脱贫指标。从本地脱贫工作实际出发，2020 年，我国中部地区贫困发生率降至 2% 以下，自然环境、社会环境较为复杂的西部地区贫困发生率降到 3% 以下。徐月宾等（2007）提出：地方政府及村集体一直以来承担了我国农村地区人口的社会福利及相关社会服务事业的重担。当前我国社会经济发展水平呈现不平衡的状态，存在严重的区域差异，因此，在制定农村低保等扶贫政策时，应联系实际，因地制宜。例如，在包含浙江、福建、江苏等省的东部地区，农村低保政策的覆盖率较高，但在经济欠发达的中西部地区政策覆盖率及相关救助水平较低。朱德云（2011）的实证研究也表明，农村贫困人口社会救助的强有力支柱之一是地方政府财力。地方政府的财政收入水平越高，当地贫困人口的社会救助覆盖率就越高、政策惠及面越广、政策救助程度越深。在我国中东部地区，特别是一些经济发展程度较高、地方政府财政实力雄厚的县（区），在贫困帮扶及社会救助等方面也拥有较好的问题解决能力。而西部地区由于自然环境恶劣、历史因素复杂等现实原因，贫困程度深、贫困面积大、需帮扶人员多等，加上地方财力也非常有限，致使在贫困退出工作上相较于其他地区存在较大障碍。楚永（2008）认为，在贫困人口的分布比例上，我国的西部地区贫困人口占据了全国绝对比重，自然条件以及生产发展能力的相对落后也决定了西部地区贫困发生率更高。我国在制定目标时，将中东部地区与西部地区区别开来，将西部地区的目标设定为：到2020年贫困发生率降低到3%以下，这样的政策制定方式是具有一定的理论基础的。

（三）现行贫困退出标准以国际标准作为参考，具有较强的说服力

从全球范围内各国贫困人口实现脱贫的经验来看，在贫困发生率降低到3%以下时，很难再通过具有普适性的扶贫开发措施实现全面脱贫，应当为扶贫工作制定相应的兜底措施作为保障。具体来看，Ravallion（2013）运用线性预测法，通过查阅1981年以来的全球贫困率来分析贫困退出的速度，继而发现全球贫困率平均每年下降一个百分点，因此提出到2027年，发展中国家的贫困率将达到3%。其次，运用分配中立法，根据2008年家庭人均支出的全球分布情况，并对比其他不同的增长率来模拟出全球贫困率，指出如果全年家庭人均支出按照4.5%的速度增长，发展中国家的贫困率将在2027年下降到3%，比世界银行预期提早3年完成。从我国实际出发，2020年，我国中部地区贫困发生率降低到2%以下、西部地区贫困发生率降低到3%以下的具体目标，符合我国经济和社会发展现状的相关理论预测。

第十章　其他视角下扶贫相关理论

第一节　精英治理与精英俘获视角

一　精英治理理论内涵

在法国，17世纪第一次出现精英的概念。众所周知，精英就是一个领域或者一个区域内的为数不多的优秀人物。第二次世界大战以后，以意大利思想家莫斯卡、米歇尔斯、帕累托为代表的一众人以社会异质性为逻辑起点，发展出了有代表性的政治精英理论。以人类社会中社会资源分配不公正为现实背景，得出拥有政治权力的少部分人可以更容易地控制社会的优质资源，从而统治社会中拥有很少或者劣质资源的多数人的结论。在此之后，韦伯和熊彼特在精英理论体系之中引进了新的内容"价值"，综合了价值因素的考虑，进一步将民主与精英结合起来。在前人的研究基础上，美国政治学家罗伯特·达尔构建了"精英多元主义"的理论体系，从理论的高度将"精英"与"民主"结合起来。从另一个角度来看，社会精英的治理方式也是一种现实的民主模式。我国的贫困地区与乡村地区的基层民主治理需要乡村精英的引导，他们是基层民主中不可或缺的一部分群体，在国家治理与基层治理中起着至关重要的作用。就国内的研究来看，大部分学者更加倾向于帕累托的定义，他们认为精英是具有特殊才能的，会在某些方面表现出惊人的才能。

中国作为一个农业大国，乡村发展进程尤为重要，在这个过程中，乡村治理精英，毋庸置疑就是连接国家与社会的重要媒介，因此在基层乡村村民自治性较弱的背景下，更需要重视对乡村治理精英的培养。考虑到中国政治的特点，即不同层级政府之间存在着信息不对称的现象，民主政治的发展并不是那么顺利，例如低层级的政府迫于自身绩效考核的压力，为了更好更快地展示自己取得的成果，往往会追求扶贫效率而忽略了公平，因此此时就更需要乡村治理精英发挥自身的优势。乡村治理精英可分为三种类型：一种是"长老型乡村治理精英"，另一种是"任命型乡村治理精英"，还有一种是"能人型乡村治理精英"。现在我国对农村的政策已经过渡到"乡村振兴"战略，并从五个方面——产业、人才、文化、组织、生态振兴乡村，其中"人才振兴和组织振兴"均需要乡村治理精英的参与。同时现在的扶贫项目分配模式有两种：一种模式是自上而下直接分配的模式，另一种模式就是由村级逐步向上层申请的互动模式。后一种模式越来越成为主流。但是，扶贫项目信息获取仅仅依靠政府或者相应的体制机制是远远不够的，需要乡村治理精英的介入。精英治理不仅融合了乡村治理精英与村民的互动，使其与村民的关系逐渐融洽，还可以帮助乡村治理精英树立权威，辅助村民建立起相关的社会关系网络。他们在村民心中拥有较高的地位，得到村民的信任，有着良好的声望，再加上自身优秀的能力以及丰富的社会经验，他们往往成为基层政府确定扶贫资源流向的重要影响因素。

二 "精英俘获"现象

后税费时期，以村干部为代表的体制性精英以及以私营企业主为代表的经济精英形成利益联盟，共同垄断资源下乡和农村经济发展带来的村庄公共利益空间，形成固化的村庄权力结构、利益分配结构以及合法性排斥结构。本文借用发展社会学中的概念，将这种后税费时期基层治理生态称为"精英俘获"。这是发展社会学中一个新的理论与视角，它突破了以往扶贫领域的限制，精英俘获伴随着扶贫过程而产生，它是指贫困地区的精英们通过自身的特权以特殊的途径和不对称的权力获取了本该属于贫困人口的扶贫资源、资金、项目以及其他，或者是富裕村通过进入资源分配过程的方式，获取了本该属于贫困地区的资源、资金等。

这种现象之所以发生，是因为大部分的扶贫资源被精英俘获，最终致使扶贫资源不能落实到贫困人口身上。经过相关的研究发现，精英俘获是导致扶贫项目无效的主要原因，致使扶贫资源的分配与预期达到的目标产生偏离。扶贫领域的精英俘获使得社会不公平产生，从而导致了大量的社会问题，而且扭曲了扶贫资源原本应该达到的目标，因此引起社会各界的广泛关注。精英俘获极大削弱了后税费时期资源下乡的政治效益和社会效益。

国内针对精英俘获进行了一些研究，李祖佩和曹晋从精英构成出发，分析了精英对于扶贫资源的垄断作用，他们着重研究了不同精英群体，如体制内精英、社会精英以及经济精英等；邢成举注重分析中国的精英俘获在乡村中产生的原因以及运作的机制等。扶贫资源分为两种形式：一种是以现金形式直接发放，例如农业补贴、大病补贴；另一种则是以实物的形式存在，例如扶贫井、农业生产工具等，而这些以实物形式存在的扶贫资源，也就是我们常接触到的扶贫项目。所以扶贫资金或是扶贫项目，只不过是形式的变化，都和精英与大众对于信息的掌控程度有很大的关系。

在现实社会中，精英和大众存在很大的差异，他们无论是对信息的获取渠道还是对信息的掌控，都不能同日而语。尤其是对扶贫项目信息的获取，当一个新的扶贫项目从上级向乡村传达时，在农村将会出现这样一种情况，村级干部往往会在第一时间获得扶贫项目的相关信息，也就是说，他们掌握着第一手最新而且最详细的扶贫项目信息。紧接着就是和村级干部领导关系最为密切的一个圈层的人能够获得扶贫项目的相关信息，比如他们的朋友、家属等人。接下来的一段时间，再由以村干部为中心的圈子一层层传递给村民，比较多的也是通过口头或者非正式的通知渠道传递扶贫项目信息。但是我们不能回避的现实是，精英属于工作上传下达环节中必不可少的非常重要的一个组成部分，正是因为精英管理和动员下层村民并且发掘组织有能力的资源，才可以对每一个村子进行高质量的管理，从而使得民间组织可以有效地配合扶贫工作的进行。

在目前的社会环境中，想要在第一时间快速而又准确地获得扶贫项目和扶贫资金，那么手里所掌握的信息就起着尤为重要的作用，因为这些信息往往会关联到权力，掌握着信息就意味着掌握着权力。所谓"精英俘获"就是在这种情况下形成的一种现象，在权力的圈子中，分配也是相当不均衡的，其中处于核心地位的是村两委，由核心依次向外延伸，则是村两委成员，村民组长，之后便是村庄内一些比较有能力有文化的人，而村庄的普通群众则只能被挡在权力圈主要层级的最外部。不难看出，在这种情况下，普通的群众作为信息的接收者，根本就没有任何参与项目前期讨论的机会，也不能第一时间发表关于该项目的意见和建议，只能依靠权力核心的村干部进行内部讨论，得出一致结论后再向外围的群众传达，这就导致处于权力圈层最外层的普通群众的建议和需求无法受到关注。而一部分作为权力中心的村干部精英集体，也会根据自身的利益首先对扶贫项目进行项目期望和内容改变的建议。所以，这对地方精英用传统方式直接俘获以实物形式存在的扶贫资源造成了不利影响。

当前"精英俘获"主要有三种方式：第一种是他们直接截取国家扶贫资源，并且从中获利，对一些资金、资源更是直接占有，从而使低保金、补贴等没有用到实处；第二种就是利用自身的一些权力，通过俘获集体资源来占用国家扶贫资源，比如对土地的出包、林木的售卖等；第三种则是精英俘获非货币资金类型的扶贫资源，比如获得了农业机械的使用权。将这三种方式相对比的话，第三种俘获非货币资金类型的扶贫资源显得更加隐蔽，不容易被发现，同时也是影响最深刻的。在前两种精英俘获的方式中，在村民不知情的情况下扶贫资源就已经被精英俘获，所以贫困地区的村民对前两种的俘获方式没有太大的感触，自然也没感觉到直接的损失，不至于产生愤恨。但是第三种方式通过对非货币资金类型资源的俘获，使得精英获利与村民的利益受损持续发生，引起普通群众的不满，不公平感直线上升，导致了一些社会问题的产生。

三 利用精准扶贫减少"精英俘获"现象

在金融扶贫工作中想要利用精准扶贫减少"精英俘获"现象的发生，就需要对金融扶贫资源的应用和分配制定出合理而又详细的计划措施，以提高金融扶贫资源实施的精准度，体现出精准扶贫作为我国当前扶贫工作基本方略应有的作用。

（一）大力推进金融服务发展，聚焦贫困区域

金融扶贫首要任务是对贫困地区提供基础金融服务，推动金融服务供给侧快速发展，让贫困地区人口享受到便捷的金融服务。在贫困人口逐渐减少的情况下，则要对聚焦的贫困地区做出适当的调整，更应该瞄准贫困人口更为集中的地区，比如我国西部的部分山区以及集中连片的特困地区。

（二）及时控制扶贫贷款额度，调整贷款利率

金融扶贫资金有限，如何对扶贫资金进行合理有效的分配，关系金融扶贫的成效。为了防止非贫困户通过社会网络的优势来套取扶贫资金，就应该对高贷款额、低贷款利率进行必要的调整，避免扶贫资金成为"优质

资金",从而丧失效用。因此,制定扶贫资金的贷款上限时,可以将有限的资金供给更多的贫困人口。适当提高贷款利率,从表面上来看,增加了贫困人口的还款负担,但从更深层次来考虑,这对于金融扶贫资金的保护有着积极的作用,使得可能成为非贫困户的"优质资金"的扶贫资金变成了"劣等品",有效地减少了非贫困人口的不利竞争。

(三)探索金融扶贫新方式,为扶贫助力

金融扶贫方式单一,因此,可以将金融扶贫与其他扶贫方式进行结合,比如同资产收益扶贫方式相结合,将扶贫的财政资金作为资产进行创新,允许非贫困户从金融扶贫项目中借款,但其还款利息必须用来支持贫困户,使贫困户的收入变得更稳定,提高金融扶贫的资金利用效率。

第二节 社会资本理论视角

一 社会资本理论基本内涵

社会资本的概念出现时间较早,于19世纪初期就已经出现,在当时就常被运用到经济学的研究中,与现在我们所熟悉的社会资本的意义不同,马克思和庞巴维克将其作为与资本主义中的私有资本相对应的概念提出。20世纪70年代后,社会资本概念激发了社会学领域学者们的研究兴趣,1985年法国社会学家布尔迪厄发表了一篇关于研究社会资本的论文——《社会资本随笔》,将社会资本的新定义正式引入学术界。

从布尔迪厄的观点可以看出,社会资本是一种实际或潜在的资源的集合,这些资源与拥有持久性网络是一体的,也是被大部分人了解的。该网络与某个团体的会员制度存在着联系,每个成员的所有权主要是由群众集体来提供支持,为其声誉提供原始证明,进而能够对声望有多样的理解。

科尔曼、波茨等认为社会资本作为社会学一个重要的概念,正在不断地发展,并给出了社会资本的相关定义,他们认为社会资本能够为个体提供必要的社会保障资源,这是对社会组成的较为关键的部分,对个体的行为能够起到促进作用。政治学强调社会资本的整体性而不是个体性,它强调社会资本的集体获得,而非个体获得。普特南从组织特征的角度来分析

社会资本,社会资本并不是自成一体的,它是处于社会网络中的,社会对它起着规范作用。20世纪90年代,类似对社会资本的研究更是引起了学术界的普遍关注,同时因为社会资本在经济学、社会学、政治学等学科中有着广泛的应用,为当今社会问题的研究提供了新的角度。

我们现在所普遍接受的社会资本理论的内涵是:首先,社会资本是隐藏在社会结构内部的一种资源,以资本的形式服务于我们的生活。这种资源的有效利用可以给我们的生活带来便利,与此同时,我们可以通过利用该资源有效地推动社会进步,促进经济增长。其次,社会资本通常以一种规范的社会团体或组织形式存在。社会资本的存在形式不是我们通俗意义上的社交关系网络,而是一种规范化的关系网络。这种关系网络是社会资本的基础,是公民互相信任、参与的动力机制和有效途径。最后,社会资本依赖于人际关系互动中的信任因素。信任是社会资本中最为重要的一个组成成分,因为只有整个社会存在高度的信任关系,人们之间才能有合作意识,从而共同解决面对的一切困难。

综上所述,社会资本是指人际关系互动中产生的以信任为核心、同时包括公民参与的关系网络及互惠规范的一种资源集合体。拥有社会资本使用权利者可以得到这种资源带来的方便和收益。社会资本再细分,具体的表现形式包括社会网络、合作(互惠)规范、信任共享。

二 社会资本视角下精准扶贫机制的构建

通过对欠发达国家贫困问题的研究可以发现,贫困主要包含收入贫困、人文贫困、能力贫困。在如今这个日益开放且正在转型的新社会,我们考虑到导致贫困的另一个重要原因,即贫困人口自身的封闭性、边缘化倾向,这就需要基于一个新的视角对其进行解释和分析,即社会资本。

通过了解我国的扶贫理念的更新,可以了解到我国政府的扶贫理念主要经历三个发展阶段:一是以物质资本投资为主导的输血式扶贫,即无偿或者低偿地赋予贫困人口一定的物质资本作为物质基础;二是以投入人力资源为主要方式的造血式扶贫,即通过对人力资源的开发,使人力资源的质量得到提高,例如通过教育、培训等方式;三是以社会资本投资为主导的协同式扶贫,即规范的组织和制度为特定的贫困人口提供有效信息、协调行动和集体决策的机制和平台,加快贫困人口的脱贫速度。因此,要消除贫困,除物质资本和人力资本外,社会资本也是一种不可缺少的扶贫要素,从而使贫困人口更快地脱贫以融入这个迅速发展的社会。社会资本对于构建精准扶贫机制具有重要意义,主要体现在两个方面。

(一) 为精准扶贫培育理性的参与主体

脱贫攻坚不是一句空话,不是作为一项任务进行分配的,对于这项工作的态度应该是主动的,将其视为一项义务来看待。想要达成脱贫攻坚这个伟大的目标,就需要全社会共同承担起这项义务,要通过强化和补充大扶贫格局来为脱贫攻坚做好铺垫和准备。社会资本为精准扶贫的工作实施培育了多元参与主体。首先,政府部门的积极领导,利用其在扶贫开发中的主导作用,完善脱贫责任制度,将责任确定到个体,同时对贫困人口的教育脱贫、医疗救助脱贫、低保脱贫等政策举措做出合理的部署规划;其次,要充分认识到市场的作用,利用市场来建立有效的激励机制,激发市场的活力,汇聚更多的资源,并将其应用到脱贫攻坚工作当中,为产业和劳务输出提供动力和资源保障;最后,让社会组织和制度为贫困人口服务发挥作用,为他们提供共享信息、统一行动和共同制定决策的平台,从而提高信息的准确性,使其有效率地为脱贫工作服务,以完善政府和市场的不足。

(二) 为精准扶贫提供基本的运作机制

2013年11月3日,习近平总书记在湖南省湘西州花垣县排碧乡十八洞村调研扶贫攻坚,强调:要从实际出发,因地制宜,精准扶贫,切忌喊口号,也不要定好高骛远的目标,并首次提出精准扶贫的重要思想。自从习近平总书记提出精准扶贫、精准脱贫的概念以来,对扶贫工作机制也提出了相应的要求,社会资本应该充分发挥自身的功能,为精准扶贫开路,鼓励社会各界共同参与扶贫机制建设,鼓励民营企业、社会组织以及个体共同参与到扶贫开发中来,实现社会资本与精准扶贫有效对接,宣传扶贫的作用,营造帮扶氛围,更好地鼓励人们之间互帮互助使得社会各界人员结合起来,充分利用社会资本等资源更快更好地推进扶贫攻坚工作的开展,使得东西部扶贫协作、精准对接协作、扶贫资金使用等充分地运用到贫困地区中。同时建立相应的考核评价机制,促使贫困地区提升内生动力,发展经济,与全国一道携手共同奔赴小康社会。

第三节 社会救助视角

一 社会救助制度基本内涵

社会救助制度往往起到了雪中送炭的作用,它能够提供给贫困人员最基本的生活保障,通过对每一个家庭进行经济普查,用社会救助制度最后一道防线对经济困难的家庭进行救助,即社会救助。社会救助往往是无偿性的,因此社会保障体系被看作社会的一项兜底性制度,同时也是扶贫工作中的基石。改革开放至今,我国社会救助制度不断完善发展,由试点逐渐向全国扩大。2007年,全国全面建立农村低保制度,2012年,我国对加强城乡低保工作做出系统部署。党的十八大以来,党中央、国务院高度重视社会救助体系的建设,对加强和改进社会救助工作提出了更高要求。

二 社会救助的反贫困作用

社会救助是一把"双刃剑"。一方面,社会救助作为一项国家的基本政策,是人道主义和社会公正的具体体现,是全局性、总体性、系统性的部署。它可以提供贫困人民基础的生活所需,保障贫困人口的基本生存,从而解除困难群众生活的后顾之忧并增进他们的福祉,保障他们的基本生存权利和人格尊严。另一方面,贫困现象的产生和消除都是一个长期的过程,单纯依靠社会救助,很容易削弱贫困人口的内生发展动力,抑制其脱贫的积极性,导致其对社会福利的过度依赖,使贫困人口中具有劳动能力的也不愿通过劳动创造财富实现脱贫。现在社会救助工作也存在不少问题:基本生活救助和专项救助措施不能进行良好的对接,缺少短期内解决困难群众问题的救助措施,措施较为单一且不够完善;社会力量还没有精准地介入基层贫困人口的救助,没有很好地落实到每村每户,监管力度不够导致救助的精准度不高。

三 社会救助与精准扶贫结合

国家扶贫政策能为贫困人口摆脱贫困提供实质性的帮助,让贫困人口也能够过上小康生活。向小康生活奋进既是经济政策的最终目的与中心环节,同时也是社会救助政策实施的最终目的与核心。目前,我国的扶贫项目种类繁杂,每一个扶贫项目的开展程序和应用对象都有差别。同时众多扶贫相关部门参与其中,设立了繁多的责任主体,而各主体之间也存在着错综复杂的关系。从中可以看出,扶贫工作的开展不是一帆风顺的,其中必定存在着阻力,影响工作的进行,所以,想要尽可能顺利地开展扶贫工作,找到一个好的突破口尤为重要,通过入口逐步深入,这样才能对扶贫工作的进行带来实际的帮助。

社会救助和精准扶贫两项政策有效结合,把精准扶贫作为脱贫致富的主要途径,把社会救助作为解决温饱问题的基本手段。

(一) 加强标准统一

现行的扶贫标准是全国统一的,而低保及其他社会救助的标准仍是由各个省(区、市)、市、县所分别制定。我们的总体目标是,到2020年确保农村贫困人口实现脱贫,全面建成小康社会。所以在精准扶贫政策的要求下,对于农村低保标准低于国家扶贫标准的县(市、区),民政部应该对其进行更多关注,以促进其低保标准超过国家扶贫标准,保证全国的社会救助兜底效果。

(二) 加强动态管理

精准扶贫政策强调,要对实施低保社会救助的贫困人口进行有效和及时的管理。这要求村委会对本村贫困户进行定期或者不定期的走访调查,按时按量地发放低保补助,了解家庭情况变化,随时掌握家庭的发展动态,对农村低保对象和贫困对象进行长期的动态管理。

(三) 加强信息流通

信息的有效流通是实现社会救助和精准扶贫两项政策相互结合的有效手段,通过网络平台的资源共享以及低保信息系统的建设和完善,可以为社会救助扶贫工作提供帮助,形成一项便利的全面扶贫工程。

综上所述,要加强社会救助和精准扶贫的有效结合,充分发挥两项制度的巨大潜力,有效地助力全面脱贫攻坚工作顺利进行。

第四节 旅游扶贫视角

1991年,旅游扶贫概念第一次被提出。旅游扶贫即通过旅游产业的发展来带动贫困地区或者欠发达地区的经济发展，增加贫困地区的就业岗位，增加贫困人口的经济收入，推动贫困地区社会发展。随着我国旅游产业的不断发展，旅游扶贫作为贫困地区脱贫致富的一种扶贫方式，逐渐被大众接受，它促进扶贫由原来的输血式扶贫向造血式扶贫转变，是一种新的开发式扶贫的手段。旅游扶贫作为一种扶贫方式有其自身的优点和缺点。首先，旅游扶贫通过最近十几年来的发展，在脱贫攻坚中的作用越来越突出，确确实实使得一部分贫困地区走上了致富之路，产生了良好的社会反响。但是，旅游扶贫的普适性并不是那么高，有些地区不适合发展旅游扶贫，有些地方发展旅游业但脱贫成效并不显著。一般存在以下几个问题：旅游扶贫不能惠及大多数贫困户，很多贫困户被排斥在旅游发展项目之外；发展旅游产业的企业并不是以改善贫困地区的生活质量为初衷，而是追求自身利益的最大化，在发展目标上不容易与贫困人口达成一致；旅游发展过程中对贫困人口未给予足够的重视。究其根源，在于我国旅游扶贫方式不够成熟，精准度不高，因此提高旅游扶贫的精准度以及成熟度是我国日后精准扶贫要着重注意及解决的问题。

一 旅游扶贫精准识别

（一）旅游扶贫目标对象识别

旅游扶贫的对象即进行旅游扶贫的地区，主要是具有旅游资源的、在一定程度上具有旅游开发潜力的贫困地区。贫困地区是指那些受历史及自然环境等多种因素影响经济欠发达的地区，这些地区都存在着地理位置较偏远、交通不够便利、民众文化教育水平偏低等劣势。旅游扶贫就是让这些在地理上处于劣势的贫困地区发掘可开发的资源，依靠这些资源对其进行发展扶持，从而助其脱贫。

不仅贫困地区是旅游扶贫的对象，贫困人口也是旅游扶贫的对象。精准识别旅游扶贫目标群体的前提就是要正确地区分贫困人口与非贫困人口，识别出可以通过旅游产业脱贫的贫困人口和无法通过旅游产业脱贫的贫困人口。一般情况下，旅游业并不能惠及所有的贫困人口，比如失去劳动能力的、性格懒散的、自身发展意愿不强的人，即使通过旅游扶贫也很难拔掉他们的穷根。旅游扶贫真正能够带领脱贫致富的是那些有劳动意愿且自身发展动力很强的人，他们会积极投身到旅游业的发展当中，他们原来的贫困成因大部分在于缺乏发展自身的资源，存在参与发展的阻碍。比如：贫困人口缺乏相应的资金，身处偏远地区，所在地区基础设施落后以及市场活力不强，组织能力薄弱，物质资本又不足，使得他们自身的发展受限。旅游扶贫很大程度上可以帮助那些想积极改善自身生活，但又缺乏相应的基础的贫困人口，使得他们有机会从事旅游业，提高自己的经济收入。只有准确地确定旅游扶贫对象，才能确保贫困人口通过旅游扶贫项目真正享受旅游发展的好处，使其摆脱贫困。最后要注意发展的可持续性，践行科学发展观，在以旅游业促发展的同时不要过度地开发和利用自然生态资源，在开发的同时要注重保护，实现人与自然的和谐发展，促进贫困地区永续发展。

（二）旅游扶贫项目识别

旅游扶贫项目在带动贫困地区发展的过程中起着十分重要的作用，它是连接旅游业与扶贫攻坚的纽带，一个旅游扶贫项目是否精准，将决定其市场竞争力和市场效率。仅仅具有发展旅游扶贫的条件还远远不够，在部分贫困地区顺利实施旅游扶贫，要考虑的因素还有很多，因此必须提出可行的旅游扶贫开发项目。

优秀的旅游扶贫开发项目首先要契合贫困地区的区域特色，与当地的风俗习惯、自然人文环境相适应，不能一味地照抄照搬，不能盲目地发展。旅游扶贫项目更要注重多元化，因地制宜，选择适合贫困地区发展的项目，充分发挥地区优势。其次，旅游扶贫还要注重满足市场需求，以市场为导向，为企业和贫困地区带来更多的生机与活力，带来更多的效益。最后，一个成功的旅游扶贫开发项目一定是要有利于贫困人口发展，能够为贫困户带来更多发展机遇，成果能够惠及千万贫困人口。

二　中国的旅游环境

旅游扶贫是一种极其重要的扶贫方式，可给经济增长带来巨大效益。世界旅游组织于第十二次全体大会发表报道《2020年的旅游业展望》，重点说明了在世界旅游业中最不可或缺的因素是中国，因为中国人口数量多，经济发展速度快，社会稳定程度高并且旅游资源较为丰富，中国将会是全球最大的旅游国家。确实，从各种数据来看，我国旅游产业收入很高，接待海外游客数量较大，并且占据很大的世界市场份额。由此可以看出，我国的旅游产业有很好的发展机会，这为贫困地区进行旅游脱贫提供了很大的可能。可以说，旅游产业的发展是一种内生动力，是一种"造血式"扶贫，毕竟只有"输血"是远远不够的，让其学会"造血"，即提升自己的能力，往往比"输血"更为重要。但是旅游扶贫是要以旅游产业的发展为基础的，所以中国的旅游环境对旅游扶贫的成效有很大的影响。

当前，在习总书记的带领下，国内经济形势向好，在人均收入水平不断提高的同时，物质文化生活需求也相应地提高，人们在旅游上的支出已占据一定的比例，旅游成为人们的消费热点，国内旅游业每年都有较大的发展，所以拥有丰富旅游资源的贫困地区，发展旅游业就具备了先天的地理条件优势，对增收、创收有充分的物质保障。在客观条件满足的情况下，政策的支撑也同样必不可少，只有满足了地理条件和政策支持这一双重保障，旅游业才能得到充分而长远的发展。

同时，鉴于旅游业在经济行业中的产业关联较多，往往"牵一发而动全身"，旅游业必然会连带产生对衣、食、住、行各方面的需求，可以很大程度上带动相关服务业的发展壮大，能够极大地促进当地经济发展。另外，旅游产业是可持续发展的产业，而且能够很好地保护环境，贫困地区利用自身旅游资源开发旅游产业，开辟了一条因地制宜发展的新道路，并且创造了新的经济增长点，某个贫困地区的旅游业发展起来了，便会带领地方上的人民脱贫致富。

三　旅游扶贫的意义

（一）培育新的经济增长点，开拓脱贫致富的新道路

目前贫困地区存在生态资源稀缺、耕地紧张、人才数量稀少、生产方式单一及产业结构单一、信息沟通传递机制不够完善等问题，这也导致贫困地区一直摘不掉贫困帽。旅游扶贫工作的有效发展必须以贫困程度、旅游资源、自然环境、发展状况等为依据，根据当地情况，不能脱离现实，应正确地选择与实际相符的旅游扶贫项目进行开发，只有这样才能对当地的扶贫成效起到提升的作用，对带动贫困人口脱贫才有促进作用。

旅游产业的发展和开发旅游资源能够解决贫困地区长时间以来产业结构单一的问题，为经济发展培育新的经济增长点，提高政府和人民的收入，并且可以引导多种相关产业齐头并进共同发展，拉动周边地区的经济发展，提高当地经济的综合实力。

（二）促进当地思想观念转变

旅游业的发展不仅是对资源的利用与开发，更是将处于较为封闭状态的地区逐步打开，促进当地人口的流动和人们之间的沟通，信息的交换与流通对商品经济意识与社会文明意识的形成起着积极的促进作用。贫困地区人民受教育水平较低，思想观念比较落后，没有太大的自我发展意识，而旅游扶贫作为一种造血式扶贫，可以使贫困地区人口的精神面貌和思想观念进一步更新，有利于其自身能力建设。

旅游产业有助于更新传统观念、改善生活方式以及促进信息的传播交流。旅游业发展会有效地带动其他服务业发展，让许多贫困群体接触到外界的生活方式及价值观念，促使他们对自己的思维方式和生产生活方式进行思考，有利于贫困地区与现代化文明社会相适应的思想观念的建立，为以后的发展奠定思想和人才基础，对当地的经济和各项事业的发展起到很大的促进作用，是一条可持续发展的道路。通过旅游产业的发展，引进外地先进的技术、人力、知识及文化，从而促进当地落后的思想观念转变，是一种自救式扶贫，比直接发放扶贫救济金有效得多。

（三）缓解贫困地区就业问题

贫困地区由于大多是山区，人均耕地面积小，所以产生大量的剩余劳动力，有很多贫困地区剩余劳动力占当地总劳动力的40%~50%，突出体现了劳动力利用不足。由于贫困地区单一的产业结构，人们主要从事养殖业和种植业，但是旅游产业是一种劳动密集型的产业，能够使大量的剩余劳动力参与到旅游产业中来，且旅游产业相对于其他产业对就业人口的文化教育素质要求较低，大多只需要初级劳动力，更加适合贫困户就业，能让他们增长自身的才能。旅游业对其他产业的带动为贫困人口间接地提供了很多工作岗位，增加贫困人口的收入。

第十一章 多元化贫困理论

第一节 权利贫困理论

一 权利贫困理论简述

这一理论集中体现在阿马蒂亚·森的著作《贫困与饥荒》中,在这部书中,他创造性地提出以"权利方法"解释贫困问题,在一定程度上他认为饥荒是由于贫困人口的权利丧失,如粮食短缺大部分是由于权利丧失。

在这里,阿马蒂亚·森的权利体系包含四个方面的权利:

(1) 以交换为基础的权利:一个人有权将自己的商品与他人交换。

(2) 以生产为基础的权利:一个人有权将自身资源合理运用于生产。

(3) 以自身劳动力为基础的权利:一个人有权出卖或雇用劳动力。

(4) 以继承或转让为基础的权利:一个人有权继承财产或接受赠予。

前两种权利导致了自然经济的贫困发生,而后两种权利,导致了市场经济条件下贫困的发生。

一个人免于饥饿的权利依赖于:

(1) 政治体系,即政府能够积极发挥职能。

(2) 经济体系,即市场秩序是否符合市场规律,是否存在合理有序的经济环境。

(3) 社会体系,包括传统文化影响等因素,这些会导致不同人群在面对饥荒时的不同选择。

阿马蒂亚·森强调,在现有的社会法律体系中,正确的方法应该是关注一个人是否有能力控制足够的食物和如何让其合法控制食物。对食物的需求是人的基本需要,而社会保障制度则体现了对这种权利的保护。例如,如果一个人失业,他有权享受失业救济金。如果某人的收入水平低于贫困线,他有权获得收入补贴。

《饥饿与公共行为》是阿马蒂亚·森和德雷兹对饥饿和贫困中的世界发展经济所做出的研究成果。这本书以饥饿为主题，更多地关注饥饿引起的大屠杀，关注饥饿的价值和饥饿的公众行为。阿马蒂亚·森强调，每个人都可以在法律的允许下获取足够的权利，在饥饿导致的死亡面前，每个人都应该拥有足够的食物。

通过比较一系列数据，阿马蒂亚·森发现在饥荒中农业人口更容易受到影响，因为在缺乏食物的时期，工资和粮食价格往往不对称，这在一定程度上导致农业人口就业机会减少。最后阿马蒂亚·森认为饥荒的发生在一定程度上是不可避免的，是社会矛盾的结果，但在生产足够的情况下，饥荒的发生却是不能容忍的，应积极发挥人的价值。

二 权利贫困理论与方法评析

（一）自由主义与功利主义相结合的研究方法

阿马蒂亚·森的权利贫困理论重点研究人的自由和所享有的权利。他认为人的价值目标在于促进人的福利实现，生活理想的重要参考是人享有自由和权利。阿马蒂亚·森的这种价值取向和功利主义取向不同，他更多的是关注个体生活的幸福，而非简单的经济后果。

但阿马蒂亚·森认为这种观点是有缺陷的。首先，他认为这样的观点忽略了分配的重要性。其次，这种观点没有融入诸如权利和自由等非经济因素。例如，他所讨论的如何评价"幸福奴隶"和"不幸的自由人"是一个只有功利主义才能实现的问题。

同时，自由主义也在很大程度上影响了阿马蒂亚·森的思想，但这里所指的自由主义不同于一般的自由主义，而是法律的自由主义。阿马蒂亚·森认为法治追求自由包括政治自由，如言论、集会和出版等；经济自由，如财产所有权、自由贸易、合同等。保护人权和通过自由主义促进法治已成为当今社会普遍价值观的重要组成部分。但阿马蒂亚·森有自己的想法，他认为这样的价值观忽视了程序，忽略了后果的重要性。阿马蒂亚·森提出，在充分考虑法治力量的同时，还需要思考人们目前面临的福利状况，如面临饥荒的能力、医疗保障权和受教育权等。基于自由主义的方法论和功利主义已成为阿马蒂亚·森有关权利的基本研究方法。

（二）突破经济领域的研究贡献

1. 为贫困问题研究提供多角度选择

阿马蒂亚·森不再将贫困研究局限在经济领域，他认为贫困和政治、法律及社会因素密切相关，他进一步提出了贫困的理论；不仅如此，他还反复强调，在饥荒的发生所造成的繁荣本身，对饥饿的人们的研究必须放在特定体系中。

权利优先权一直是阿马蒂亚·森权利贫困理论中最重要的部分。他认为只有让人们摆脱贫困，才能真正消除贫困。阿马蒂亚·森的理论不是乌托邦式的，他从功利主义和自由主义中汲取思想精髓。他同意马克思关于人的自由和权利的判断。有关贫困问题阿马蒂亚·森提供了一种新的研究方法，他创立了贫困的权利和创造了一个新世界贫困研究的理论。瑞典皇家科学院宣布，其在经济学领域取得了重大突破，开辟了一条新的研究之路。

不仅如此，阿马蒂亚·森在贫困研究中加入道德因素，强调对底层人民的关怀等，这使他的贫困理论也具有人文情怀，他使世界对贫困有了极深的认识。阿马蒂亚·森对世界上穷人和有关穷人的研究有着明确的逻辑和远见。他对现有的和发展中的贫困研究理论产生了革命性的影响。

2. 新的福利观：自由看待发展

阿马蒂亚·森对贫困和饥荒的研究并不局限于传统经济学家的观点。他选择了福利经济学的观点，而不是功利主义。指标数法（如国民收入、人均GDP增长率、经济指标、数字指标）是传统的功利主义扶贫措施。但阿马蒂亚·森认为，这一措施过于片面，一个平均值并不能反映人民的实际生活条件，忽视了收入分配不公的问题，贫困人口因为这个平均水平不再显得贫困，却不得不生活在贫困之中。因此，应将人们的能力、自由和权利纳入衡量贫困的标准。但是我们不能简单地以人的基本生存能力作为衡量标准，同时也要考虑到一个人的社会生活能力以外的生存能力，如"体面进入社会"和"参与社会公共生活"可以享受的福利水平。为此，阿马蒂亚·森建立了"贫困指数"作为衡量贫困的指标。"森指数"不仅能够灵敏地反映贫困人口收入的变化情况，而且可以为贫困治理研究提供一条创新的途径。

虽然世界上农业生产水平已经大大提高，粮食生产也大有改善，但营养不良和饥饿，甚至大规模饥荒仍在世界各地发生。许多人经常将贫困与食物短缺联系在一起，并注意人口数量和食物供应之间的平衡。但是如果我们用阿马蒂亚·森的权利贫困理论来分析它，可能得出更现实的结论。在阿马蒂亚·森看来，饥荒不仅是由于粮食供应不足，而且是因为个体或家庭没有获得粮食的权利，一旦个体或家庭拥有这种权利便可以免于饥饿。再者粮食产量大，但人们仍处于饥饿状态，这可能是由于个体或家庭在某个时期土地流失、疾病造成的劳动力损失、工资下降、失业和粮食价格上涨。因此，除了贫困，缺乏获得粮食的权利也会导致饥饿。

（三）权利是人自身发展的必要条件

阿马蒂亚·森的权利贫困理论为公共行为主体提供了一种新的贫困治理方式。政府要做的，不仅是保证充足的粮食供应，而且要保护人民的权利。政府要改变传统政策，将注意力更多地放在人民、经济和社会权利的保障上。权利的保障能够为人们带来更多的机会，扩展人们的发展道路，对提升贫困人群解决自身贫困的能力有着根本性的促进作用。

从权利贫困的角度看，阿马蒂亚·森认为贫困的根本原因在于贫困人口缺乏维持生活的基本能力。因此，在消除贫困的时候，我们应该更多地关注人的能力和权利之间的关系。一个人的能力决定了他的权利，以及他的能力的提升空间。因此，为了消除贫困，我们首先需要给予人们保护和进一步提高其基本能力，其次是公共行动者提供的权利保护。

基本能力缺乏是贫困发生的根源，为解决这个问题，在贫困消除过程中只投资是不够的，还应该注重培养和提高他们的能力，以消除贫困，促进社会发展。

第二节 心理贫困理论

一 心理贫困理论简述

贫困人口的心理对于他们的行为方式有重要的影响，这在一定程度上也是造成贫困人口低收入的重要原因。可以说扶贫重在扶心，只有改变贫困人口的贫困心理和贫困思维，才能最终消除贫困。在精准扶贫过程中，应该抓住贫困人口的心理特征，综合内外因素，精准施策。帮助贫困人口树立健康积极的心态，开阔视野，培育进取精神。

二 贫困人口存在的心理问题

（一）相对剥夺感、焦虑、厌烦和自卑心理

相对剥夺感即贫困人群在面对富裕人群时，内心往往会受到冲击，心里的剥夺感比较强烈，这种心理体验导致贫困人群缺乏信心，充满失望和不满的情绪，加剧心理负担。同时农村贫困人口面临生存危机，生活窘迫，经常处于焦虑的思想状态，因此长期紧张、恐惧和不安。贫困人口既希望改变贫困的现状，由于种种现实因素，他们又难以改变现状，这种矛盾心理使他们恐惧未来生活，在日常生活中将自己归类为弱势群体，妄自菲薄，否定自己，这种心理导致他们难以改变现实生活。

（二）依赖心理

农村贫困人群大多存在严重的依赖心理，他们缺乏自我脱贫的动力，在政府扶持下其基本需要得到满足后，又希望得到更多的支持，心理依赖逐渐加深。有的贫困人口好逸恶劳，寄希望于外界帮助，寄希望于党和政府的资助，对于脱贫缺乏主观能动性。

（三）依恋土地、惧怕风险的封闭心理

从中国历史发展来看，自给自足的小农经济是农民发展的生存基础，土地对农民来说极为重要，而对于生存能力脆弱的贫困人口而言更是如此。因此他们宁可安于现状也不肯改变。在市场经济条件下，农村贫困人口思想相对保守，不愿承担任何风险，缺乏竞争意识、商品意识和创新意识。

农村贫困人口长期生活在一成不变的环境中，在一定程度上断绝了与外界的往来与交流，导致他们思想落后、心理封闭，不思进取。

同时，农村贫困人口的文化水平程度较低，不能够有效学习先进技术和先进文化，思想趋于保守，缺乏创新意识。

三 解决贫困人口心理问题的对策与建议

充分发挥人的主观能动性，是实现精准扶贫的必然要求。提升农村贫困人口素质，实现心理扶贫，是实现精准扶贫的重中之重。

（一）加强社会保障，完善公共服务体系

（1）提高最低生活标准，在一定程度上将更多的人纳入社会保障范围，并制定有效措施，对特定人群实施特殊标准。

（2）完善社会保障体系，注重发展农村医疗卫生事业，推进医疗保险和新型农村合作医疗制度改革，缓解贫困人口"看病难"问题。改善乡镇医疗卫生条件，建设高科技医疗设施，促进医疗环境建设，培养具有现代意识的乡镇医务人员。

（3）对于特定人群如老年人来说，由于丧失劳动能力和身体健康，他们大多生活困难。因此，政府相关部门更应关注老年人，提高老年人的生活质量，建立符合群众实际的养老金制度。

（4）政府应加大资金投入，拓宽基本医疗服务范围，提高补助标准，提高贫困人口的健康知识水平。

（二）加强硬件设施建设，提升贫困人群生活质量

应加大对农村的资金投入，用于改善农村面貌，建设农村交通网络，实现公路村村通，加强贫困地区同外界的联系。构建完善的农村信息交流渠道，完善农村通信、电力等基础设施，完善农村互联网建设，建设覆盖农村的信息网络，实现贫困地区同外界的实时联系。完善农村娱乐设施建设，拓宽文化资源共享渠道，通过设置文化墙等形式宣传党的政策，在贫困地区建立公众文化服务中心，丰富贫困地区群众的文化生活。

（三）着力加强贫困人口教育，增强脱贫内生动力

在注重物质基础的同时，还要对贫困人口的心理进行关注，增强贫困人口脱贫的信念，增强其自主脱贫的内生动力。

（1）积极开展贫困地区特色文化活动，在活动中潜移默化地影响贫困人口的思维，用先进文化促进贫困人口思想进步，克服依赖心理。

（2）积极推动贫困人口学习技术，教会农民用现代技术促进生产生活的发展，推动科技下乡，为贫困人口提供科技帮扶。

（3）充分发挥集体作用，建立以村为单位的产业合作社，提高集体生产能力，扩大经济效益，加大贫困地区人口的资本投入，实现产业扶贫。政府要积极引导有劳动能力的贫困人口，鼓励其自食其力。扶贫的关键是

扶"心"。

只有提高人的整体素质，通过政策和内外力量的积极引导，才能实现精准扶贫、消除贫困。

第三节 文化贫困理论

目前对贫困问题的研究表明，大多数学者将贫困界定为一种经济现象，在方法上侧重于用经济手段消除贫困。然而，从社会发展的角度看，贫困不仅是一种低收入、低消费、低生活水平的经济现象，而且反映在思想观念等文化现象上，即文化贫困。所谓文化贫困，就是指贫困人口落后的知识和思维观念。文化贫困表现在两个层面：一是精神层面，二是物质层面。文化贫困不仅影响社会，也影响人。

一 文化贫困研究的起源

文化贫困研究起源于西方，美国学者路易斯曾经对文化贫困提出了准确的定义：人之所以贫困与他所拥有的贫困文化有关。贫困人口由于贫困文化的限制，常常感到自卑、视野狭窄等，这在一定程度上又加剧了贫困人口的贫困，因此，贫困的主要原因，在于文化上的贫困。

20世纪，西方学者陆续发表了一系列著作，构筑了完整的文化贫困理论。在社会中，贫困人群通常有着独特的"贫困"生活方式，这是一种相对脱离社会主流的现象，在一代又一代的文化传递中，下一代自然地继承了贫困思维，这就导致了祖祖辈辈贫困。20世纪90年代，我国逐渐引入文化贫困研究，但是和西方不同，我国构建了更为宏观的理论体系。

二 文化贫困的基本表现

当前，在我国有3000万人的温饱问题尚未得到解决，还有6000万人的生活较为贫困，这些人大多数集中在我国的山区。经济贫困是这些农民生存和发展的主要问题。文化贫困也相伴而生，使其成为一个更大的社会问题。文化贫困有以下两个方面。

（一）物质文化贫困

物质文化是指能够反映文化意义并以物质形式存在的各种文化现象。

文化设施、文化市场和文化产业是物质文化的基本形态。贫困地区物质文化相对落后。

（1）文化设施状况不佳。农村综合文化站、文化广场或文化活动室处于稀缺状态。许多乡（镇）根本没有文化交流场所。

（2）文化市场发展缓慢。农村一些地区几乎没有文化市场，多数地区只有少量藏书和视频业务经营，电影院、文化娱乐中心等丰富农民精神文化先行的文娱场所，在贫困地区仍然是奢侈品。

（3）文化产业发展落后。文化产业体系包括媒体文化产业、科技文化产业、教育文化产业、艺术文化产业、旅游文化产业，但在贫困地区，这五类文化产业的发展相对滞后。

（二）精神文化贫困

精神文化主要是指反映人们的意识、思维和一般心理状态的各种文化现象。精神文化注重人们的知识、思想和价值观。精神文化贫困就是知识匮乏、思想落后、价值观念混乱。

1. 知识匮乏

我国的农村贫困人口文化水平还比较低。据相关资料，我国文盲人数约为5000万，约占我国总人口的4%，并且有小学文化水平的人约占我国总人口的26.18%，但这只是全国平均水平，在经济落后的省区，这一比重更大。因此不难看出，文化水平低是制约农村发展的重要原因。

2. 思想落后

目前我国农村还存在着大量无知落后的思想偏见。比如，有的人认为文化一文不值，只顾眼前利益，强迫那些还在上学的孩子辍学回去工作。他们不重视孩子的教育，尤其是女孩。此外，由于他们思想贫乏，封建迷信在他们的思想中根深蒂固。

三　造成山区文化贫困的主要原因

（一）自然条件恶劣

自然条件差是许多贫困地区的共性，这可以分为两种表现。

一是生产条件艰苦。在许多贫困地区耕地条件很差，如滨海盐碱地，作物产量低，或者耕地少且多分布在沟壑地形中，不利于耕作。在这种恶劣的自然环境下，经济发展受到很大限制，人均收入大多低于国家规定的贫困线。农民要吃饭穿衣，有时一年来的辛勤劳作，仍然无法解决粮食问题。可以想象，那些在饮食上有困难的农民同样也无法得到文化资源的保障，这也表明，恶劣的自然条件让山区农村文化的发展失去了经济基础和物质保障。

二是交通不便。贫困地区大多分布在山区，交通不便，导致其文化发展停滞不前。有的村庄和村庄之间没有道路，有些村庄和乡镇之间没有道路。即使有些村庄有公路，雨季也很难通过。由于交通不便，人们已经习惯于留守家乡。这严重限制了人们的社会活动，束缚了人们的思想空间。他们视野狭小，不能接触现代文化。

（二）受传统城乡二元社会结构制约，文化氛围缺失

中国仍处于转型期。就目前来看，城乡已经有了相当大的发展，但长期以来社会资源的不合理配置，在一定程度上拉大了城乡差距，导致二元社会结构发展停滞，社会资源分布不均，阻碍了农村发展，使农村现代化目标遥遥无期。同时，与城市人口相比，我国农村人口缺乏现代思维、民主法治观念和创新精神，不利于农村贫困状况的改善。

（三）基础文化设施缺乏，文化产品供给不足

在农村地区，落后的文化设施成为限制农民学习科技知识的重要因素。同时，在农村落后地区，文化活动缺失，大多数农村居民娱乐方式仍为看电视，甚至在一些地区连电视也看不上，这在一定程度上导致了村民精神文化贫瘠、参与封建迷信活动以及赌博等现象泛滥，限制了农村发展其特色文化。

四 治理文化贫困的基本途径

尽管政府为改善文化贫困采取了一些措施，并取得了相应的效果，但文化贫困问题仍然严重。想要有效地解决农村文化贫困，应从多角度出发，多方面入手。

（一）逐步消除二元社会结构，统筹推进城乡一体化建设

一直以来，各种原因导致城乡差距不断扩大。这些原因包括政府政策、资金投入、城乡资源配置等方面的差异，导致农村发展受阻。因此，

改变不合理的城乡二元结构迫在眉睫。我国要统筹城乡、第一产业和第二产业发展，统筹城乡居民发展。通过一些政策调整，缩小城乡发展差距，促进全国城乡绿色可持续发展。

（二）增加农村基础文化设施，建立农村文化产品供给机制

政府应该加大资金投入力度，推进文化下乡，快速建设农村的文化基础设施，合理分配农村文化资源，搭建农村地区文化交流的平台，同时改善农村文化环境，拓宽农村人口享受文化资源的渠道，让农村人口在精神文化层面得到长足长远的发展。

（三）挖掘农村文化潜力，培养农村文化建设人才

传统文化在农村地区的发展陷入困境，当前的农村文化活动无法满足人民群众的文化需求，所以，应该积极培育具有特色的文化节目，在继承中融入现代元素，培育农村文化建设人才。政府应该积极发挥自身职能加大政策以及资金支持，努力培育具有鲜明特色的农村文化资源，推动其服务于农村经济发展，帮助农村改变落后面貌。另外，打造农村文化，就必须发挥人民群众的首创作用，依靠人才加快农村文化建设，这既是发展农村文化的必由之路，也是人才战略的内在要求。

第三篇

实践篇

第十二章　云南省扶贫开发的实践案例

第一节　云南省贫困特征概述

一　云南省贫困区域划分及区域特征

云南省作为全国农村贫困人口的主要分布地区之一，贫困人口具有典型的区域特征。这些特征不仅包括典型的自然地理属性，还包括明显的社会文化属性。国务院扶贫办曾将14个连片特困地区作为未来10年扶贫开发工作的主战场，其中涉及云南的有四个片区，分别是石漠化云南片区、乌蒙山云南片区、滇西边境山区和迪庆州藏区。这四大片区所构成的云南贫困区域显现出一些明显的特征。

地理分布具有明显的区域性。如果将"四大片区"与云南省的扶贫工作"重点县"进行比对，则可以发现两者之间具有如下特征：一是高度重合。四大片区覆盖了云南省70个"国家重点县"和6个"省重点县"，并增加了9个非"重点县"。二是四大片区所涵盖的贫困县在数量上表现出由南向北、由东向西逐步增多的趋势。三是全省少数民族人口集中分布在四大片区。2010年，四大片区乡村人口中少数民族有1058.2万人，占全省乡村少数民族人口的74.4%，8个人口较少民族均分布在四大片区内，4个特困民族在四大片区也分布较广。四是四大片区的贫困类型主要是生态脆弱型和生存条件待改善型。其中滇西片区、石漠化片区以及藏区的大部分地区属于重要的生态保护区；乌蒙山片区海拔较高，生态环境脆弱或破坏严重。当然，四大片区从总体上看还是有许多适宜人口集聚和产业开发的空间（尤其是藏区和滇西片区），可以通过持续改善生产生活条件，促进人口向中心城镇集聚，加快脱贫致富步伐。

农村人口人均纯收入逐年稳步提高，收入差距逐渐缩小。2007年，四大片区农民人均纯收入为1970元，低于全省平均水平25.2%；2010

年，四大片区农民人均纯收入为3081元，与全省的差距缩小，低于全省平均水平22.0%。从四大片区内部的差距来看，藏区农民年人均纯收入最高，乌蒙山片区最低，2007年，藏区比乌蒙山片区高20.4%，到了2010年这一差距缩小为13.3%。

收入结构单一。统计分析发现，近年来四大片区农户家庭经营收入稳定占据着收入的主体地位。2009年为62.2%，比全国平均水平高出了13.0个百分点。其中，第一产业是四大片区农民家庭经营收入的主要来源，尤其是种植业和养殖业。虽然第一产业收入在四大片区农民家庭经营收入中所占比重逐年微弱下降，但到2009年仍然保持在91.8%的高比例，比云南全省平均水平高出0.2个百分点，比全国平均水平高13.1个百分点。四大片区农户收入结构的单一性表明了农村反贫困的长期性与脱贫的不稳定性并存。

社会发育程度低。四大片区的贫困具有"积贫积弱"的特点，而不是新发的、间歇性质的。这是因为历史因素和环境因素影响长期存在，难以短期内消除。一是新中国成立前，云南民族地区均处于前工业化时期，大致可分为四个阶段：原始公社制阶段、奴隶制阶段、封建领主制阶段和封建地主制阶段，而四大片区同时也是云南少数民族集中的区域。新中国成立后，少数民族贫困地区从原始社会、奴隶制社会、封建领主制等社会经济形态直接过渡到社会主义社会阶段，发展起点较低，发展严重滞后。尤其是直接过渡的民族贫困地区，生产力水平低，经济和社会发展先天不足，由于交通不便、信息闭塞，受其他民族影响的程度较低，仍保留着许多古老的习俗和文化。二是绝大部分少数民族地区分布在边缘地带，距大中城市和商贸中心较远，社会开放程度低。三是部分贫困地区由于有效耕地缺乏，为了解决粮食问题，毁林开荒和陡坡开荒问题一度突出，致使森林遭破坏，耕作层变薄，水土严重流失，肥力减退，导致自然灾害频繁发生，生态环境不断恶化。

贫困人口集中分布在四大片区，且规模居高不下。2010年末四大片区总人口为2873.29万，占全省总人口的62.5%；四大片区农村贫困人口为288.27万，占全省农村贫困人口的88.7%。从贫困人口比例上看，四大片区农村贫困人口占全省农村贫困人口的比例不降反升，从2007年的87.5%升高到2010年的88.7%，与此同时，四大片区人口占全省总人口的比例从63.1%降低到62.5%。从总数上看，四大片区的云南贫困人口减少的贡献率从 2008 年的 88.1% 微降到 2010 年的 86.7%，基本保持稳定。

贫困深度指数降低。一方面，四大片区贫困发生率下降，且与全省的差距缩小，片区间的差距变小。2007 年全省贫困发生率为 16.5%，四大片区的贫困发生率为 20.4%，高出全省 3.9 个百分点。2010 年，四大片区的贫困发生率下降到 10.9%，全省为 8.6%，差距缩小了 1.6 个百分点。另一方面，贫困深度指数逐年下降，与全省平均水平的差距加大，但片区间的差距逐渐缩小。

二 主要致贫因素分析

（一）整体致贫原因

贫困的村庄和地区各有各的深层次原因。四个片区的贫困也是如此，不仅不同片区有自身根本的致贫因素，而且片区内不同的县（市、区）和不同的村庄都会有不同的致贫因素，但不管怎么说，我们仍可以发现一些具有普遍性以及片区共性的致贫因素。

从整体上说，贫困地区自身发展能力弱，不能不说是一个具有普遍性的重要原因。通过对 1985 年国家实施大规模的扶贫开发项目以来，云南列入贫困连片片区的 85 个县（市、区）的固定资产投资情况的分析可以看出，贫困地区由于较弱的财政自给能力和较差的基础设施条件，吸引外来投资的硬环境建设较差，投资具有很大的政府工程项目主导性。如果将 1985～2010 年 26 年来 85 个县（市、区）的全社会固定资产投资水平与全省和全国的总体水平进行比较，会有如下惊人的发现：尽管总体上云南 85 个县（市、区）的投资增长速度显著快于全省和全国的总体水平，但按 2010 年的人口计算，人均投资水平存在很大差距。较快的投资增长速度并不意味着贫困地区实实在在地获得了更多的投资。85 个县（市、区）的人口约占全省总人口的 2/3，但多数年份获得的投资却只占到 1/5 左右，虽然 2009 年和 2010 年投资有了较快增长，但最高的 2010 年只占到了 39.15%。按 2010 年末人口计算，26 年 85 个县（市、区）合计人均投资为 23351.2 元，仅为云南省平均水平 62868.24 元的 37.1%，仅相当于全国平均水平 107682.6 元的 21.7%，差距之大足以说明贫困地区发展动力不足。笔者把投资不足引发的发展滞后视为贫困地区贫困的最根本的制约因素。究其原因，正如我们前文所指出的，不管贫困有何种表现，也不管致贫的因素如何复杂，经济上的贫困仍然是最主要的。英国经济学家纳克斯所描述的"贫困－低收入低储蓄－低资本形成率－低生产率－低收入－贫困"的"贫困的恶性循环"状态，在没有外力的强大推动下，很难得到根本性的改变。

这种结论实际上可以从四个片区所获得的投资水平与经济发展水平的关联性上得到进一步支持。当然，我们只是说投资是影响贫困地区发展的主导因素，但并不意味着是唯一因素。也许我们的讨论还需要深入贫困地区投资不足的具体原因中，这就需要分片区加以具体讨论。

（二）区域主要致贫因素

1. 滇西片区

该片区作为云南一个贫困面最大、贫困程度较深的连片区域，其贫困的成因也复杂多样。归纳起来主要有以下几个。

首先，第一产业所占比重过大且产业结构单一。该片区第二产业发展严重滞后，直至2009年生产总值结构才从"一、三、二"转变为"三、一、二"；2010年第二产业产值所占比重才首次超过了第一产业，产业结构变成"三、二、一"的形式，比全省总体情况整整晚了近一代人（23年）。2010年，该片区第一产业产值占地区生产总值的32.7%，而全省平均水平为15.23%，全国为10.1%。从四大片区内部的比较来看，虽然滇西片区第一产业产值所占的比例从2004年的44.4%降到了2005年的38.2%，并于2010年降到了32.7%，但由于第二产业不能对第一产业形成拉动作用，也没有对第三产业形成推动作用，不仅使第一产业对资源表层开发过度、深度开发不足，而且造成了农民收入来源很单一、收入水平不稳定。

其次，经济发展基础薄弱，带动力不强。无论从贫困人口的分布、贫困发生率来看，还是从人均国内生产总值、农民年人均纯收入以及财政自给率来看，普洱市的澜沧县等均是该片区较为贫困的地区，长期陷入"贫困的恶性循环"的怪圈。这是该片区相对较贫困的县经济社会发展持续停滞不前的根源所在。

最后，基础设施落后。有许多市的行政村还未通电话，通电话率比较低，人均农村用电量也比较低，有的还不通自来水，公路通车里程比较短。

2. 乌蒙山片区

该片区作为云南贫困面较大和贫困程度最深的区域，最主要的贫困原因是过度开发资源导致资源配置不合理，主要表现在以下几个方面。

首先，该片区人口密度高，人多地少，且耕地质量差，阻碍了贫困地区生产要素的有效配置。由于该片区大多数耕地的坡度在25°以上，土地贫瘠、干旱缺水、气候冷凉，加之过度开发，水土流失严重，导致农作物产量较低，土地综合产出率（单位土地面积实现的国内生产总值）比较小，平均产出率较低。

其次，地区自我积累能力弱。一方面，地方财力极其薄弱，财政自给率较低。乌蒙山片区贫困人口分布最多的镇雄县，除了资源匮乏、气候冷凉、贫困人口分散居住在高海拔地区等原因，另一个很重要的原因是地方财政收入少、支出大，财政自给率低，远低于该片区的平均水平。另一方面，储蓄水平低，金融资本匮乏。该片区的人均储蓄水平是四大片区中最低的。低储蓄水平，意味着可以用于扩大再生产的资本缺乏，地区发展的动力不足，如此一来，以昭通市为典型的贫困地区就陷入贫困恶性循环而不得自拔。

再次，基础设施严重滞后。以乌蒙山片区主体昭通市为例，其县内县级公路、县乡公路普遍存在等级低、通过能力小、抗灾能力弱、安全隐患多等问题，尚未形成内外联系的公路主骨架网络，路网系统不完善；内河航运由于港口建设滞后，尚处在起步阶段；航班航线较为单一，铁路运输量在交通运输总量中所占比重偏低。

3. 石漠化片区

该片区之所以贫困，从表面上看是不合理和过度的农业开发使本来就很脆弱的农业生态系统不断遭到破坏，功能不断退化。但深层原因是该地区农业现代化，尤其是农业科技化水平较低。该地区化肥施用量较少，农用塑料薄膜使用率较低，农药使用量较低，同时自来水受益村较少。

4. 藏区片区

藏区作为我国的一个特殊区域，受很多因素的综合作用，其贫困问题与其他片区有很大的差别。

首先，恩格尔系数居高不下。由于藏区地处高海拔地区，因生存所需，农牧民满足基本温饱所需食物热量较高，饮食结构以牛羊肉、青稞、酥油为主，从而使藏区农牧民的食物消费具有"吃得多、花得多"的特点。此外，藏区物价水平高出全省平均水平很多，也导致藏区农牧民恩格尔系数偏高，用于购买食品的支出占比比全省平均水平高出许多。

其次，区域环境脆弱。藏区在相当长一段时间内，主要承担着为国家和沿海地区贡献木材的任务，目前木材交易成为农牧民收入的主要来源。由于藏区处在生态限制开发区，保护森林成为其主要任务，在一定程度上导致农牧民收入来源的减少和贫困程度的加重。另外，藏区有将近一半的贫困人口，主要集中分布在维西县，这里人口地域集中虽然耕地资源数量较多，但质量差，农业生产率较低，加大了脱贫的难度，尤其是当受到频繁自然灾害的危害时，农牧民脱贫后极易返贫。

最后，贫困人口受教育程度低。

第二节　云南省扶贫开发的主要实践措施

一　云南省扶贫开发的资源动员

从本质而言，扶贫开发是实现资源合理配置的一种有效手段，通过外部资源的输入，实现外部扶持资源总量的增加，与贫困地区的内部资源相结合，进而促进贫困地区发展，这是发展过程中的一个特殊阶段。因此，作为一种资源配置方式的资源动员，应成为反贫困研究的重要组成部分。扶贫资源的总量、资源输入的模式以及输入的扶贫资源与贫困地区的资源结合程度，共同决定了扶贫的效益。资源动员能够促进政府、贫困社区、贫困群体等相关利益群体的资源整合，满足共同的需求。扶贫资源动员是扶贫行动坚实的基础，是扶贫资源整合的关键所在，是扶贫开发的开始和冲锋号。云南省扶贫资源动员的主要经验如下。

（一）资源动员促进扶贫机制的创新

云南资源动员主要有两个层面的机制创新：一是扶贫资源的输入层面的机制创新，主要表现为：建立扶贫小组，从政府领导的视角，将扶贫和扶贫资源动员纳入政府中心工作中来。整合扶贫资源，从过去扶贫部门的"单兵突进"，发展成为全社会扶贫，在扶贫过程中逐步形成了"政府主导、分级负责、市场引导、社会参与"的扶贫体系，初步形成了各级政府、各个职能部门、中央企业、对口帮扶单位全面参与的"大扶贫"的局面。拓展了扶贫资源的来源渠道，让扶贫实施资源动员有源泉、有根本。二是从贫困地区来说，通过"整村推进"、"整乡推进"、"人口较少民族的扶持"、"特困群体的扶持"、"边疆解五难"、"扶持革命老区"、"扶持特殊群组"以及扶持集中连片特困地区等一系列扶贫对象的确定，基本上建立了扶持网络，为全面推进扶贫攻坚奠定了坚实的基础。

（二）资源动员机制初步形成

在反贫困行动中，政府逐步调整扶贫职能，对自上而下的反贫困机制进行改革。这项改革实现了政府机制、市场机制和社会机制的有机结合，打破了单一依靠政府行政组织扶贫的格局，扭转了扶贫资金流失的局面，提高了扶贫资金的利用效率，并且初步形成了"党政硬化责任、省级补助投入、上海对口帮扶、整合部门资金、机关挂钩扶贫、社会广泛参与、群众自力更生"的资源动员格局。

（三）资源整合力度不断强化

通过把专项扶贫规划与各类行业规划衔接起来，把专项扶贫政策与各类强农惠农政策、社会保障政策等政策进行统筹，把专项扶贫资源与组织教育、科技、文化等各类资源进行整合，逐步建立部门贯彻落实扶贫责任监督核查体制，落实"规划在先、统筹安排、各司其职、各负其责、渠道不乱、用途不变、相互配套、形成合力"的资源整合使用机制，并且不断创新了扶贫资源整合机制，强化扶贫资源整合力度，有力地促进了扶贫效率的提升。

（四）落实了一把手责任制，为扶贫资源动员打下了良好的基础

党政一把手扶贫责任制和部门扶贫责任制基本得到落实，高效发挥扶贫部门跨部门协调的职能，把扶贫开发工作成效作为县级党政领导干部及班子业绩核查的重要依据，强化扶贫开发部门责任制，按照政府扶贫开发规划，把本行业、本部门工作计划与落实扶贫开发责任有机结合起来，以专项扶贫政策为导向，以基本公共服务均等化为契机，实行专项扶贫与行业扶贫相结合，最大限度地调动各方力量，汇集各方资源。强化各级扶贫开发工作领导小组职责，加强跨部门协调服务、督促检查、组织实施、指

导监管的职能作用。以大开发促大整合大发展，扩大定点扶贫和滇沪扶贫协作范围，加强了贫困群众扶贫的主体地位。

（五）社区参与不断加强

一方面，在资源动员过程中突出贫困群众扶贫开发主体地位，充分尊重群众意愿，让贫困群众参与到项目的决策、执行和监督中，真正让贫困群众成为扶贫开发项目的受益者、建设者、管理者和监督者；另一方面，在扶贫资源输入过程中，通过参与式的扶贫发展规划，充分发挥贫困地区的资源优势，以扶贫者的发展目标为核心，充分了解村庄自有资源、村民生计状况、贫困户的发展意愿等，加强社区参与能力，使得资源配置达到最佳效果。

（六）初步形成"大扶贫"的局面

充分挖掘社会扶贫资源的巨大潜力，扩大各级党政机关、企事业单位和东西部扶贫协作的范围，有序运用非政府组织扶贫帮困力量，积极动员社会各界参与扶贫济困。动员各职能部门，以宗旨性和战略性目标统领整合各部门具体目标，明确部门任务，使各部门通过履行自身职能，促进扶贫开发这一宗旨性和战略性目标实现。扶贫开发领导小组动员各个部门，为协调扶贫专项规划年度计划与各行业规划和计划提供统一决策。通过努力，已经初步树立"大扶贫"理念，紧紧瞄准贫困群体，落实了科学规划、合理布局、分类指导、连片开发的指导思想，将"整村推进""产业开发""劳动力转移培训""易地扶贫搬迁"作为重点，创新扶贫工作机制，加快推进了贫困地区经济、社会、生态全面协调可持续发展。广泛宣传扶贫开发的方针政策措施和取得的成效经验，逐步树立以扶贫绩效进行选任的政绩观和用人观。

二　云南省扶贫开发的社区参与

社区参与是扶贫项目顺利实施的基本保证，也是确保扶贫项目符合社区利益的基本措施。云南在扶贫开发过程中，取得了一些促进社区参与的经验，具体如下。

（一）充分发挥社区传统权威力量的动员能力，动员社区群众参与扶贫开发项目

云南既是一个边疆省份，又是多民族聚居的省份，各少数民族"大杂居小聚居"现象普遍；在长期的发展中，各社区形成了自身独特的传统文化。基于独特的传统文化又形成了包括家族、少数民族头人、老年人等传统社区权威力量，由于这些传统权威与社区传统文化联系在一起，在社区动员中具有天然的优势。云南在扶贫开发项目的实施中，通过民主选举形成社区权威力量，动员社区成员参与项目的决策、建设。

（二）利用新型农民合作组织的动员优势，动员社区成员积极参与扶贫开发项目

云南省在扶贫开发项目实施的过程中，充分利用新型农民合作组织在社区成员中的优势，动员社区成员参与扶贫开发。改革开放以来，以专业协会、专业合作社、股份合作社等组织为主要类型的新型农民合作组织把云南省各地的农村发展起来，通过章程和各种制度的制定，利用契约把生产加工销售环节上的农民组织起来；将生产环节与非生产环节、生产之外的服务群体与农民联合在一起，使组织成员通过契约形成了固定的合作关系，为农民之间建立信任和社会参与网络开辟了一条新的路径。每一个成员，因为契约的联系和在组织日常活动中的交往，建立起了一种超越传统的基于血缘、亲缘、地缘、业缘、龄缘、趣缘等的个性社会资本。另外，新型农民合作组织早在建立时就制定了制度和章程，明确了成员的权利和义务，规范组织成员的行为，建构了成员之间相互合作、相互信任的机制，建立了一种基于契约的组织层面的社会资本。与传统的以血缘、亲缘、地缘、业缘、龄缘、趣缘等为基础，以传统文化为维系纽带、伦理性导向明显的社会资本的特点相比，在新型农民合作组织基础上形成的社会资本围绕生产各环节，形成更大的社会关系网络；由于通过正式制度来维系，具有契约性，社会资本相对稳固；以利益为纽带，使得工具性导向更加明显且具有动态性，随着新型农民合作组织从技术交流服务型到技术经济服务型，再到技术经济实体型的演变，组织成员间的利益联系和社会联系更加紧密，组织形成的社会资本存量逐渐增长。利用自主形成的社会资本，新型农民合作组织在社区成员中显现出其他参与主体所不具备的优

势。比如临沧市，每个村委会都成立一个协会或合作社，通过发挥其组织动员优势，动员社区成员参与扶贫开发；除此之外，还建立"贫困村村级资金互助社"，其实也是一种通过政府资源带动刺激，在组织层面提高社区社会资本存量，进而调动社区成员积极参与的有益经验。

三 云南省扶贫开发的资金使用

近年来，云南扶贫资金投入力度逐年增大，贫困地区农民收入水平有了明显提高，地区自我发展能力也得到提升，贫困人口数量大幅下降，反贫困成效显著，积累了丰富的经验。云南省在扶贫资金使用方面的主要经验如下。

（一）政府和市场"各司其职"，提高资金使用效率

在扶贫开发中，政府将基础性资源配置调节交由市场，政府的职能范围主要限定在市场失灵的领域，即保证扶贫资金的福利性和公平性。在资金提供方面，主要由政府为"扶贫"这项公共产品买单。在此过程中，云南建立了扶贫开发资金投入的稳步增长机制，努力做到扶贫开发投入与各级财力同步增长。同时，构建了扶贫工作职责和资金管理使用绩效考核机制，形成了上级监督、部门监督、监察审计监督、群众监督和社会舆论监督的新机制。

在资金运作方面，则引入市场机制：一是推行政府采购制度，特别是涉及资金数额较大的扶贫基础设施建设项目，可采用政府采购招标的方式有效节约财政资金。二是通过招投标方式，将部分扶贫资金让渡给有实力的非政府组织使用。

（二）完善扶贫资金使用和监管的制度保障，保证扶贫资金高效规范地使用

严格地执行项目资金审计和督查制度，建立健全并坚决落实扶贫项目实施和资金分配使用过程中的公平公开、公告公示、监督、验收、绩效考评、后续管理制度，建立贫困地区党政一把手扶贫工作责任制度、部门扶贫工作制度。建立规范的项目建设完工验收制度，开展扶贫资金管理使用绩效考核，制定并实施《云南省财政扶贫资金管理使用绩效考核暂行办法》，进一步强化财政扶贫资金管理使用制度，牢固建立上级监督、部门监督、监察审计监督、群众监督和社会舆论监督五道防线，有效杜绝挪用、拖欠、挤占和改变资金用途等违法违纪行为，做到扶贫开发项目资金管理有章可循、有据可依。

（三）引入"参与式"扶贫，促成扶贫资金"自上而下"和"自下而上"的决策方式相结合

参与式扶贫的主要特点是让扶贫的参与主体参与到扶贫的决策与扶贫资金使用、评价和监督中来。政府在投入扶贫开发资金的过程中，以贫困村为平台，以项目为载体，在贫困决策中充分尊重农民的权利，听取农民的意见，让农民在项目实施方法中拥有自主权。在扶贫项目资金投入使用阶段，充分调动贫困群众的积极性，让贫困地区基层组织和受益人尽早了解扶贫项目并参与其中，从而增强扶贫项目的可行性，从根本上提高扶贫资金的使用效率。

一是坚持以人为本的思想理念，体现人文关怀，关注文化差异，着重改善贫困人口的生活环境。二是实施民主参与的决策机制。在扶贫开发项目的选择上坚持"自下而上"的原则，即通过召开村民大会等方式，充分调动村民的积极性和主动性，把发言权、分析权、决策权交给受助方。三是建立科学管理的实施机制。针对不同扶贫项目采取不同的组织方式，成立由村民选举产生的项目实施领导小组，并通过召集村民代表参与制定扶贫项目实施管理制度，通过村民代表会对扶贫项目资金进行统筹安排，不直接将扶贫项目资金贷给农户，而是由农户自主选定扶贫项目，从而提高项目资金实施管理的科学性和有效性，以保证预期扶贫效果的实现，对扶贫项目规划实施的全过程进行参与式的、全方位的有效管理。四是全方位的监督机制。为保证扶贫资金使用的有效性和公平性，由村民代表组成项目监督小组，对项目建设的全过程进行全方位的跟踪检查和监督，包括项目建设中进行跟踪监督、项目竣工后的验收监督、报账结算监督、项目审核报账结束后监督。同时及时向村民公示项目有关资金使用情况，接受广大村民的监督。经过以上程序，扶贫项目建设与资金管理的透明度提高了。

（四）扶贫资金向产业化扶贫倾斜

一是以优势资源的合理开发利用为基础，通过投放信贷扶贫资金来重

点扶持国家级和省级农业产业化龙头企业,并相应提高单个项目财政资金的投入额度,通过提高企业申报项目的门槛,把一些"皮包公司"拒之门外,以此带动贫困地区农户脱贫和优化贫困地区的产业结构。二是不断完善扶持方式。采取无偿、补贴、贴息等多种形式,吸引金融资本、民间资本、工商资本以及外来投资,逐步增加产业扶贫资金投入。三是抓大不放小,通过小额信贷扶贫资金、无偿资金,解决部分贫困群众扩大再生产所需的资金,给予贫困地区农户发展生产的支持,发展一批"一村一业""一户一品"的典型。四是采取龙头企业直接扶持到户的形式,加快特色农产品基地建设,扶持建立农副产品加工企业,培育和发展特色优势企业,有力地促进贫困地区农民收入的持续增加。

(五)构建扶贫开发多元化的帮扶机制

坚持政府支持、社会各界帮扶和农民自力更生相结合的原则,转变思想观念,拓宽社会帮扶领域,尽可能地动员社会力量参与扶贫开发。完善信贷扶贫、外援扶贫、国际扶贫机制,把东西扶贫协作、中直机关与区直机关定点帮扶以及各州(市)县(市、区)的蹲点帮扶和"结对子"帮扶有机结合,积极开展扶贫领域的国际合作与交流。既有针对一家一户吃穿住问题的直接扶持,也有借助行业部门优势的对口支援;既有科教文卫等方面的精神扶贫,也有改善基础设施建设及生活环境的物质帮扶,多方发力,协力推动贫困地区综合发展。同时,还将扶贫单元重心下移,直接到村,施惠于民。

四 云南省扶贫开发的公共基础设施建设

扶贫开发以改善贫困群众基本生产生活条件、提高贫困地区自我发展能力为最终目的。公共基础设施建设作为公共产品的有机组成部分,是贫困地区经济社会发展和贫困群众生产生活改善的重要物质基础。改善与贫困群众基本生存和贫困地区发展需求有着最直接关系的公共基础设施建设,如水、电、路、教育、医疗卫生等,是扶贫开发工作的首要任务。长期以来,由于自然、经济、社会方面的因素,贫困地区的基础设施建设水平与非贫困地区有着较大的差距。公共基础设施严重滞后及公共产品供给不足,已成为制约部分区域发展的因素。优化贫困地区公共基础设施建设的路径在于,注重建立贫困地区与非贫困地区公共产品供给体制,实施强效的投入机制和贫困群众的参与机制,突出政府的投资主体作用与产业发展有机结合,逐步完善公共基础设施的建设以及建后管护体系。关于公共基础设施建设,云南省的经验如下。

(一)省委、省政府高度重视,出台一系列政策措施作为保障

农村扶贫开发是一项事关农村经济社会全面发展和可持续发展,事关全面建设社会主义和谐社会的重大课题。国务院每年的政府工作报告,都将扶贫开发工作放到了重要的突出位置。云南省作为全国扶贫开发的主战场之一,在中央的强力部署下,省委、省政府始终高度重视扶贫开发工作,先后出台了一系列政策措施作为制度保障。从边疆、民族、贫困的实际出发,2001年以来,云南省先后出台了《关于采取特殊措施加快云南省7个人口较少特有民族脱贫发展步伐的通知》《中共云南省委、云南省人民政府关于实施"兴边富民工程"的决定》;2002年制定了《云南省纲要》;2004年初,为深入贯彻落实《云南省纲要》,云南省委、省政府出台了《关于加快新时期扶贫开发工作的决定》;2004年6月,省委办公厅、省人民政府办公厅印发了《关于增补定点挂钩扶贫单位的通知》;2006年,云南省召开全省扶贫工作会议,出台了《云南省委、省人民政府关于加快"十一五"时期农村扶贫开发进程的决定》;2010年7月,经云南省委常委会审议通过《关于加快边远少数民族贫困地区深度贫困群体脱贫进程的决定》;等等。这一系列政策措施的制定实施,都十分强调贫困地区的基础设施建设问题,都将"加大贫困地区基础设施建设的投入,努力改善贫困群众生产生活条件"作为扶贫开发的工作重点。

(二)坚持因地制宜、科学规划、重点突出、分级负责的行动原则

省委、省政府始终将贫困地区公共基础设施建设工作的着力点放在改善基本生产生活条件方面,确保贫困群众得到实实在在的帮扶。在扶贫开发工作中,贫困地区公共基础设施建设是在《云南省国民经济和社会发展"十一五"规划纲要》的指导下进行科学规划的。按照该《规划纲要》的具体要求和贫困地区的实际,明确公共基础设施建设的总体思路、基本原则、建设目标、区域布局和政策措施。《规划纲要》立足当前,从贫困地区实际和群众需求出发,明确阶段性具体目标、任务和工作重点,有步

骤、有计划地加以推进。《规划纲要》既突出建设重点，优先解决贫困群众最急需的生产生活设施，又始终注意加强贫困地区综合发展能力的建设，促进贫困地区经济社会稳定发展和贫困群众收入增长。近年来，省发改委、扶贫办以及相关部门越来越重视规划的编制工作，从县、州到省逐级进行贫困地区基础设施建设的规划编制，并坚持分级负责的基本原则，各级政府对当地的扶贫开发工作负责，实行扶贫开发的目标责任制和考核评价制度。

（三）多种方式并举推进贫困地区公共基础设施建设

贫困地区公共基础设施是公共产品的组成部分，由政府承担主要的供给职责。云南始终坚持以政府为主导、社区参与、各专项扶贫工程推进相结合，整合各类优势资源，加强贫困地区公共基础设施建设。在扶贫资金投入上，以中央和地方财政投入为主，同时，在国家财政资金和资源有限的情况下，鼓励和动员各企事业单位以及社区成员积极参与贫困地区公共基础设施建设投资、投劳。通过整合"整村推进"、"整乡推进"、"兴边富民"、"易地扶贫"和"社会帮扶"等各专项扶贫资源，多种方式并举，共同推进贫困地区公共基础设施建设。

五 云南省扶贫开发的生态建设

在过去的扶贫开发实践中，云南省农村贫困地区在生态建设方面也体现出了一些自身的特点，摸索出一些经验。

（一）政府高度重视，将环境优先的发展理念融入扶贫开发

良好生态环境，是云南最重要的资源，也是其最大的特色和优势。但境内生态环境保护的重点地区和敏感地区与经济困难、急需发展的地区具有较多的重合，为此云南承担着发展与保护的双重压力。为妥善处理好这一关键问题，云南省委、省政府确立了"生态立省、环境优先"的发展战略，将保护好生态环境作为云南的生存之基、发展之本，并提出要努力做到四个坚持，即坚持"生态立省和环境优先"，坚持在开发中保护、在保护中开发，坚持以最小的资源消耗实现最大的经济社会效益，坚持运用多种手段保护环境。政府对环境优先发展理念的重视与否将直接决定这一理念能否最终体现在相关政策的制定中，进而能否贯彻落实到政策的执行和

具体项目的实施中。目前云南省已经将"一票否决"制度在重大决策、区域开发、项目建设、评优树先等方面实行，坚决服从环境保护的要求。而在云南省"十二五"规划和扶贫开发纲要中已明确提出要发挥环境资源优势，把生态建设和环境保护作为加快经济发展方式转变的着力点，深化实施"七彩云南"行动，推进"森林云南"建设，增强绿色发展对生态建设的基础性和核心性支持作用，推进资源节约型和环境友好型社会建设，同时"加强贫困地区生态环境保护与建设，以有利于改善生态环境为原则，走可持续发展的道路"。

（二）在扶贫的大框架下整合有效资源，多方合作高效推进生态建设

在扶贫开发中，云南省各行业部门根据扶贫开发总体要求，结合各自职能，以扶贫开发规划为平台，整合行业资金，合力推进扶贫开发中的生态建设工作。扶贫部门并没有设置专项的生态建设资金或是制定专项规划，而是将生态环境建设的具体任务分解落实到相关行业部门的发展规划之中，在进行"片区开发""整村推进""富民兴滇"等一系列扶贫工程时巧妙有效地利用已整合的各相关行业部门的资源，努力改善贫困地区的生态环境。这一做法能够充分发挥相关行业在其领域内的专业优势及资源动员能力，开展因地制宜、有针对性的生态建设工作。另外，通过与国内、国际其他社会组织开展技术交流合作，一方面提高了生态工程建设的科技含量，另一方面也积累了社区在参与生态建设实践方面的经验教训；同时也促使广大农村贫困地区提升环保意识。

（三）凸显生态建设在扶贫开发中的经济效益，促进保护与开发的有机结合

对于贫困地区的贫困人群而言，生存需求是他们的第一需求，但如果面临保护与开发的两难选择，他们首选的往往是开发。若要实现保护与开发的有机结合，最有利也最有效的途径即彰显保护环境或生态建设在提高贫困地区经济效益方面的强大生命力。一旦农户感受到保护生态环境也能产生经济效益，那么他们自然就不会再做出有损生态环境的生产生活行为，因为没有人希望自己生活在生态环境极其恶劣的地方。

（四）充分发挥试验示范效应，积极调动社区参与积极性

在贫困地区开展生态建设，无论是生态工程还是产业结构调整，都直接影响贫困群体和贫困地区的经济社会发展，影响人们赖以生存的自然生态环境，人们对此也就会表现得十分敏感。而好的试验示范能够获得贫困群体的强力支持与效仿，能够快速调动贫困人口参与的积极性。但是我们也要看到，生态建设是着眼于未来的长期系统工程，不仅要看短期的综合效益，而且要注重生态建设的长远影响。因此，发挥生态建设的试验示范效应，要使人们对其长期的效益给予更多的关注。贫困人口在积极参与生态建设中所凝聚起来的社会资本和重新建立起来的人与自然和谐相处的价值观和发展观，无疑成为农村贫困地区发展的重要内生动力和基础。

六　云南省扶贫开发的产业基地发展

"产业扶贫"是"十二五"时期云南农村扶贫开发中"专项扶贫"和"行业扶贫"的重要内容。除了继承以往"产业扶贫"的做法外，更加注重进村入户扶持与解决区域性发展问题相结合。云南省以贫困人口聚居的村、乡（镇）、片区为扶贫综合开发的主要规划单元，以石漠化片区、滇西边境山区、乌蒙山片区以及藏区等连片特困地区作为主战场，以发展特色产业基地、改善生产生活条件、增强自我发展能力为重点，依托贫困地区优势资源发展产业，发展区域性特色主导产业基地。产业基地发展对于推动贫困地区转变经济发展方式、增强自我发展能力而言，具有十分重要的意义。

在云南财政支持以及信贷扶贫的推动下，云南扶贫开发中产业基地发展较好，其产业扶贫主要采用以下几种模式。

（一）优势产业开发模式

优势产业开发模式，即培育区域主导产业或优势产业作为"产业扶贫"链各要素之龙头，对具有资源优势和市场需求的农产品，按照产业化发展方向，实施区域性连片开发，连片规划建设，形成有特色的区域性主导产业或基地。积极发展"公司+农户"和订单农业的产业模式，带动基地农户和其他环节协同发展，促使贫困群众脱贫增收。

该模式的主要特点为：根据当地资源优势，以市场为导向，从发展

名、优、特产品入手，以县、乡为主，因地制宜，培育1~2个扶贫主导产业；实施区域布局，以点带面，连片开发，合理规划，形成"一村一品、一乡一业"的规模化、区域性生产；提升产品档次，扩大组织产业群，引导贫困农户加入扶贫产业生产链，在形成优势产业和优质品牌的同时带动贫困户增收。这种产业发展模式通常具有较大的连带效应，能够通过发展优势基地或产业带动县域甚至区域经济发展。

主要做法为：一是确定在贫困地区具有地域特色且发展潜力较大的优势产业，贫困地区党委、政府、当地龙头企业，充分利用并发挥当地资源优势，通过组织农业、环保和市场等方面的专家学者开展可行性论证，确定1~2个具有强劲发展潜力的优势产业或基地，并致力于将其做大，发展成为当地主导产业或基地。二是组织和引导贫困地区农户，围绕优势产业建设专业化、规模化和标准化的产业基地，同时，确定产业基地建设的标准化数据。此外，安排农业技术员和农产品检疫机构定期或不定期地对产业基地进行生产技术指导和检查。三是通过引入产业示范基地，积极建设管理，向当地农民推广新品种和新技术。在示范基地引种、试种以及试养科技含量高、经济效益好的农牧业品种，在上述尝试取得成效的基础上向农民进行推广宣传，并在产业示范基地开展农业相关方面的讲解和集中培训项目，让农民实地了解掌握优势产业生产管理技术和相关农业知识。四是引导龙头企业与贫困农户、产业基地相联结，主要通过与龙头企业签订产销合同，鼓励和扶持农村经纪人和农村合作组织跑市场、跑企业，解决产业基地市场销售问题。

（二）企业（公司）带动模式

企业（公司）带动模式即以企业特别是大中型企业作为"产业扶贫"链各要素之龙头，带动基地农户和其他环节协同发展。其主要特点为：以建立大中型企业为基础，形成企业与农产品生产基地和农户结成紧密的贸工农一体化生产体系，其最主要采用的方式是通过签订合同进行联结。龙头企业通过与生产基地、村或农户签订合同，具体规定双方的责任与权利；企业制定对基地和农户具有明显扶持作用的措施，提供全流程服务，优先收购并设立产品最低保护价机制；农户则根据合同规定，定时定量向企业交售优质原材料，由企业进行加工并出售产成品。这种模式由企业带动，强化农业资源开发，增加农产品产出，提高产品档次，以达到增值提效的目的。这种模式尤其适合市场风险大、技术水平较高、分工较细、专业化程度高、资金技术密集的生产领域。这种模式对企业各方面的要求较高,必须有充足的资金、专业的高新技术,同时还需具备高效率的管理能力,以达到高技术含量、高产出率、高附加值的产品要求,使产品在国内外市场上顺利畅销。

主要做法为:一是政府坚持因地制宜的原则,利用财政资金投入、信贷支持、优惠政策等措施重点培育、扶持和发展一批竞争优势大、带动能力强、经济效益好的农产品加工企业。二是龙头企业统一组织建设规模化的原材料生产基地,或将原材料基地直接建在农村。企业通过各项措施解决产品生产、加工、销售和技术服务等问题,提高贫困群众的生产参与积极性,逐渐壮大企业,带动贫困群众收入持续稳定增长。而且企业规模的扩大,可能带动新产业的开发。三是为解决农户生产的后顾之忧,龙头企业还与贫困农户签订产品收购契约。四是龙头企业要保证在产前、产中和产后三环节积极为农户提供各种指导咨询、材料和技术支持等服务,主要提供技术指导、防治农作物疫病、上门收购农产品、赊销种子和化肥饲料等服务;同时,还根据国家政策积极协调贫困农户向银行寻求贷款帮助,并为其提供小额信贷担保。

(三) 科技引导模式

科技引导模式,即将科技作为"产业扶贫"链各要素之龙头,带动基地农民和其他环节协同发展。其主要特点在于:利用科技示范基地,引种(养殖)品质优良的农作物(畜禽、水产等)品种,采用先进的现代化农业生产技术,积极引导农民利用科技实现脱贫,将科技转化成让农民看得见、摸得着的累累硕果,从而带动农民在农作物生产过程中自觉利用科学技术脱贫致富。通过先进农业技术推广培训、示范和农业科学知识普及等多种方式,注重培养贫困农民的能力,增强脱贫地区自我发展的后劲,尽量避免返贫现象的出现。该模式侧重于投资少、见效快、覆盖面较大的种植业、养殖业,具有规模可大可小、针对性强、见效快的优势。

主要做法为:一是在贫困地区组建具有针对性的科研机构或科技单位;二是建立科技扶贫种苗示范基地,促进新品种、先进实用技术的研发和科学管理经验的推广;三是大力提高基地种植业、养殖业单产和农副产品品质,发展名、特、优新产品;四是帮助引进和开发农副产品深度加工技术，延伸农业产业链，提高农副产品附加值，以实现农业资源优势向商品优势和经济优势的转变；五是以乡镇实用技术培训学校、农民夜校等为阵地，经常性地组织贫困农民学习各类新型实用技术，组织各乡（镇）贫困农民到科技扶贫示范基地参观学习；六是聘请科研院所和大学的专家教授为"科技顾问"，来县、乡基地为贫困农户现场培训和指导生产，以帮助贫困农户解决在生产中遇到的各类技术问题；七是定期请专业户、科技致富领头人组成技术宣讲队，到各乡（镇）巡回演讲指导，现身说法，传授农业生产经验和新技术；八是面向全社会公开招聘科技扶贫技术员，由财政全额拨付工资，提供优厚待遇，安排到各乡（镇）为贫困农户提供技术支持。

（四）合作社（协会）引导模式

合作社（协会）引导模式，即将合作社（协会）作为"产业扶贫"链各要素之龙头，带动基地农户和其他环节协同发展，推动贫困户脱贫增收。该模式的主要特点是：结合各地区产业特点，以满足贫困农户增收的需要为前提，通过将一家一户组织起来，把分散的经营联合成一定的规模。农村经济合作组织具有明显的专业性、群众性、互利性和自主性特点，能带领贫困农民有组织地进入市场，有利于增强农业生产的抗风险能力及提高农民的组织化程度，有效提高贫困农户的市场地位，并通过制定合作机制，合理分享市场交易的成果。在合作社（协会）中，农户的角色不再仅是农业共营系统中的生产者，同时也是合作经济财产的共有人，他们一方面按合同所规定的价格和数量将其农产品交售给合作经济组织，另一方面又从中得到二次利润返还，最终获得收益。

主要做法为：一是成立合作经济扶贫组织。在当地党委、政府的积极引导和扶持下，由村干部、致富能人、技术能人或农村经纪人等牵头成立有关组织，鼓励贫困农户自愿参加或以认购股份的形式参与组织当中。二是由会员代表大会选举协会常务理事，由理事会具体负责管理协会各项事务。三是由合作组织负责组织生产、技术指导和收购产品以及进行组织加工和销售等活动，并积极与龙头企业和市场建立稳定的联系；参与组织的贫困农户则只需按照合作组织的要求进行生产活动和出售农产品等活动。四是会员需要缴纳很少的会员费。

（五）专业市场模式

专业市场模式，即把发展专业市场作为"产业扶贫"链各要素之龙头，形成"龙身龙尾"协同发展，推动贫困户脱贫增收。主要特点是：区域性专业市场拥有较完善的软硬件服务设施，并且具有较为强劲的带动力，能够带动周围农民从事农产品中介放贷和商品生产活动，形成一个规模庞大的农产品生产基地，使区域性专业批发市场成为基地农产品的集散中心。目前这种模式主要在加工层面存在欠缺，只能进行经初次分类整理即可出售的新鲜蔬菜瓜果等农产品产业化经营。

主要做法为：一是把市场建设作为重点突破口，拓宽产品的流通渠道，积极参加省内、国内农产品市场竞争，逐渐建成区域性农产品甚至全国性农产品的批发交易中心、信息交流中心和价格形成中心。二是以大中型农产品专业批发市场为主体，在区域内或附近便于集散流通的城乡接合部，建立农产品生产基地和专业市场，通过专业市场和生产基地或与农民的直接沟通，以合同形式或联合体的形式，将农户纳入专业化市场体系，使农户和专业市场之间通过产品纽带连接形成一种互相连接、依赖、互促发展、互惠互利的产业化组织关系，广泛带动周边农户从事专业化生产，从而建成一个专业化的区域经济发展带，形成市场带动支柱产业、支柱产业带动千家万户的发展局面。

第十三章　河南省南召县扶贫开发的实践案例

第一节　南召县扶贫开发的必要性

一　贫困状况

南召县是河南省南阳市的下辖县，地处河南省西南部、伏牛山南麓、南阳盆地北缘。由于自然环境、地理位置以及社会、历史等方面的原因，南召县经济发展缓慢，属于国家级贫困县。南召全县共有16个乡镇、340个行政村，2016年总人口64万人，总面积2946平方公里，其中山地丘陵2800平方公里，耕地49.7万亩。

（一）贫困人口

1. **贫困人口规模**

统计结果显示，2009年，南召县有9个扶贫开发工作重点乡镇，133个贫困村，贫困人口有98279人，其中绝对贫困人口34872人，年人均纯收入低于1196元，绝对贫困发生率为5.5%。

2. **贫困人口的分布**

全县133个贫困村中有贫困人口46261人，还有部分年人均纯收入低于2500元的贫困人口不划入贫困范围，行政村共有贫困人口52018人。2009年底，由于贫困村数量限制，全县有38374绝对贫困人口和13680低收入人口分布在非重点贫困村。

3. **贫困成因**

根据调查数据，2009年，南召县贫困人口中有34872人仍难以解决温饱问题。其中导致贫困的主要因素是：居住生活环境差，地理位置偏远，经济发展水平落后，基本生活需求得不到保障，再加上文化教育落后，各项基础设施不完善，农民没有其他的经济来源，只能依靠种植业和养殖业获取收入，不能抵御自然灾害，导致产业结构调整缓慢，经济发展落后，难以脱离贫困。

（二）贫困村状况

1. 地理分布特点

南召县55%的绝对贫困人口和52%的低收入人口集中分布在133个贫困村，还有绝对贫困人口38374人和低收入人口13680人分布在其他207个非贫困村。据调查资料，全县133个贫困村中，55.4%位于山区附近，20.3%分布在库区，23.5%分布在浅山丘陵区，仅有0.8%分布在平原区。

由于地理分布特点，恶劣的自然环境限制了贫困地区各方面的发展，使得贫困问题难以得到缓解。在南召县，有20%左右的贫困村庄位于深山区和鸭河口水库库区，由于山区道路不通，设施不全，基本的生产生活难以保障；有60%左右的贫困村位于浅山、丘陵地区，这里距离城镇、公路较近，环境稍好一点，交通和各项设施也相对完善，所以，贫困程度较轻；还有20%的贫困村零散分布在乡镇附近，地理位置好，生产生活比较方便，具有较好的发展条件，没有较多的发展限制，造成贫困的主要原因是区域发展不均衡，缺乏稳定的收入来源。

2. 主要致贫原因

南召县属于国家级贫困县，贫困现象突出，致贫原因主要有：一是自然条件差，环境恶劣，地理位置偏僻，大多数贫困村位于深山区或者水库附近，交通不便，设施不全，消息闭塞，难以与外界沟通联系，导致生活水平落后，难以发展。二是收入来源单一，大多数贫困人口没有稳定的收入来源。有的缺乏劳动力，没有收入来源；有的从事简单的农业种植，以此作为生活收入来源，没有外出打工或者经商等副业收入，完全依靠自然环境，使得收入具有很大的不稳定性，往往会因为自然灾害而贫困。三是缺乏完善的基础设施，一些贫困村由于基础设施不完善，没有较好的生产生活条件，阻碍着地区产业经济发展，人们生活水平难以提高。比如，道路不通畅，水、电以及网络通信没有全覆盖，人们生活得不到保障。四是教育和医疗卫生条件落后。缺乏良好的教学环境，教学质量不高，导致贫困人口文化水平不高，整体素质低。而农村的医疗卫生条件跟不上，看病买药都要到大城市去，难以及时接受治疗。教育和医疗条件的落后，使得贫困人口生活难以得到保障，整体素质水平低，仅凭自身力量难以发展。

(三) 城乡收入差距

近年来，随着国家宏观经济发展，地区经济也飞速发展，居民的收入激增。但随着居民收入的增加，城乡收入差距问题也日益凸显。如表13-1显示，2005年南召县城乡居民收入比为2.76，差异不是很显著，但随着经济的快速发展，从2006年开始南召县城乡居民收入比增加到12.67，并保持逐年递增的态势。这些数据充分表明地区经济增长能有效促进居民收入增长，但城乡居民收入差距却逐渐拉大。城乡居民收入差距过大，将不利于区域长久稳定的发展，因此，为了维护区域的和谐、稳定发展，必须重视农村经济的发展，缩小城乡收入差距，特别是加大对贫困地区的扶持力度，开展扶贫开发项目，带动贫困地区发展，增加贫困农民收入。

表13-1 2005~2009年南召县城乡居民收入指标对比

单位：元

年份 指标	2005	2006	2007	2008	2009
城镇居民人均可支配收入	6760	6760	9315	10803	11764
农民人均纯收入	2448	2869	3257	3604	3828
城乡居民收入比	2.76	12.67	12.86	12.99	13.07

二 贫困特征

(一) 绝对贫困与相对贫困并存

由于南召县的地理环境特征，大多数贫困人口居住在深山地区，各种设施都不完善，生活环境不好，导致难以改变现状，贫困问题突出。经过调查发现，南召县贫困状况不一，部分贫困人口还能维持基本生活，属于相对贫困；而有一部分贫困人口常年居住在山区，生活条件差，难以与外界沟通联系，导致依然难以解决温饱问题，属于绝对贫困。由于各地区贫困状况差异，绝对贫困与相对贫困并存，因此，政府应结合实际，因地制宜，制定合理可行的扶贫计划。对于相对贫困人口而言，政府可为其提供就业机会，鼓励就业创业，增加稳定收入，确保其稳步脱贫。政府应重点关注绝对贫困人口，由于他们的生活环境差，各项设施都不完善，即使政府投入更多的扶贫资金，扶贫效果也往往不是很显著。由于自然地理和历史原因，他们缺乏发展条件，政府提供的帮扶措施，只能解决一时的问题，而不能帮他们永远解决贫困，一旦遇到重大风险，他们很容易重新陷入贫困状态。南召县一些乡镇现在还实行小农经济模式，农民种植农作物就是满足自己生活需要，并不是以此来增加收入。长此以往，特色农产品得不到合理利用开发，无法宣传推广，农民无法获得更多的收入。另外，由于区域发展不平衡，城乡收入差距逐渐拉大，贫困问题更难以解决，绝对贫困问题更加严重。因此，为了解决贫困问题，协调好绝对贫困和相对贫困，扶贫开发工作应统筹规划，认真落实，全面推进。

（二）个体贫困与区域贫困并存

南召县的贫困人口分布不均，但大部分分布于山区附近。数据显示，在贫困人口中，有41.2%的人居住在深山区，有30.3%的人居住在重淹没区，有28.5%的人居住在浅山丘陵区。其中，有16521贫困人口居住在海拔1000米以上。从这些数据可以看出，南召县的贫困人口大部分呈分散状态，小部分集中分布，由于先天的地理环境和区域边缘性，区域性贫困问题日益显著。在关注个体贫困的过程中也发现，解决区域性贫困问题难度更大，需要政府投入更多的人力、物力和财力。比如居住在深山区和水库附近的贫困人口，由于地理劣势，环境条件差，各项设施都不完善，难以与外界进行交流。因为交通不方便，他们不外出工作，导致没有收入来源，生活状况差，由于农民穷，村庄穷，乡镇也穷，整体互为因果关系。虽然，为了提高扶贫成效、完成脱贫目标，南召县为贫困地区投入了大量的人力、物力和财力，大力发展基础设施建设，但由于受自然、文化、经济、社会等各种因素的影响，扶贫效果不显著，区域贫困问题仍然存在。

（三）经济贫困与权利贫困并存

南召县的贫困人口之所以贫困是缺乏收入来源，没有稳定的收入，他们无法解决自身温饱问题，缺少钱而导致的贫困属于经济贫困，这是大多数贫困的原因。但是，如果追究根源，我们会发现很多贫困地区是经济贫困与权利贫困共存，他们之所以没有收入，是他们没有享受到同样的权利待遇，没有完善的基础设施，没有很好的教育环境，也没有完善的医疗卫生服务。这些权利的贫困，使贫困人口错失了许多增加收入的机会，制约着他们的发展。例如，常年居住在深山地区的贫困人口，因为道路不畅、消息闭塞，上学、就医、外出都十分艰难，根本没有机会获得收入。

（四）精神贫困与物质贫困并存

除了一些先天自然环境造成的贫困外，还存在精神贫困。这些贫困人口往往受教育程度不高，思想观念守旧，不思进取，懒散怠惰，主要依靠他人救济，不从事劳动以获得收入。由于生活物资的缺乏，温饱问题还难以解决，他们更难以考虑精神追求。具体表现为：一是生活条件差。例如，不注意日常生活环境，没有卫生观念，住所常年脏乱，各种杂物乱放，人畜同居。另外，饮食只满足于有吃的就可以，没有合理的饮食结构等。二是婚育观念落后。大多数人仍存在多子多福的迂腐观念，一味地多生、超生，从来没想过以后的养育问题，导致家庭人口增多、消费支出上升，经济压力较大，使得贫困问题更加严重。三是人口素质低。在农村，由于各种因素，教育状况不是很好，虽然南召县基本普及了九年义务教育，但教育的质量和水平并不高，大部分农村人初中毕业就选择在家务农或外出务工。由于文化素质较低，他们仅能从事一些重体力劳动，难以获得较高收入。四是价值观念太陈旧。许多贫困人口十分满足现有的生活状况，选择接受他人救济，陈旧落后的价值观麻痹了他们的头脑，僵化了他们的思想，等待他人的救济是他们满足的生活方式。

（五）脱贫任务重与返贫现象突出并存

南召县贫困的主要成因：一是地理劣势。由于人们长期居住在深山地区，山高坡陡，沟壑纵横，难以与外界进行沟通，加上交通不发达，农民生产生活困难。二是土地贫瘠。由于大多数是山地，土壤肥力差，缺乏水源，不能像正常耕地一样有较高的产出效益。三是基础设施滞后。正是因为自然环境劣势难以根本改变，目前，南召县的脱贫任务依然严重。另外，因南召县经常发生暴雨、山洪等自然灾害，抵御自然灾害能力弱的农业就会遭受巨大损失，使得部分脱贫人口极易出现返贫现象。同时，因病、因残致贫的人员也很多，贫困村医疗水平低，村民一旦得病，往往得不到及时有效治疗，导致残疾，从而使得全家返贫。残疾人、五保户等弱势群体，他们没有固定的收入来源，看病吃药是他们的重大经济负担，虽然国家鼓励农民都参加新型农村合作医疗保险，提供医疗保障福利，但报销手续烦琐、报销范围限制等因素导致报销比例不高，并不能有效解决贫困人口的看病难问题。

三 南召县扶贫开发的意义

（一）实现南召和谐发展

国家政策强调要实现精准扶贫，构建和谐社会，促进共同发展。贫困人口的生活安稳是实现南召县和谐发展的基础，而要保障贫困人口基本生活安稳是扶贫开发的根本任务。因为贫困问题突出，贫困人口的生活得不到保障，许多贫困人口不能解决温饱问题，就会影响社会稳定。要防止这些问题的发生，构建和谐、幸福的社会，必须满足贫困人口的基本生活需要，解决贫困人口的增收问题。所以，强调扶贫开发，帮助南召县贫困人口脱贫致富意义重大。

（二）践行科学发展观

为进一步推进南召的扶贫开发任务，带动经济社会发展，提高贫困人民收入，切实解决贫困问题，必须坚持以人为本，全面、协调、可持续的科学发展观。扶贫开发目的是帮助贫困人口摆脱贫困，解决贫困问题。因此，我们实施扶贫开发项目应以人为本，充分考虑贫困人口的实际需要，把解决贫困问题放在第一位，实施扶贫到户，帮扶到人，以切实解决贫困问题为目标。另外，通过提高贫困人口的生活水平，改善贫困村的环境状况，促进当地经济发展，实现全面发展。特别是在带动经济发展的同时，加强基础设施建设，完善社会保障制度，强调基础设施建设与精神文明建设同时发展，层层递进，逐步实施，实现经济、政治和文化的全面发展。扶贫开发工作是践行科学发展观的重要任务，应注重相互协调，特别是改善区域发展的不平衡，缩小城乡差距，为贫困地区提供更多的就业机会，注重协调发展。

（三）带动宏观经济发展

扶贫开发项目是政府为响应国家扶贫的号召，解决贫困问题而实施的重要措施。因此，扶贫开发由国家宏观政策支持，由政府主导，全社会力量参与，必然会带动地区经济的发展。为了扶持贫困地区产业发展，政府给予各种优惠和福利，并投入大量扶贫资金支持产业发展，还组织各种专业技术培训，对贫困人口进行技术指导，培育技术型人才，促进贫困人口就业。另外，南召县通过国家重点扶持来争取上级政策性项目，从而带动经济发展。据统计，2009年南召县争取到各类项目165个，投入资金10.7亿元。南召县结合自身的资源优势，大力发展特色产业；整合区域资源，充分利用社会各界力量，逐步发展特色支柱产业，不仅有效解决了贫困人口的就业发展问题，提高了扶贫开发效果，还快速推动了整个县域的经济发展，使经济发展更好地带动扶贫开发，而高效的扶贫开发也必将有力促进南召宏观经济发展。

第二节 南召县扶贫开发现状分析

一 南召县扶贫开发的历程

一直以来，南召县的贫困问题十分严重，属于国家级贫困县，阻碍着县域的经济发展。自从党中央提出到2020年全面进入小康社会、解决全国地区的贫困问题以来，南召县积极响应党的号召，认真贯彻国家政策，大力实施扶贫开发，切实解决贫困人民的温饱问题。南召县的扶贫开发大致分为三个阶段。

（一）扶贫开发起始阶段

自党的十一届三中全会党中央提出全面建成小康社会以来，解决贫困问题就成为全国的头等大事，全国各地都开始制定各种扶贫计划，与贫困作斗争。南召县也开始开展具体的扶贫开发工作，认真研读领会党的思想，贯彻落实党的方针政策，根据南召县的实际，制定各种计划和方针，实行各种扶贫政策，使得全县贫困人口逐渐减少。

（二）扶贫项目重点实施阶段

1994~2000年，全国都开展"八七"扶贫攻坚计划，为了响应国家的号召，如期完成扶贫攻坚的目标，南召县政府认真考察地区贫困状况，核查贫困原因，结合当地区域特点，制定扶贫开发规划，并引导动员社会各界力量参与扶贫工作，投入扶贫资金，进行技术培训，为贫困人民创造有利的就业环境，带动地区经济的发展，增加贫困人民的收入。2000年，全县贫困人口大约减少了6万,顺利完成了"八七"扶贫攻坚计划的既定目标,不断走向脱贫致富之路。

(三) 扶贫开发新阶段

2001年,国家制定了2001~2010年新阶段扶贫开发纲要,自此,全国各地大力开展扶贫开发工作,南召县也采取各种措施,加快推进扶贫开发进入新阶段。因为南召县属于国家级贫困县,大部分村是绝对贫困村,贫困问题突出,扶贫任务艰巨,极大考验扶贫人员的工作能力。自开展扶贫开发以来,各级领导都十分重视扶贫问题,重点强调对建档立卡贫困户的精准识别,对绝对贫困人口重点帮扶,并结合各村实际,制定切实可行的帮扶计划。基于贫困人口的贫困状况,政府制定详细的扶贫计划,逐渐加大扶贫力度,投入更多的扶贫资金,鼓励引导社会企业参与扶贫,重点培育扶贫产业,完善贫困地区的基础设施,促进贫困地区的经济发展,给贫困人口提供了更多的就业机会,增加收入来源,极大地推动扶贫开发的进程。特别是形成的特色产业,不仅为贫困人口增加了收入,还带动了全县经济的发展,成为全县支柱产业。比如林业、养殖业以及旅游业等,都很好利用了当地的环境和资源优势,重点开发当地特色产品,政府又投入大量资金支持并加以宣传和引导,形成特色产业体系。另外,考虑贫困人口的生活需求,县政府同时又加强了基础设施建设,为村庄修建了公路道路,改善了教学设施,提高了教学质量,完善了贫困人口的最低生活保障和医疗卫生服务,为贫困人口提供更多的福利待遇,极大提高了贫困人口的生活水平。

二 南召县扶贫开发的实施方法

(一) 大力推进基础设施建设

因为南召县位于山区附近,交通不便、信息不畅,因此,在进行扶贫开发项目时,第一步就是大力推进基础设施建设。因为基础设施不完善,会严重影响人们的生产和生活,阻碍地区的经济发展,通过基础设施建设,可以有效带动地区的经济发展,促进劳动力就业并带动相关产业的发展,形成良性循环。为发展县域建设,南召县投入大量资金开发,不仅提高了市政建设水平,也带动了县域经济发展。由于南召县的地理环境特殊,土地资源不足、耕地较少,因地制宜重点发展经济林,特别是以辛夷为主的经济林，集中进行管理和维护，既有利于保护环境，也大大增加了农民的收入。另外，为了维护县城建设，改善基础设施，给人们的生活提供更多的方便，南召县投入公路设施建设资金15亿多元，大修公路道路，全面实现道路硬化，使交通更加便利。除了城市和道路建设外，近几年，南召县也大力发展电力建设，投入许多资金支持电力发展，村庄基本实现了用电方便、电话畅通，并且光缆通信和快递业务也基本普及。随着基础设施建设进一步加强，南召县的经济发展和扶贫开发任务也快速推进。

（二）实施整村推进

为了实现脱贫致富的目标，彻底解决贫困人口的贫困问题，南召县积极响应党的扶贫政策，并结合本县实际特点，实施扶贫开发整村推进计划，具体表现在以下几个方面。

1. 为贫困人口建立移民新村，鼓励贫困人口"出山离库"

因为南召县的地理劣势，许多贫困人口常年居住在深山地区或者是鸭河口水库淹没区，这些地方自然环境恶劣，连基本的生活都难以维持，又没有其他辅助产业，这些贫困人口难以获得收入，生活条件也得不到改善。因此，对这些人来说，最好、最有效的脱贫方法就是改变生活环境，让他们搬出大山，远离水库，集中迁移到经济条件较好、设施便利的地方，为他们建立移民新村，提高生活水平。当然，移民搬迁应本着自愿的原则，由政府大力宣传和引导，使群众对搬迁的政策和计划有清晰的了解，以科学规划、认真落实为原则，结合贫困人口的实际，制定切实可行的搬迁计划，从而实现贫困人口的整体搬迁，创建移民新村。另外，移民搬迁应充分考虑到群众的需求，解决切身的问题，确保他们"搬得出，稳得住，能致富"。一是科学地选择搬迁地址。最佳的搬迁地址往往要考虑周围的自然环境、基础设施、经济发展等情况，要有利于群众自身的发展。二是制定合理的补贴政策。为了鼓励贫困人口进行移民搬迁，需要政府进行统一规划和组织，给予贫困人口一定的福利和补贴，移民搬迁资金一般以政府投入和群众自筹相结合，具体的补贴标准，由政府统一制定实施。另外，资金应重点投入移民新村的配套设施，如住房以及水、电、路等基础设施的建设。合理利用好移民资金，确保贫困人口的搬迁顺利完成，保障好贫困人民搬迁后的配套服务，是推动脱贫致富的重要一步。三是切实搞好基础设施建设，特别是与移民生产生活息息相关的设施，如交通设施、医疗卫生设施、文化教育设施等，只有加强这些基础设施的完善，才能给人民的生活提供更多的方便，更好地促进扶贫开发工作。四是大力发展移民经济。贫困的真正原因在于缺乏收入，要想改变这种现状，实现脱贫致富的目标，必须以经济的发展作支撑。对于搬迁的贫困人口，仅仅依靠搬迁致富是不可能的，搬迁只是改变了环境，最重要的仍然是发展经济，以经济发展带动产业发展，增加人民收入，提高人民生活质量，使人们彻底摆脱贫困才是搬迁的目的。南召县大力扶持扶贫开发项目，提供贫困资助资金，大力鼓励人们参加种植业、养殖业，给移民提供多种就业机会，开展多项扶贫开发项目，促进经济增长，增加移民收入，使大多数移民实现了脱贫目标。

2. 重点发展特色产业，创建经济特色村

对于一些贫困地区，要结合地区优势和各自特点，重点开发特色产业。比如南召县大山环绕，土地资源不足，全县大力发展林业、养殖业以及旅游等产业，充分结合自身优势，合理利用资源，通过多种方式促进产业发展，为人们增加收入。在发展特色产业、创建经济特色村的过程中，政府进行统筹规划，合理布局，根据村庄的实际，对特色产业进行重点培育，同时加大对特色产业的资金投入以及技术支持，对群众进行专业技术培训，提供多元服务。为顺利推进特色产业发展，创建经济特色村，有效发挥各级学会的作用，采用多种方式，为农民提供专业技术指导，使农民更好地掌握专业技术，并运用科学技术来推动特色产业发展，从而带动整个村庄的经济发展。

3. 加强文明建设，创建文明新村

因为扶贫不仅能解决贫困人口经济上的贫困，同时也应加强贫困人口的精神文明建设，强调人们整体素质的提高。加强精神文明建设，首先应加强环境建设，创造绿色环保的生态环境；加强对公民的道德教育，强化道德规范；加强知识教育，提升人们的知识文化水平和能力。另外，加强文明建设，创建文明新村需要各方面的帮助和支持，一方面，需要大力发展基础设施建设，提高人们生活水平；另一方面，需要政府和社会的帮助，大力支持扶贫开发项目，带动县域经济发展，扩展群众致富增收之路，创建文明新村。精神文明建设对扶贫开发有着十分重要的意义，在完善基础设施建设的同时，不能只注重经济发展，而忽略精神文明建设。既

要完善硬件设施，也要促进精神文明建设，软硬结合，同时推进，从而促进村庄协调发展。对于文明建设良好的村庄，县里给予表彰和奖励，大力宣传推广，如拥有特色产业、经济效益较好的村庄和生态环保、绿色文明的村庄等，通过宣传和引导，形成一种良好的社会氛围，促进大家共建和谐美好的家园。通过创建文明新村活动，南召县建立了各种生态文明、绿色健康、经济发展、和谐美好的文明模范村庄。

(三) 注重产业化扶贫

做好扶贫开发项目，应注重产业化，结合区域特点，以农业、工业带动地区经济发展，形成扶贫产业链。根据国家脱贫政策的要求，南召县也大力实施产业化脱贫措施，根据区域特点，重点发展特色产业，对特色产业重点扶持，给予资金、技术以及政策支持，使之形成区域主导产业，从而带动区域的经济发展，促进当地人们就业，增加收入。因为南召县独特的区域优势，其蚕业、牧业、渔业比较发达，曾被誉为"中国柞蚕之乡"。南召县大力发展这些主导产业，重点培育特色种植业、养殖业，带动了农业产业的发展，不仅解决了吃饭和就业问题，大大提高了人们的收入，也促进了贫困地区发展。地区的经济发展，不仅要促进农业的发展，同时也应重视工业的发展，工业才是创造收入、带动经济的中坚力量。为了促进经济的发展，南召县制定以工业立县的战略目标，积极进行产业改革，扩大产业规模，重点发展矿产、能源、零部件以及农产品加工等产业，促进工业蓬勃发展。另外，南召县依托其独特的地理优势，形成了许多旅游开发项目，如真武顶、瀑布群、丹霞寺等重大旅游景区，吸引更多的游客，实现以旅游促进开发、以开发带动地方发展。近年来，南召县政府先后投入旅游开发资金共1亿多元，还制定了很多优惠政策，大力扶持旅游产业，使之形成完备的产业体系，既带动贫困地区的经济发展，也帮助贫困人口解决贫困问题，推动扶贫开发工作继续深入。

(四) 做好社会化扶贫

要想做好扶贫开发项目，真正解决贫困问题，需要大家共同努力，做好社会化扶贫。特别是上级领导单位，应建立严格的工作责任制，对于自己负责的贫困村、贫困户，要落实具体帮扶措施，帮助贫困人口脱贫致富，对扶贫结果承担完全责任，并把扶贫效果作为责任人的业绩考核指标，实行严格的考核制度。另外，扶贫开发工作是一项长期的、涉及多方面的工作，需要外界的支持，尤其是上级政府的支持。许多扶贫项目的实施都需要政府的引导以及资金支持，通过加大扶贫资金投入力度，促进扶贫项目建设，完善各项设施建设，进一步推动企业产业发展，加快南召县脱贫致富的步伐。随着国家政策的不断落实，近几年，先后有20多家中央、省、市直单位到南召县参与扶贫项目，共计投入资金3450多万元，促进了南召县的经济发展。重点开展"三帮一带"扶贫项目。自1997年以来，南召县大力实施对口扶贫模式，主要帮助贫困人口筹集资金、学习技术、获得扶贫项目，从而提高贫困户的经济收入，解决基本生活问题。在开展活动中，大力宣传和动员各级领导干部上万人，获得扶贫资金2000多万元，提供扶贫项目近万个，有效解决85%以上贫困户的温饱问题。做好社会化扶贫，需要鼓励和引导全社会一起参与，通过开展各种扶贫项目，带动区域产业发展，促进贫困人口就业，增加收入来源，从而提高生活水平，逐步走向脱贫致富之路。

（五）搞好科技扶贫

传统的发展方式，很难促进企业的发展，要想彻底摆脱贫困，促进就业，增加收入，最重要的是利用科学技术。一是加强对群众科学技术的培训，让农民掌握更多的科学技术，农民不再是低级劳动力。通过提升整体素质，提高专业能力，增加就业机会，增加收入。县政府为提高农民的知识技能，举办了各种技能培训班，让培训人员至少掌握1门农村实用技术，还为学员颁发绿色证书和农民技术职能证书。二是大力发展教育。发展教育是培养人才的重要途径，人们的知识文化水平和整体素质与其受教育的水平息息相关，所以，要想提升地区整体素质水平，必须重视教育的发展。近年来，南召县为了提高教学质量，针对教育累计投资约2.7亿元，不断改善教学设施，为学生提供良好的教学环境，提高教学水平。三是做好贫困人口的技能培训。加强技术培训，提高贫困人口的工作能力水平，促进贫困农民稳定就业，增加收入来源，进一步加快贫困人民脱贫致富的步伐。近几年，南召县的劳动力输出效果显著，2009年，全县通过政府组织共向外输出劳动力约10.5万，总收入高达1.5亿元，人们的收入显著提高。

第三节 南召县扶贫开发的对策建议

一 完善扶贫开发政策

扶贫开发工作是按照中央的统一部署，由地方各级政府主导，在全国范围内统一实施，具体实施方法由地方各级政府结合各地的实际执行中央政府各项扶贫开发方针政策。现在，随着国家宏观经济环境的变化，贫困人口的特征和发展需求也发生了根本性变化。因此，为了实现全面小康社会的目标，彻底解决贫困问题，必须根据这些变化适时调整扶贫开发政策，做好下一步扶贫开发工作。

（一）促进国家政策更多惠及贫困人口

人们的贫困问题，是影响国家发展的重大问题，需要宏观政策来调节，国家应给予更多的关注和引导。地方政府应完善教育、医疗、基础设施以及社会保障等公共服务，改革公共财政收入分配体制，加大对贫困地区的资金投入、政策福利以及项目支持。特别要贯彻落实好关乎贫困人民切身利益的农村土地、社会保障政策，对城乡收入差距进行必要的调整，更多地鼓励农村劳动力去城市发展。另外，提高扶贫机构的协调能力，使上级的政策得到有效落实，提高扶贫工作的效率。

（二）提高扶贫资金使用效率

为了推进扶贫项目的开展，国家逐年增加财政扶贫资金投入，对于资金的使用标准做了详细的规定，明确规定80%以上的资金用于重点贫困村，进一步提高扶贫资金集中使用效果。因为财政扶贫资金具有独特的属性，专款专用，不能用于其他行业发展，重点强调扶贫开发过程中有关部门分配与使用扶贫资金和其他资源的责任。提高扶贫资金的使用效率，推动扶贫项目的顺利实施；对于扶贫贷款到户问题，可以通过政府财政资金以及信贷扶贫机制等多种渠道解决。

（三）完善社会保障制度

建立最低社会保障，是为了解决人们的最低生活保障问题。对于贫困人口，国家更重视解决温饱问题，他们处于社会的最底层，由于缺乏收入来源，不能维持基本的生活条件，衣食住行都需要帮助，教育和医疗条件也难以满足。为了保障贫困人口的基本生活，提高生活水平，应建立多层次、全面的社会保障制度。特别是在医疗和养老方面，大多数贫困人口是无劳动能力的老人，又无子女赡养，看病和养老是与他们最密切相关的事情。针对贫困人口，要建立健全医疗保障制度，为他们提供全方位的医疗保障，解决贫困人口的看病问题；完善养老保险制度，使他们病有所医、老有所养，没有后顾之忧。

（四）加强扶贫开发能力建设

政府起领导带头作用，通过制定具体政策，来引导社会各界参与，互相协调合作，加快扶贫开发项目的进程。因此，应加强全社会扶贫开发能力建设，广泛动员社会各界扶贫力量，进行企业扶贫、行业扶贫等。扶贫开发需要全社会人员的共同参与，才能发挥最大作用。以党的政策为指引，政府带动实施，合理规划，相互配合，形成全方位的扶贫机制，通过引导产业扶贫、社会扶贫，使更多的人参与到扶贫过程中，为扶贫开发奠定坚实的基础，加强扶贫开发能力建设。

（五）建立扶贫开发监督体系

扶贫开发是一项十分重要的任务，为了顺利推进扶贫开发项目，应建立系统的监督和评价体系。重点关注贫困程度的变化情况，及时反映扶贫开发的影响和效果，监测扶贫开发过程并分析结果，为扶贫开发决策提供依据。对于扶贫资金的使用，应开展绩效审计，对其使用和管理情况进行严格监督，防止出现舞弊行为。也可以在现有统计的基础上，加入一些监测内容和指标，建立贫困村信息管理系统，增加参与式评价体系，使群众参与监测评价，建立更加系统、更加全面的资金管理体系。

二　提高人力资源素质

在导致贫困的各种因素中，有外在因素和内在因素，像自然环境、经济发展水平等外在原因的贫困，在国家的大力扶持下，可以通过移民搬迁、产业扶持等方式在短时期内获得效益，改善贫困状况。但是，内在因素导致的贫困却需要长期攻克，如思想落后、不思进取等。因此，扶贫先扶志，扶志与扶智相结合，重点提高人力资源素质，发挥人的主导作用，才能实现彻底脱贫。

（一）提升农村基础教育质量

人是促进经济发展的关键因素，在新时代背景下，要想顺利完成扶贫开发工作，切实解决贫困问题，关键在于提高人的素质教育，特别是农村基础教育，为农村扶贫开发提供动力。另外，促进农村扶贫开发和建设新农村都需要高素质的人才，不仅要重视知识文化教育，还要注重职业技术的培训，发展培养实用型人才。以提高教育质量为主，提高人们的理论知识水平，加以专业技能培训，理论和实践相结合，注重人才的全面发展，建立培养高素质、应用型人才的体系。目前，南召县发展职业技术教育，重点培育一批兼具经营管理和专业技能的人才，如农牧产品营销经纪人等。2009年，随着不断发展，县属两所职教学校累计培养出特色产业发展专业人才3870人，并决定以后每年培养专业实用型人才1000人，分配到全县16个乡镇中去。

（二）优化人力资源结构

人才的发展带动经济的发展，应重视调整人力资源结构，合理利用人才，使不同层次的人员都能对农村经济建设发挥出应有的作用。目前来看，知识型、技术型人才大多集中在高层领域，处于领导地位，难以接触到基层一线工作，而处于基层的劳动人员，又没有接受较高的教育，导致对上级政策的下达和实施存在着许多误解，从而造成工作效率低下。因此，为了有效缓解人才不足的矛盾，提高工作效率，促进农村经济发展，应优化人力资源结构，使人力资源合理流动。另外，将干部和专业技术人员分配到一线工作，向生产、科研、建设、管理领域转移，从而实现人尽其才、才尽其用的人力资源管理目标。

（三）做好劳动力转移服务

脱贫致富的主动力就是促进贫困人口就业，增加收入来源，提高生活水平，而贫困人口由于处于贫困地区，各种条件不足，难以获得就业机会，或者因自身能力不足无法胜任工作。因此，为了增加就业机会，增强贫困地区人们自我发展能力，为他们提供劳动力转移服务十分重要。一是提供多种就业渠道，鼓励引导农民外出打工，充分调动他们就业的积极性，并通过公众平台大力宣传市场信息，为农民提供更多的就业信息和资源。二是整合现有资源，结合不同市场的需求，加强对劳动力职业技能的培训，建立完善的培训基地，贫困人口通过参加职业技能培训，掌握一项技能，增加就业机会，提高生活收入。三是相关部门应做好劳动力转移的服务工作，重点解决组织、协调贫困农民劳务转移过程中遇到的问题，切实为外出打工农民做好各种服务。四是实施"回乡反哺"工程，对于那些在外取得较大成功的人员，鼓励引导他们回乡创办经济实体，带动乡村的经济发展。

三 加大整村推进力度

（一）坚持实施"出山离库"计划

对于生活在深山地区的贫困人口，易地搬迁是帮助其摆脱贫困、实现共同富裕的重要手段，可以有效摆脱恶劣的生存环境，提高生活水平。像这些长期居住在深山区和鸭河口水库库区的贫困人口，由于天然环境劣势，地理情况特殊，他们无法与外界沟通获取更多的信息和资源，甚至连最基本的温饱问题都不能解决。正因为山区的生活条件艰苦，所以贫困人口难以摆脱贫困。政府主导的"出山离库"计划，是根据区域特点，帮助他们摆脱贫困的最好方法。让深山区的贫困人口搬迁到条件稍好的地方发展，走出大山，走向社会，更好地与社会融合，不仅可以脱贫致富，也可以促进稳定的自我发展。易地搬迁扶贫工程是解决山区贫困人口生产生活的重大工程，对扶贫开发项目有着重要的影响。上层领导一定要做好科学规划，合理布局，坚持高标准、高质量进行搬迁建设，注重对搬迁地的相关配套设施和福利政策的安排和规划。绝不能只搞一步建设，搬完就完了，必须考虑搬迁后的发展情况，与生产生活相关的水、电、交通、医疗、教育、就业等问题，都需要妥善解决。另外，对农村居民实施集中安置，逐步改变其分散居住状况，逐步改变贫困人口生产生活方式，增加其收入来源，提高生活水平。

（二）重点实施整村推进

扶贫开发是为了切实解决贫困问题，必须重视扶贫的质量和效果。重点关注在实施整村推进时绝对贫困人口的情况，真正让贫困人民受益。首先，认真识别建档立卡人群，明确扶贫项目能够为贫困人口带来好处。其次，对项目实施所需的费用进行严格核实，提供全额补贴，并由其他人员参与组织实施，进行监督，严禁补助资金用于其他消费支出。最后，还要对项目的实施成果进行考核评价，主要由扶贫部门实施，通过进一步监督，提高部门的效率，确保扶贫目标实现。另外，有效整合扶贫各项资金，提高资金的使用效率，对促进扶贫效果意义重大。在实行整村推进的过程中，还应将扶贫资金与各项财政资金相结合，围绕扶贫开发，集中投入，全面推进教育、医疗、卫生和社会保障的整体建设，实现整体性目标。目前，影响整村推进项目进展的是实施项目中存在的配套门槛，这些门槛将贫困人口排除在外，使得贫困人口无法从项目中获取收益，只有中等或低收入农户才能够从项目实施中受益。

（三）加快基础设施建设

衡量一个地区的经济发展水平，往往以该地区基础设施的完善情况为标准。南召县之所以贫困落后，不仅是因为自然环境和地理位置，更重要的是政府对各项基础设施投入少，导致发展滞后、交通不便、教育和医疗卫生条件差等问题，限制了地区的经济发展，人们的生活水平很难改善。因此，要想提高人们的生活水平，使人们真正脱贫致富，必须大力加强基础设施建设。加强县域的基础设施建设，要统一规划，合理布局，考虑人民最关心的问题，不能急于求成，急功近利，要从实际出发，从与群众生活关系最密切的问题出发，按照计划进行，有的放矢，循序渐进。重点解决诸如修路、改建医院、建学校等问题，为人民谋福利，使群众真正受益。在发展的同时，要坚持效益和质量原则，将效益放在首位，特别注重保护生态环境，结合生态环境发展农业，调整农业结构，坚持走绿色、环保、可持续的发展道路。

四 提升产业发展层次

有效解决贫困问题，主要在于增加贫困人口收入，而提高产业发展层次是促进贫困人口增收的有效手段。南召县可根据实际，结合自身优势，充分利用有效市场，结合国家宏观政策，大力开展扶贫开发工作，提高产业发展层次，有效带动地区经济发展，提高人民生活水平。

（一）依托资源，兴办基地

地区成长发展主要依靠自身的天然优势，如独特的自然环境、稀缺的矿物资源以及重要的地理位置等，这些优势都可以转化为带动产业经济发展的有利条件。而南召县贫困是因为山，但其关键优势也是山。南召县扶贫开发应重点利用其资源优势，扬长避短，根据实际，因地制宜，重点培育特色产业，发挥区域优势。例如，可以加大对当地的柞蚕业、辛夷产业、花生产业、苗木花卉产业的扶持，重点投入培养，扩大规模，做好产业基地建设，形成特色产业优势，从而带动经济发展，促进人们增收。

（二）创新机制，培植龙头企业

为了更好地实施创新机制，带动企业发展，开展产业化扶贫，应在现有企业中选择一些重点特色企业，尤其是具有较高市场效益的企业，通过这些企业推动产业化扶贫，发挥市场导向作用，有效带动更多的企业快速发展，促进当地的经济发展。比如东方蚕丝绸、华龙辛夷、云阳恒雪等地方龙头企业，对其应重点扶持，发挥企业自身优势，将企业做大做强。

（三）依靠科技，打造品牌

科学技术是推动企业发展的动力，也是企业打造独特品牌、走向国际市场的核心竞争力。而产业化扶贫更注重利用科学技术，强调用科学技术推动产业发展。加强对科学技术的宣传推广，对农民大力进行科技培训，鼓励农民多掌握几门实用技术。有效利用科学技术推动产业发展，注重科技在优化产业结构、提高企业地位方面的重要作用，重点实施产品质量标准化、生产过程规模化，强化科技攻关，创建科技型企业。

（四）开拓市场，促进流通

由于南召县的地理环境特点，其贫困人口大多居住在山区和水库附近，交通信息不发达，很难与外界进行交流，环境的封闭使得其难以发展。因此，要想带动经济发展，开拓市场，促进流通，必须扩大市场体系建设。重点开拓市场，特别是结合当地优势，扩建现有市场，开设新型市场，连接内外市场，创新流通运行机制。促进产品流通，更重要的是加强农产品销售网络和队伍建设，建立网络型中介组织，扩大营销网络的覆盖范围。另外，还应加强市场软环境建设，规范市场秩序，开创农产品销售绿色通道，吸引客商到农田批发产品，使专业基地成为无形市场。

（五）深化改革，优化环境

现如今，深化改革，优化环境是发展的动力。只有改革才能为企业注入新鲜血液，促进企业向前发展。而对于贫困地区，为了提高生产力，带动地区经济发展，必须响应国家号召，深化改革，大力发展民营经济。深化国有体制改革，拓宽人才支持渠道，将产业化扶贫与调整经济结构、基础设施建设以及经济体制改造相结合。另外，加强服务保障，建立健全产业化扶贫工作机制，明确分工，划分责任，确定奖惩措施，特别要做好龙头企业产业规划和产业建设，使其更好地发挥带头模范作用。

第十四章 泉州市扶贫开发案例

第一节 泉州市农村扶贫开发现状分析

一 泉州市采取的扶贫开发路径

（一）1949 年到 2000 年泉州市扶贫发展历程

在这一时段，泉州市农村扶贫共分为四个阶段，分别是广义扶贫阶段（1949~1977 年）、制度改革扶贫阶段（1978~1985 年）、开发式扶贫阶段（1986~1993 年）以及扶贫到户阶段（1994~2000 年）。在第一阶段，主要扶贫措施是发展第一产业，进行土地制度改革，初步建立农村社会基本保障体系，这一阶段的经济经历了由恢复、发展、破坏再到恢复的螺旋式发展进程。到了第二阶段，泉州市改革了原有的农村经济体制以及农村商品流通体制，使得农民的生产热情得到激发，乡镇企业较好发展，农村贫困状况得以缓解。到了 20 世纪 80 年代，泉州市大部分的贫困地区已解决基本的温饱问题，但仍有少部分地区由于环境恶劣、经济发展滞后，仍处于贫困当中，在此阶段，改革开放在城市加速推进，提高了泉州市的人均收入。随后，泉州市推行小额信贷，每年参加小额信贷的农户逐步增加，但在某些地区，由于部分官员的迂腐观念，很多贫困户并没有享受到小额信贷带来的好处。进入第三阶段，农村经济体制改革的红利逐渐减少，因此泉州市实施整村推进式扶贫，政府设置扶贫机构、出台各项扶贫政策，利用国家扶贫资金并且与资金建设扶贫项目相配套，进行移民搬迁，修建农村道路、学校，开发产业等。到了第四阶段，在农村中推行小额信贷，2001 年实现对县（市、区）的全覆盖，对贫困个体进行有针对性的信贷帮扶。

（二）2001 年至今实行全面建设小康社会

在党的十六大报告中，曾提出要全面建设小康社会。这时的扶贫工作也已经进入攻坚阶段。经过大规模的扶贫,在当前阶段扶贫已无法通过经济增长和政府救济结合帮扶获取较大的效益,反而政府帮扶带来的效益日趋降低,此阶段的主要矛盾变为城乡差距、收入差距以及农村发展不平衡,当前矛盾已由绝对矛盾转化为相对矛盾。在此阶段,扶贫方式应由"输血式"扶贫向"造血式"扶贫转变,在国家支持的基础上,政府设置扶贫机构、拨付专项扶贫资金,进行有针对性的扶贫,加大产业扶贫力度,让贫困群众依靠自身力量摆脱贫困。福建创造了"山-海、贫-富、城-乡结合"等方式进行扶贫,泉州市组织沿海经济发达乡镇帮助安溪德化等贫困村摆脱贫困,对于处于"一方水土养不起一方人"地区的贫困群众进行易地扶贫搬迁,借助外力,结合当地自然资源与社会资源,实现可持续发展。

在此阶段,泉州市采取上述扶贫方式取得了一定成效,但在工作具体推行中仍与预想效果出现了偏差。部分地区过于注重实现扶贫定量目标,而不注重贫困地区的可持续发展,忽视了教育帮扶、产业帮扶,导致"数字脱贫"、返贫现象严重,甚至有些地区出现盲目攀比、急于奔小康的现象。针对这些现象,政府提出将贫困地区分为不同类型,不同类型具有不同的特点,因此需要不同的脱贫和小康建设要求,各扶贫地区不仅要进行基础设施建设,也要注重人才培养、就业培训、产业发展等。

(三) 泉州市未来扶贫工作的重点

随着进入全面建设小康社会时期,社会呈现多元化发展,矛盾也凸显出多元化的特点。虽然泉州市经济发展有了显著增长,但城乡收入差距仍日趋扩大,区域性贫困问题仍然亟待解决。扶贫工作还面临着严峻的挑战,泉州市仍需积极认真对待未来的扶贫工作。

泉州市进一步的扶贫工作已经不仅仅是整村推进扶贫,而应将其与精准扶贫开发相结合,对于达到贫困线以上的地区的扶贫工作不能到此为止,而应对其进行加强巩固,确保其不再返贫,实现经济增长;对于扶贫工作薄弱环节要重点突出,补齐短板;转变已有的发展方式,力争早日实现可持续平稳发展。

泉州市应当加大人力资本投资力度,优化贫困地区人力智力结构,增加农村人力资源存量,从而从源头遏制贫困发生;加强教育扶贫力度,提升贫困区域群众的知识文化水平,激发其摆脱贫困的内生动力;完善医疗保障制度，从根本上防止因病致贫，避免因病返贫的情况发生；加大产业培训力度，提升群众的劳动生产技能，增加贫困地区农民收入和集体收入。

采取省、市、县三级从上到下紧密协作的方式，助力经济不发达地区以及移民搬迁不适应村摆脱贫困。重点解决城乡收入差距大、"老少边"地区经济仍欠发达等问题。

二 当前阶段泉州市扶贫开发的措施和特点

（一）扶贫主要措施

泉州市当前的扶贫措施之一是统筹区域发展，沿海经济发达地区带领山区贫困地区发展经济，提高贫困地区经济水平，实现全面小康社会的目标。泉州市虽属于沿海地区，但山区面积却占79%，导致泉州市区域间经济发展差异较大。因此，泉州市当前阶段的扶贫政策之一，就是大力加强区域间产业协作发展，实现经济统筹发展。

第二项扶贫措施是制定并完善扶贫开发体制，形成一套完备有效的扶贫方法。保证既有基本统一的扶贫方法，又有适合特殊地区、特殊情况的独特方法。采取自上而下制定政策、自下而上反馈工作的具体方式，针对每项工作实行问责制，责任具体到人，扶贫工作成效与干部工资晋升挂钩。采取产业引导方式脱贫、捆绑式帮扶，贫困村龙头企业带领整村摆脱贫困，经济发达地区带领贫困地区摆脱贫困。加大扶贫资金投入力度、技术扶持力度、教育培训力度。

第三个扶贫措施为强化精准扶贫综合措施，加快贫困人口精准脱贫。政府拨付扶贫资金，扶持建档立卡贫困村，着重扶持重点镇和重点村，将重点放在产业发展、基础设施建设、贫困群众劳动技能培训、就业培训、贫困户小额信贷以及医疗保障等方面。找出没有实现脱贫的农户，深入了解其致贫原因，采取一户一策的方法，动员各方力量，充分聚集资源，进行有针对性的帮扶。在政府兜底的基础上，加快产业发展，依靠资源优势，结合当地特点，制定并推行适合泉州市的扶贫开发战略，实现精准扶贫。

第四个措施是实施"造福工程"，就是实施易地扶贫搬迁政策。对于处于交通不便、自然环境恶劣的自然村的农户进行移民搬迁，改善其生产生活条件，为其增加收入、摆脱贫困提供基础条件。实施易地扶贫搬迁的同时，要注意扶贫的可持续性，在改善群众生产生活条件时，要确保贫困户能够真正从移民搬迁中得到好处，确保环境恶劣地区的贫困户顺利实现搬迁、拥有稳定的生产生活环境，并且在移民搬迁之后能够依靠自身实现可持续发展，增加收入。泉州市实施造福工程，已经建造完成不同规模的易地扶贫安置区，已有不少贫困村、贫困户从造福工程中受益，例如永春县东平镇文峰村已经成为文明的美丽乡村，贫困群众能够真正从中得到实惠。

第五个措施为完善扶贫政策，确保政策的落实。泉州市根据扶贫工作要求，并结合当地扶贫现状进行政策制定，保证扶贫政策能够提高贫困户收入，改善贫困户生产生活条件。在完善扶贫政策的同时，要保证政策的落实，只有将政策落到实处，才能让扶贫工作真正得到效果。

（二）扶贫主要特点

1. 扶贫对象更为精准具体

泉州市现阶段扶贫对象具体到村到户，力争贫困户的精准识别。将自然条件恶劣、交通不便、基础设施薄弱以及农村居民收入低于贫困线的农村作为重点帮扶村；建立并完善人口信息系统，确保贫困户识别做到不遗漏，随时更新贫困户名单，对于已实现脱贫的给予剔除，将新致贫的给予增补，进行滚动管理，实现精准识别。

2. 实施问责制，干部工作效果与工资和晋升相挂钩

干部负责特定的贫困村，贫困村的脱贫效果将影响干部的工资与晋升。负责特定的贫困村，便于驻村工作队深入了解每户情况，针对不同情况，制定不同策略；将干部工资和晋升与工作效果相挂钩，有助于提高干部工作的积极性，从而有助于扶贫工作高效精准进行。

3. 加大扶贫专项资金的投入力度，实现扶贫形式的多样化

2014年之前，泉州市每年发放2000万元作为每年的扶贫专项资金，从2014年开始，泉州市发放的扶贫专项资金每年增加1亿元，其中还包括每年市级重点帮扶村捆绑资金共计100万元。政府从多方筹集扶贫资金，向造福工程对象以及基础设施建设项目提供资金支持。此外，经济发达地区不仅可以在产业技术上给予贫困地区支持，也可以直接对贫困地区进行资金捐助，帮助贫困地区加快脚步摆脱贫困。

三　扶贫工作成效

（1）贫困地区的基础设施得以改进，提高了贫困群众的基本生活质量。通过基础设施建设，贫困地区交通不便、吃水难、用电不方便等问题得到解决。随着扶贫资金投入力度的加大，贫困地区的生产生活条件都得到了很大改善。比如，实施水泥路硬化，保障贫困地区居民的出行安全，为其出行提供便利条件。通过修建水利设施以及实施电力工程，保障贫困群众的用水、用电安全、方便。

（2）贫困群众获得收入的途径拓宽，农民收入大幅度增加，以村为单位的整体收入也得到很大程度的改善。泉州市对贫困群众进行产业扶持、技术扶持以及就业培训，提高贫困农民的技术水平，增加其收入，提高贫困户的就业率，拓宽收入来源。泉州市之前的贫困发生率为4.09%，经过各方的共同努力后降为2.03%。

（3）通过教育扶贫，贫困地区群众的整体素质提高了，贫困群众的脱贫内生动力得以激发，贫困户的生存生产技能得以提升。通过对贫困群众进行教育扶贫，加强对贫困农民的思想建设，改变了贫困群众的思想观念，激发其内生动力，实现了"扶贫先扶志"。同时对贫困群众进行技术培训，提升其科技文化水平，让其不仅有主动脱贫的观念基础，还有摆脱贫困的技术。通过教育扶贫不仅帮助贫困群众摆脱贫困，增加收入，提升生活质量，还促进了我国的产业发展和经济发展。与此同时，教育扶贫也提升了扶贫干部的思想觉悟，他们与村干部一起为贫困地区引进新观念、新想法，进一步改变贫困地区的贫困现状。

（4）通过实施"造福工程"，对贫困人口居住分散、偏远、自然条件恶劣的地区进行易地扶贫搬迁。泉州市通过"造福工程"帮助特殊贫困群体脱离恶劣的生产生活环境，通过危房改造改善贫困群众的居住条件、保障群众的安全、提升贫困群众的幸福感；通过易地扶贫搬迁，彻底改变了居住在环境恶劣地区群众的生活环境，为其进行产业发展、增加收入创造条件。

第二节　泉州市现阶段扶贫开发存在的问题及其成因分析

随着我国经济发展进入新常态、社会发展步入新阶段，扶贫工作也迎来了一定的挑战。泉州市积极开展脱贫工作，脱贫效果显著，但目前的扶贫开发工作仍然存在一些问题。

一 扶贫工作落实与扶贫工作要求存在偏差

泉州市在扶贫开发工作的具体推进中出现了一些问题，偏离了扶贫的目标要求。泉州市在进行扶贫开发工作时，部分工作实践未能依据可持续发展观念开展，存在"短视"现象，急于求成，仅仅追求短期效益，导致后劲不足。部分贫困区域只是将工作重点和扶贫资金放在单一项目上，例如只追求基础设施建设，这些区域只是一味地修筑道路、饮水工程等帮扶项目，从而忽视了扶贫脱贫的根本，不注重人力资源开发和产业技术发展，经济发展处于落后状态。不从贫困的根本出发解决问题，就难免会出现返贫的情况，难以实现可持续发展；不从贫困群众的实际需求解决贫困问题，就无法让贫困群众依靠自身的力量增加收入，提高生活质量。

二 精准扶贫工作亟待加强

当前，在泉州市扶贫开发进程中，泉州市对扶贫工作负总责，下级县乡落实扶贫工作，各级政府共同作用保障扶贫工作的有效贯彻。但在实务工作中，出现了上级政府传达较多考核较少的情况以及县级政府上下衔接多内部协调少的情况，上级政府缺乏承担主要责任的措施与行动；乡级政府实施具体的扶贫工作，但工作力度不够，有敷衍了事的现象，甚至部分地方乡镇领导对扶贫工作放手不管，只传达信息而不进行具体行动，未能做到深入了解贫困户的具体情况，未能真正解决贫困群众的需求问题。部分村级干部仅仅注重村庄基础设施建设，只做表面工作，流于形式，而对扶贫政策落实不到位。各级政府关于扶贫工作的沟通交流有待加强，各级应设置与扶贫工作要求相适应的机构，围绕脱贫攻坚目标实现政策的层层落实，仍然需要加大扶贫工作的力度；另外，领导干部还要提高自身的思想作风和能力水平。

三 "散、远、弱"的问题亟待解决

泉州市的农村扶贫开发虽然取得显著成效，但是仍存在贫困地区分散、贫困地区地处偏远、贫困地区"造血功能"较弱的问题。当前泉州市的帮扶群众中有很大一部分是散户并且主要汇集在内安溪、德化西北、南永洛交界等边远的山区、老区，贫困村整体收入很少。泉州市扶贫攻坚工作存在的问题中，"弱"的问题尤为突出。在人民脱贫后，培养贫困村自我造血功能的任务仍然十分艰巨。如若不提高贫困村自我造血能力，则有很大可能导致返贫问题。

四 扶贫资金监管不到位

当前，泉州市扶贫资金监察机制仍有缺陷，导致扶贫资金在使用过程中常常出现约束失灵的问题。近年来，泉州市各级政府采取措施，如加大对违规违纪行为的监察、惩治力度，以打击贪污腐败行为。但由于扶贫资金运作过程不透明，容易出现暗箱操作、不易监管等问题，从而影响扶贫效果。在实务工作中，扶贫资金被村委干部贪污、挪用的情况时有发生，导致扶贫进度减缓，效果大大缩水。

五 扶贫基础性工作不扎实

实现精准扶贫目标的基础就是精准辨识扶贫对象，只有先解决"帮扶谁"的问题，之后的扶贫工作才有效果。开展扶贫工作之前要对贫困户进行深入调查，分析不同贫困程度与致贫原因，区别制定帮扶政策，做到"对症下药"，一般是根据家庭人均收入是否在贫困线以下判断是否属于贫困户。采用收入水平作为标准具有直观、可比性等优点，但工作量较大，并且可能存在漏选的问题。当前，我国扶贫信息网络系统并不完善，很难获得家庭准确具体的信息。另外，以收入作为评判贫困的标准较为片面，没有考虑因病、因学等支出性贫困。当前泉州市精准扶贫基础工作仍存在以下问题：贫困户信息缺失，建档立卡资料不准确，贫困户的致贫原因、贫困程度掌握不准；部分干部对扶贫政策不够了解或存在理解偏差；对贫困户的变化更新不及时，未能做到精准帮扶，帮扶措施滞后。

六 扶贫政策存在一定缺陷

扶贫补助的标准偏低，例如，对于满足易地搬迁条件的贫困户，仅仅依靠扶贫补助很难实现搬迁，这样就会导致移民搬迁项目偏离扶贫目标。易地扶贫整村推进项目建设帮扶标准较低，这就加大了村干部工作的压力，加大了工作难度，导致一些易地扶贫项目在实施上降低建设标准，影响扶贫效果。这些政策的缺陷导致了部分扶贫资金流失，进而导致村干部和群众对扶贫工作都有很大的意见。

七 群众参与程度不高

虽然近几年泉州市积极探索参与式扶贫，但在实际扶贫工作中仍是一种自上而下的、单向的政府行为，贫困群众仅仅是被动地接受资金并投入劳动，其主观能动性和发展决策权并没有充分发挥和行使，造成这种情况的原因可能是宣传不到位、贫困群众并没有接受足够的教育等。群众参与程度不高会导致扶贫工作在实际开展中缺乏有效的群众监督；群众对于扶贫项目的实施缺乏积极性与责任心；管理工作和后续维护不到位，造成了扶贫行为的短期性和扶贫资源的浪费；在扶贫项目的设计过程中，没有考虑贫困群众的真实需要，影响了扶贫的效率和效果，同时也造成了扶贫资源的浪费。

第三节 泉州市精准扶贫开发政策的优化建议

一 根据扶贫要求落实扶贫工作

泉州市级财政应当继续安排扶贫资金，将扶贫资金精准合理地分配到"基础设施建设""产业发展""易地扶贫搬迁"等项目中。在扶贫工作的实际推行中应进行分类指导，做到瞄准式扶贫、精准帮扶。不同地区有着不同的特点，应对不同地区进行区分，分别执行相对应的扶贫措施；同一区域的不同贫困户，也有着不尽相同的致贫原因，应当对每一户进行全面深入的调查，分析不同的致贫原因，确保扶贫工作具有针对性。建议加大资金投入，确保重点项目实施的连续性与完整性，应根据贫困原因分类指导贫困户实现脱贫。通过科学可靠的方法对扶贫对象实施准确识别与确定，以精准扶贫要求为基础和依据落实扶贫工作，做到"真扶贫、扶真贫"。

加快产业化进程，加大产业扶贫力度，通过产业帮扶举措帮助贫困群众摆脱贫困，提高"造血能力"。产业是扶贫的治本之策，只有将扶贫产业做强，群众实现稳产增收，扶贫工作才能有更大的进展。因此，要加大扶贫项目的开发力度，特别要扶持贫困地区的龙头产业，发挥其在贫困地区的辐射带动作用。当前，全国各地都在实行供给侧改革，泉州市也应当积极响应国家的号召，在推行产业化扶贫的同时摒弃落后的产业，将重点放在绿色环保、技术含量高、可持续发展的产业上。与此同时，加大产业资金投入，支持重点产业项目，设立产业扶贫专项资金，做到专款专用，科学合理使用。对于扶贫产业专项资金的使用，要加强对其监督力度，严惩私自挪用乱用行为，严防贪污腐败，确保扶贫资金能够真正用到"刀刃"上。在时间紧迫、资源稀缺的情况下，将资源与资金用在解决百姓最迫切的需求上。改善贫困地区的生活环境，特别是交通不便、边远地区，要么实行整村搬迁，要么对其进行基础设施建设。提升贫困地区群众的文化水平，对群众进行技术培训，加大对其专业技能的培训力度。治贫先治愚，先对贫困户进行思想脱贫，加强贫困群众的文化培训，提高其素质和技能，提升就业能力，不仅帮助群众摆脱贫困，也为我国增加劳动力，争取早日实现由"输血式"扶贫向"造血式"扶贫转变。

二 健全扶贫开发监督考核制度

建立科学合理的扶贫开发监督考核制度，进一步完善脱贫攻坚工作目标考核机制。严格按照考核制度实施扶贫工作，上级政府加强对地方工作的监督，对于违反规定、玩忽职守的行为实施严厉惩罚，确保扶贫工作目标如期实现。实施工作问责制，对每一项扶贫工作都落实到人，督促工作人员认真工作。全面科学地对干部扶贫工作绩效进行考核，不能仅仅依靠扶贫开发系统中的数据，建议聘请第三方进行考核评估，科学合理地对干部工作进行测评，避免出现干部不作为的现象，提高群众满意度，实现精准脱贫。提高精准扶贫工作考核权重，将考核结果与干部升迁相挂钩，提高考核结果的使用频率与程度，让监督机制能够真正起作用。对于工作出色、表现突出、对精准扶贫工作完成得好的员工给予提拔，而对违法违规行为进行严厉打击，消除人浮于事的现象，充分调动各级干部的工作积极性和主观能动性。基层组织是扶贫开发工作的直接实施者，因此，需要加强对基层组织的考核监督，选择优秀的扶贫领路人，保证驻村工作队能够高效落实扶贫工作。加强全方位监督，让扶贫开发工作特别是扶贫资金使用透明化，杜绝贪污腐败，确保扶贫工作高效推行。

三 保障扶贫综合措施顺利落实

不断更新完善扶贫机制，增加对扶贫工作监督的程序，扩大监督范围，进一步加强精准扶贫措施的落实，让扶贫政策确确实实起到作用。加大资金投入，加强扶贫资金管理，根据项目难易程度进行分类，对扶贫资金进行区别投放，加大对生产生活条件恶劣、基础设施薄弱地区的投资比例，减轻贫困群众的负担。更新完善扶贫机制，保证扶贫工作的连续性与整体性，使整村推进、结对帮扶的方法能够充分发挥其引领作用，激发群众的内生动力并提高群众的主观能动性和积极性，使政策制定与工作实施能够紧密结合。健全优化组织结构，加强扶贫队伍建设，增强扶贫工作统筹协调能力。在加大扶贫力度的同时要注意维持保护生态环境，只有强化生态环境建设，才能实现经济的可持续发展，才能提高贫困地区的"造血"能力，才能避免返贫现象的出现。实施合作扶贫，首先对农业产业龙头企业进行帮助与支持，再由龙头企业带领整村发展，从而摆脱贫困。同时健全驻村帮扶机制，加强驻村工作队的责任感，充分发挥其作用。驻村工作队要深入了解各贫困户的具体情况，根据现实情况制定具体的帮扶计划，实施有针对性的帮扶工作。加大扶贫政策的宣传力度，向贫困群众深入透彻讲解政策内容，激发群众与领导干部的自信心和积极性。

四 对扶贫专项资金的使用要严加监督

对扶贫资金监管实施问责制，细化责任，具体到人，对扶贫资金的流动过程实行全方位监控。上级政府统筹规划，制定扶贫资金政策，县级政府具体负责资金的使用，从扶贫资金的分派、支出、使用等各个环节进行监查，确保资金能够安全有效使用。扶贫专项资金的监管要实行"责任到县、权力到县、任务到县、资金到县"的政策措施，对领导人进行思想教育，提升责任人的思想觉悟，从根本上提高扶贫资金的使用效率。激发群众参与监管工作的积极性，对违法违纪、贪污腐败的行为进行举报，扩大监管范围。对挪用扶贫专项资金等违规行为进行严厉处罚，加大查处力度，加强扶贫资金审计，增加检查频率，及时发现问题，让扶贫资金能够真正帮助贫困群众。

五　建立健全扶贫系统，实现精准识别

建立健全贫困人口识别体系，科学精准地对贫困人口进行识别，并贯彻落实到位，对每个贫困村、贫困户进行建档立卡，与全国扶贫信息同步上网，并时刻进行更新完善，确保贫困人口精准识别与精准退出。对贫困人口识别标准需要进行修改与完善，不能仅根据收入来判断是否为贫困户，还应当对其家庭房产情况、受教育及能力情况、身体情况等进行综合考虑。在对贫困人口进行识别之前，需要进行一次全国范围的彻底的贫困人口普查，在普查期间需要深入了解每一户的致贫原因，自下而上进行汇报，通过科学及具体的方法对贫困人口进行识别，同时需要依靠民主评议等方法，对评定结果进行公示。加强对驻村工作队扶贫工作的监督，对于错评漏评现象，要及时寻找原因，追究相关人员责任并对错误进行纠正。

第十五章　河北省易县扶贫开发案例

第一节　易县扶贫开发现状

一　基本情况

易县处于河北省的中部偏西处，坐落于太行山的北端，面积2534平方公里，管辖着28个乡镇、469个行政村以及1893个村庄，一直以来有"七山一水二分田"的美称。全县户籍人口58.4万，其中农业人口466691人。易县是千年古县。该县历史能追溯到8000多年以前，在联合国2006年首批命名的"千年古县"中，易县就是其中之一。易县是革命老区同时也是生态大县，有"太行山最绿的地方"的美誉，是"国家级生态示范区""北京上游水源涵养区"。易县是旅游大县，全国红色经典景区狼牙山、"太行明珠"易水湖等景点就位于此。2016年易县代表保定市圆满完成首届河北省旅发大会的承办任务，其旅游新业态有恋乡·太行水镇、养生岛康养小镇等，这些项目使易县旅游发展水平大大提高。

二　贫困状况

2011年，易县被列入特困地区，又于2012年被列入环首都扶贫攻坚示范区。全县贫困村达162个，建档立卡贫困人口在2014年达到了133086人。2015年，易县按照"扶贫对象精准"要求，严格识别标准和程序，对全县所有建档立卡贫困人口开展了建档立卡"回头看"，识别建档立卡系统贫困人口55863人。2017年，全省开展了建档立卡第二次"回头看"，在兼顾"六不评""六优先"的同时，易县又针对边缘人口提出了"八评八纳入"的具体细则，全县识别贫困人口38878人，其中，识别贫困搬迁人口88户228人。易县的各项脱贫攻坚任务目标于2017年底顺利完成，共有162个贫困村完成脱贫成为出列村，共计13731户33107

人实现了脱贫摘帽，全县仅剩贫困人口3812人，贫困发生率下降到0.81%，已达到全县脱贫的标准。

（1）全县人口及收入情况。全县有469个行政村，乡村户籍人口466691人。2015年全县农村居民人均可支配收入6657元，比上年增长11.4%；2016年农村居民人均可支配收入7476元，增长12.3%；2017年农村居民人均可支配收入达到了8358元，增长11.8%；预计农村居民人均可支配收入在2018年能够增长12%。

（2）脱贫人口情况。2014年底脱贫716户2302人；2015年底脱贫225户744人；2016年底脱贫1521户4606人；2017年底脱贫13731户33107人。2017年底建档立卡18469户44571人，其中脱贫户16193户40759人；剩余贫困人口2276户3812人，贫困发生率0.81%。

（3）脱贫人口收入情况。2017年底易县脱贫人口人均纯收入5119.08元。其中，产业就业收入占比88%。

（4）2018年未脱贫人口主要致贫原因及分布情况。2018年未脱贫2276户3812人。主要致贫原因包括：因病致贫1342户、因残致贫464户，合计占比达到79%；缺劳力404户，占比18%；其他致贫原因占比3%。西部山区乡镇1601户，占比70%，东部平原乡镇675户，占比30%。

（5）全县农村低保户、低保贫困户、低保脱贫户情况。2017年民政系统登记全县共有农村低保户15491户19345人，其中，建档立卡系统内低保贫困户8430户11079人（脱贫6770户8860人，未脱贫1660户2219人），建档立卡系统外低保户7061户8266人。

（6）全县农村残疾人享受贫困、低保、五保情况。2017年全县共有残疾人14690人（含城镇残疾人），其中农村贫困残疾人4598人（建档立卡），农村低保残疾人3661人，农村五保残疾人588人。

三 主要困难和问题

一是脱贫攻坚任务依然艰巨。易县属于国定贫困县，也是贫困片区县，脱贫压力大、任务重，虽然经过近几年的大力帮扶，贫困人口规模下降明显，但是剩余贫困群众3812人属于深度贫困人口，自身发展能力更差，持续稳定增收有压力，越到后面越是难啃的"硬骨头"，越要付出更大的努力。二是易县经济社会发展正处在转型升级、爬坡过坎的阶段，财力较弱，着眼全面小康大局，县域经济自身"造血"能力、带动能力和对贫困户的"反哺"能力有待进一步加强。三是162个贫困村基础设施维护还需进一步加大力度，抓好利用和维护，后续保障资金还有很大缺口。四是非贫困村需进一步完善基础设施。非贫困村由于没有明确的支持政策，基础设施长期得不到维护和管理，道路、广场、水利等基础设施明显落后于贫困村，基础设施投入亟待加强。

第二节 易县脱贫攻坚工作主要举措

一 主体责任落实

易县县委、县政府始终把脱贫攻坚作为第一政治工程、第一责任工程、第一民生工程来抓，努力构建脱贫攻坚的组织化体系，用活用好攻坚组织保障的指挥棒。一是构建最坚强的决策指挥体系。成立"双组长"贫困退出领导小组，由县委书记、县长任组长，由分管县领导牵头抓总，统筹推进，组建"一办十四组"；全县按区域划分为9大战区，建立战区统筹调度推进制度，由县人大、县政协主要领导和县委常委负责牵头，及时解决存在的问题，对各项工作的开展提供组织领导。二是建立最有力的工作推进机制。县委常委会或扶贫开发领导小组会议每周召开一次，全县大会在出现重大全局事项时召开。仅2017年，易县就组织召开全县三级干部大会4次、县委常委会14次、扶贫开发领导小组会议12次，各种调度会百余次，对脱贫攻坚进行全面安排；先后制定出台了《关于进一步推进脱贫攻坚工作的实施意见》《关于大干四十天打赢脱贫攻坚战的实施意见》等总体部署文件5个，关于工作队和帮扶责任人管理、卫生整治等专项文件25个。三是锻造最稳固的基层组织。对162个贫困村的两委班子进行全面整改提升，7个贫困村党支部进行了提前换届，对8名村支书进行了调整，10个班子不健全的贫困村启动完成了村委会换届，增强了村级班子组织带动作用，为推进扶贫工作落实打下坚实基础。同时，投入资金170万元，为22个乡镇121个村配备、更换了办公桌椅，粉刷装修了36个贫困村村级活动场所，贫困村办公条件得到明显改善。四是派驻最强的帮扶队伍。从全县机关单位抽调优秀干部，派驻贫困村精准脱贫驻村工作队162个，非贫困村帮扶工作队306个，落实帮扶责任人5241人，实现了驻村、帮扶工作全覆盖。驻村工作队以村为家，兢兢业业，14个驻村工作队、14位第一书记、27位驻村干部得到省、市表彰。五是开展最严厉的督导问责行动。县委、县政府与乡镇、部门签订责任书，层层加压，把压力传导到每名党员干部。成立了扶贫领域监督执纪问责工作领导小组，加强对各乡镇、县直部门及驻村工作队督导管理，通报乡镇、县直部门12次，对16个驻村工作队做出了约谈主要领导的处理，对2名驻村干部做出召回处理。对39名党员干部扶贫工作的失职问题进行了追责。建立不同层面的微信群平台5个，工作进展及时展现，发现问题及时通报，领导要求及时传达。

二 三保障政策落实

（一）教育扶贫

2014年以来易县全面实施薄弱学校改造、山区寄宿制学校建设、义务教育学校三年行动，累计投入5.13亿元改善办学条件，其中县本级投入资金就达到了3.3亿元。实施了30余所学校的新改扩建及维修改造和12.7万平方米运动场地的新改扩建工程；在偏远山区农村中小学新建13个塑胶操场，建设了占地82.5亩的8轨制易州九年一贯制学校，解决了3360名学生的就学问题；对38所学校进行了绿化、美化、硬化，并对义务教育阶段学校教学装备进行配置。2015~2017年，易县将生活补助资金2353.4625万元发放给4.1813万贫困寄宿中小学生；发放普通高中国家助学金1363.3万元，资助14088人；发放中等职业学校国家助学金803.275万元，资助8032人；中等职业学校11215人免费，免资金897.2万元；高职中建档立卡学生2332人享受"三免一助"，"三免"金额201.1万元、助学金274.8万元；落实农村义务教育学生营养改善计划，三年累计投入资金1.0094亿元，受益学生13.05万人。实施"雨露计划"，1897人受益，落实资金569.1万元。

（二）危房改造

遵循"科学规划、政府引导、群众自愿、统筹发展"的准则，帮助还在住危险的住房、经济最贫困的农户解决基本的住房安全问题。坚持公开、公平、公正原则，规范补助对象的审核、审批程序，实行农户自愿申请、村级初审、村民代表会议民主评议、乡镇审核、县级审批的程序。同时，建立健全公示制度，积极创新工作方式，探索和积累危改经验。易县自 2015 年以来，共进行了 2325 户危房改造，如今，全县住房安全率已达到 100%。

（三）健康扶贫

易县不断改善医疗卫生条件，全县共有公立医疗卫生机构 32 家，民营医院 25 家，其中，县级综合医院共 2 家，每一个乡镇都有一所标准化的卫生院（共计 27 所），每一个村都有一所标准化的卫生室（共计 469 所）。易县还与河北省荣军医院开展医疗救助合作，重度精神病人能够得到免费医疗救治。易县针对全县因病致贫率高的情况，以方便就医、看得起病、不因病返贫为原则，将医疗政策落实制度化、人性化。一是全部参保。全县建档立卡贫困人口个体参保费用全部由县财政代替缴纳，参保率已达 100%。二是实行四重保障，即大病保险救助、基本医疗保险救助、民政医疗救助以及医疗商业保险补偿。三是建立商业保险防返贫机制。为防止大病报销后自费部分高而造成返贫，县财政拿出 250 余万元对全县所有贫困户按照每人 55 元的标准全部上了商业保险，大病保险住院报销后可再报销自费部分 5000 元，全县报销比例达到了 95% 以上。四是建立服务快捷通道。实现了"一站式"报销和"先诊疗、后付费"，贫困户看得起病，住得起院。五是推行便民措施，建立医疗代办服务制度。易县在全省率先推广了"医疗代办服务"制度，在县、乡、村分别建立了医疗代办服务机构，安排了代办人员，为贫困户提供询医问药、代办报销费用服务，并将其作为典型经验在全省推广。2017 年易县为贫困户建立电子健康档案 44571 份，2637 人享受到了政策。补偿救助资金 1967.09 万元，包括基本医疗保险救助 663.42 万元，大病保险救助 672.73 万元，民政医疗救助 630.94 万元，政策范围内住院报销比例已达 95% 左右。

三 后续扶持巩固提升

为了进一步落实"脱贫不脱政策"的要求，从抓脱贫群众后续扶持巩固着手，制定出台了《易县贫困退出扶贫产业巩固提升发展规划》《易县脱贫攻坚后续帮扶及巩固提升规划》《2018－2020 年三年脱贫攻坚实施计划》等 5 个专项文件；围绕"两不愁，三保障"实施"七巩固七提升"，建立 10 项脱贫巩固提升机制，12 个县直部门制定了后续扶持政策专件，

28个乡镇、468个行政村分别制定了2018~2020年三年脱贫攻坚实施计划，进一步夯实巩固脱贫、稳定脱贫成果。

第三节　易县脱贫攻坚进展和成效

一　项目引领，产业为本，突出念好脱贫攻坚"致富经"

易县一直将培育富民产业看作脱贫攻坚的核心措施，发展出一条"从扶贫切入、从产业走出"的特色产业扶贫之路，三年来，共实施产业项目542个，投资2.7亿元。

一是顶层设计谋划产业。根据全县的地理环境、资源优势和产业特色，突出顶层设计引领，精准谋划富民产业，本着扶贫抓产业、产业抓片区、片区育龙头、龙头带基地、基地连农户的思路，在全县建立了八大产业片区、七种模式、八大主导产业的产业发展格局，扶贫产业呈现出"以短养长、长短结合、众星捧月"式的发展新局面，实现了全覆盖。

二是创新机制引领扶贫。易县创新推广了七种扶贫产业模式，与贫困户建立了紧密的利益联结机制。①片区+扶贫。发挥集约效应，实现优势互补，在全县打造了八大产业片区。由梁格庄、清西陵、易水湖旅游及相关产业片区，白马经济观赏型花卉苗木及特色种植产业片区等片区构成。②园区+扶贫。易县注重发展现代农业，建设农业园区，推动产业覆盖优势区域、贫困区域。在全县34个园区中，省级农业园区有1个，市级园区有10个，市级精品特色园区有3个，县级农业园区20个，覆盖了75个贫困村、1.6万贫困人口，实现了"县域有精品、乡乡有园区"的目标。③龙头企业+扶贫。易县开展了"千企帮千村扶万户"的扶贫助企活动，扶持发展较好的企业并将之和贫困村对接，进而带领贫困户一起发展产业，共同致富。④合作社+扶贫。全县成立扶贫合作社70多家，全县有3万多人用土地、资金以及劳力入社，扩大了收入来源。⑤旅游+扶贫。围绕"狼牙山、易水湖、清西陵"等旅游景点，做好乡村旅游品牌，让"旅游+扶贫"覆盖更多区域发挥带动作用。⑥巢状市场+扶贫。巢状市场源于坡仓乡桑岗村，该村通过与中国农业大学展开深度合作，实践推广了巢状市场小农户扶贫模式，搭建了"农户对社区、生产到户、直销社区、对接到村"的新平台，达到平台订购，村户增收，消费者满意的目的，让生产者安心生产，消费者放心消费，解决了生产者与消费者信誉缺失问题。并且由于市场的扩大，6个乡镇22个贫困村，800户2000贫困人口的人均收入增加了1000元左右。⑦资产收益+扶贫。对无劳动能力群体和产业收益不明显贫困人口进行资产收益覆盖，政府安排财政扶贫资金7262万元注入有实力的中凯、百悦等旅游企业，每年收益不少于726万元，把股权收益分配给建档立卡贫困户，具有精准、风险低、可持续的特点，确保了贫困户收入稳定。

三是全域旅游带动脱贫。近年来，易县县委、县政府围绕建设"全域旅游、全景易州"，与脱贫攻坚深度结合，全面带动扶贫产业，全面促进贫困户稳定增收。其做法如下。①把景区打造成产业龙头。易水湖景区、狼牙山景区通过打造恋乡·太行水镇、欢乐世界等旅游项目，促进了3000多贫困人口上岗，200户贫困群众从此脱贫致富；清西陵5A级景区覆盖了30多个贫困村，近万贫困人口通过景区实现增收。②把贫困村打造成美丽乡村。全县投入4.8亿元，建设美丽乡村39个，其中贫困村30个。安格庄乡金坡村通过美丽乡村建设，整体环境大幅改观提升，形成了易水湖特色饮食一条街，叫响了"渔家乐"乡村旅游品牌，使旅游成为全村实现稳定脱贫的主导产业。③把交通干道打造成景观大道。投资6100万元，112国道、241省道等四条道路以及长约80公里的廊道绿化美化工程得以实施，通过引导农民由种植大田作物改种油葵、油菜、玫瑰等景观经济作物，将交通干道建成了一条亮丽的风景廊道，带动周边10个村、469户、1065名群众通过开办农家乐、特色农产品销售等，实现旅游与脱贫的双赢。全县发展660家农家乐和乡村旅馆，带动5100名贫困群众实现稳定就业，月人均收入达2000元以上；5000多名贫困群众发展大枣、柿饼、薯干、粉条、杂粮等农副产品，打特色牌，唱旅游戏，实现了稳步脱贫；全县成立旅游发展公司191家，共有近8000名贫困群众以土地、房屋等资产入股，参与旅游经营分红，实现脱贫致富。

四是通过特色产业增收。以贫困户增收为目标，大力发展旅游、林果等八大产业。①旅游产业。100多个贫困村已建立采摘园，旅游产品有上百种，各产业项目飞速发展，乡村旅游收益节节攀升，尤其是清西陵、易水湖等景点人员的年人均收入增加了近8000元。②林果产业。采取林粮、林药间作的方式，发展以"贺英牌""牛岗牌"为主的三优富士苹果、薄皮核桃、樱桃、磨盘柿等特色林果产业，林果种植面积达到40.9万亩，辐射带动6686户9372名贫困人口,年人均增收200元。③养殖产业。重点发展以肉鹅、生态鸡、肉驴、肉牛、生猪等为主的养殖产业,全县养驴规模达到1.2万头,肉鹅存栏12万只,生猪存栏28万头,肉鸡存栏30万只,辐射带动3951户7737名贫困人口,年人均增收600元。④种植业。全县药材种植2000亩,红树莓种植1200亩,优质花生种植5700亩,食用菌种植规模200万棒,辐射带动2822户6435名贫困人口,年人均增收500元。⑤苗木花卉产业。各类苗木种植面积达4.5万亩,辐射带动了773户1959名贫困人口,年人均增收700元。⑥光伏产业。全县建立分布式光伏扶贫电站138个,总装机容量达到142.76兆瓦。光伏产业扶贫效果明显,覆盖带动贫困户4409户,年人均增收800元,贫困村的集体收入每年达到2.2万元以上。⑦电商产业。电商服务中心基本覆盖贫困村。⑧家庭手工业。突出箱包、砚台、铜雕、刺绣等家庭手工业,辐射带动935户1855名贫困人口,年人均增收1000元。

　　五是多渠汇水、多点支撑,拓宽增收渠道。为防止"简单发钱养懒汉",易县围绕促进产业、就业提升扶贫成效,增强贫困群众内生动力,建立了产业推进五字法,通过"引、联、稳、带、创",实现多渠汇水、多点支撑,拓宽贫困户增收渠道。

　　①到户产业项目"引"。对有劳动能力的贫困户引导其发展苹果、核桃、板栗、苗木、甘薯、花生等种植和羊、鸡等养殖项目,通过送苗子、送种子、送技术和补贴方式,鼓励贫困户参与生产经营,使"农民变技师",通过技术脱贫致富。覆盖贫困户5543户,占贫困户的30%,年人均增收336元。

　　②资产收益项目"联"。县内的众多优秀企业直接与贫困户建立联系,收益直接送到贫困户手中。覆盖贫困户15895户,企业带贫率达到86%,年人均增收210元。全县无劳动能力贫困户8699户,通过资产收益项目实现持续增收。

　　③土地流转"稳"。全县有152个村的3357户贫困户土地被流转,占贫困户的18.17%,每亩土地流转金为800~1300元,收入稳定且可持续,同时能劳者还可以务工就业,补贴家用。签订土地流转协议实现稳定的土地流转收入、稳定的务工就业渠道。

　　④务工就业"带"。一是易县旅游企业和生态农业园区发展较好,优先带动贫困户务工就业,覆盖贫困户797户,年人均增收4000元。二是

优先安排贫困户公益岗位，安排生态护林员84人，安排村级保洁员136人，年人均增收7000元。三是依托县人力资源市场，搭建用工对接平台，带动贫困劳动力务工就业。其中乡（镇）内务工5510人，乡（镇）外县内务工80人，县外省内务工805人，省外务工3664人，年人均增收5000元。

⑤商业带动"创"。贫困户在景区经商自主创业，通过在景区销售大枣、柿饼、薯干、粉条、杂粮等农副产品，使"农产品变商品"增加收入，参与的贫困户达2000多户，每年每户人均收入能够增加近15000元。

目前，全县建档立卡贫困户每户都有增收项目，实现了产业的全覆盖，贫困户收入中产业收入占1/3，就业收入占1/2。易县依托丰富多样的自然资源条件，对贫困户形成了"长短结合、多重覆盖"的扶贫格局，保障了贫困户稳定增收、稳定脱贫和巩固提升。

二 多点发力，统筹推进，全面编织脱贫攻坚"保障网"

搬迁扶贫。易县的搬迁人口达800多人，其中，建档立卡贫困人口搬迁200多人，同步搬迁600多人。全县集中安置建档立卡搬迁户26户50人，分散安置建档立卡搬迁户62户178人。县委、县政府把易地扶贫搬迁作为扶贫工作一项硬任务，从搬迁政策宣传入手，入户发放易地扶贫搬迁宣传手册1万多份，实地入户核查，了解群众居住条件、搬迁意愿，认真执行户申请、村核准、乡申报与县把关的操作流程。目前，流井乡建新村集中安置项目已经全面竣工，26户搬迁户全部入住，对6个鳏寡孤独老人实行集中养老，建设了拥有24张床位的幸福养老院；62户分散安置项目正在组织验收。同时积极发展后续产业，编制了《易县易地扶贫搬迁后续产业发展规划》，建档立卡搬迁户实现了产业扶持全覆盖。

生态扶贫。易县是生态大县，在县域经济发展中，坚持"生态为本、绿色优先、持续发展"的发展理念，进一步抓好植树造林和营林护林，累计投入生态建设资金1.2亿元，重点实施了退耕还林、三北造林、太行山绿化、公益林管理、森林防火、病虫害防治等林业项目。在林业项目资金安排使用上优先安排西部深山区、贫困程度深的贫困村，全县每年植树造林10万亩，森林覆盖率每年以1.3个百分点的速度递增，全县林果种植面积40.9万亩，林业总产值达到7.9亿元。按上级文件精神，利用生态补偿和生态保护工程资金，把当地有劳动能力的部分贫困人口转为生态保护人员；以精准、自愿、公开、公平、公正为准则，选聘 84 名建档立卡贫困人口为生态护林员，人均年收入 10000 元，实现了稳定脱贫。

社会保障兜底扶贫。严格落实两线有效衔接，将农村低保标准提高至 3504 元/年，应保尽保，兜住贫困人口民生底线；依据"保基本、广覆盖、有弹性、可持续"原则，实现了城乡居民社会养老保险的全覆盖。对 80 岁以上的老人每月给予额外高龄补贴，解除了贫困人口的养老之忧。

对接扶贫。一是加强组织领导：由一名县委常委领导牵头，成立了对接办，通过积极对接，与北京市海淀区签约 8 个项目，涉及投资约 2 亿元。二是加强人才交流：与北京市海淀区签订教育合作协议，安排了 5 所学校与海淀区优质学校建立结对关系，39 名教师赴海淀区培训，进行学科研修。计划选派 7 名干部到海淀区挂职锻炼。三是强化资金使用：与北京市海淀区深入开展对接合作，对口帮扶资金 6511.6 万元，涉及 17 个项目，帮助 3993 户、11000 名建档立卡贫困人口脱贫。目前，为 44 个贫困村建设道路 34.8971 万平方米，全县 162 个贫困村建设了综合性文化服务中心宣传文化科普长廊，部分农家书屋配套了设备及器材等。四是加强产业和劳务协作：与北京市海淀区签约 8 个项目，涉及投资约 2 亿元；以开展"就业援助月"等公共就业活动为契机，搭建用工对接平台，与北京铁路局成功合作，输出贫困劳动力 43 人。

电商扶贫。一是健全了三级组织体系，如建立了县级公共服务中心，开设了京东·中国特产易县馆，配齐了 400 多个村级服务站等。二是包装了一批易县品牌，如易州印象、恋上玫瑰、易水山珍、靠天收、蔡家峪等 40 多个品牌，涵盖柿子深加工、干果、杂粮等系列产品。多次开展农村电子商务培训，带动创业就业 7000 余人。如今，易县开设淘宝店有 600 余家，年销售额达到了 1000 多万元。三是开展了一系列电商活动：先后举办了"易县首届电商创业大赛""易县首届电商年货节"等多项电商活动。2017 年 10~11 月开展了第二届柿子采摘节活动，由县委书记代言，登陆央视经济频道，参加《第一时间——"厉害了我的国·中国电商扶贫行动"》栏目，社会反响强烈。

金融扶贫。易县成立了金融服务中心，在 24 个乡镇设立了乡镇金融服务部，162 个贫困村建立了贫困村金融扶贫服务站，三级金融扶贫网络已建成。建立了风险补偿基金、保险基金两个资金池。风险补偿基金已开立专户存入签约合作银行。

三 强化投入，改进民生，集中打造脱贫攻坚"硬支撑"

大力推进基础设施建设扶贫攻坚行动，结合美丽乡村建设，积极加快推进贫困村基础设施建设。一是饮水安全工程：2015年以来，累计投资2000多万元，解决4.37万名贫困群众的饮水安全问题。新打机井216眼，安装管道16.6万米，修建蓄水池11座，配置消毒设备36套，通过多年持之不懈的项目投入，实现了全县村村有安全饮水、水源供水保证率不低于95%、贫困户饮水安全比例100%的目标。二是道路硬化亮化工程：深入实施村村通工程，重点解决乡级公路、联村路老化以及村内主要街道硬化问题，实施路面硬化530521平方米，贫困村全部通水泥路，村内主街道全部硬化。同步实施了亮化工程，安装路灯8875盏，所有贫困村主街道亮化，实现了村内主要街道硬化亮化率100%。全县公路通车总里程1822公里，公路密度达71.9公里/百平方公里。三是文化进村工程：全县各村都建立了综合性文化服务中心，确保每个村都至少有一个多功能活动室、一家农家书屋、一个宣传文化科普长廊、一个文体广场，配发各类标识标牌604套、各类制度牌214套、农家书屋书柜228个、桌椅623套、报刊架104个、图书81000册、棋牌桌111个、电视机90台、影碟机105台、投影仪90套、音响320个、锣鼓镲125套、秧歌服2220套、体育健身器材162套，使每个贫困村都拥有了文化活动的载体，都能基本满足群众多元化文化需求。四是安全用电工程：大力推进农村电网改造和机井通电改造，累计投资1.96亿元，新建改造10千伏线路336.5公里，新建改造0.4千伏线路536.09公里，安装配电变压器467台，增容51.85兆伏安，实现了农村稳定用电、安全用电。五是宽带入户工程：全县162个贫困村光纤宽带到村，实现了"三网合一"功能。六是财政保障工程：积极筹措资金，保障脱贫攻坚任务完成。2015~2017年，全县共投入财政专项扶贫资金26457.75万元。制定了《易县财政专项扶贫项目管理办法》，明确了扶贫资金项目立项、实施、验收等程序，明确了乡镇和部门职责，明确了项目监管和责任追究，使扶贫资金使用更加精准。

四 暖心帮扶，提振精神，激发脱贫攻坚内生动力

立足服务帮扶贫困户，开展一系列活动，努力激发贫困群众脱贫致富的内生动力，提振贫困户的精神。一是开展卫生整治行动"提神"：筹资

1100多万元，对全县部分贫困户的院内屋内环境进行了清理整治，在卫生清理基础上进行了一些必要的简易改造，贫困户的居住环境有了明显改善。全县对所有贫困村的环境卫生进行了大清理，同时对垃圾池、垃圾箱等与卫生相关的设施进行了进一步完善，村村都有保洁员，并签订了协议。目前，贫困村的环境卫生设施已达标，环境卫生能够长期有效保持。二是开展文化下乡活动"富脑"：宣传、文化部门精心编排了扶贫政策惠民的文艺节目，到各贫困村进行巡回演出，让群众看演出、过戏瘾，先后下乡演出295场次，65个贫困村的上万名群众在家门口欣赏到精彩的文艺节目，丰富了贫困户文化生活，激发了其脱贫致富的内生动力。三是开展帮扶活动"暖心"：在全县干部中开展帮扶暖心行动，发出了贫困帮扶动员令，全体驻村工作队员和帮扶责任人都到分包贫困户家中，开展政策宣传及帮扶暖心行动，一方面宣传扶贫政策，另一方面救助贫困户为其发放必备生活用品，解决贫困户生活难题。四是开展培训活动"增智"：大力开展扶贫政策、科学技术培训，几年来共举办相关培训班1500余场次，培训土专家3200名，培养新型职业农民366名、技术能手2000人，实现转移就业近万人，3万多名贫困群众受益；与北京铁路局等用工单位开展劳务合作，输出贫困户合格劳力43人。有效转变贫困群众的"等、靠、要"观念，变"输血"为"造血"，提高贫困群众依靠科技脱贫致富的能力。另外，在全县开展了"千企帮千村""慈济会救助行动"等多项亲民活动，让贫困户深切感受来自政府与党的关怀，促使贫困群众主动脱贫。

第四节 易县脱贫攻坚工作先进典型

一 以强有力的组织保障推进扶贫，压实脱贫责任

一是建立一办十四组指挥体系：全面瞄准脱贫摘帽总目标，全县上下联合发力、脱贫攻坚，在贫困退出领导小组的统领下，成立了脱贫办和产业扶贫、教育扶贫等14个专项推进小组，统筹推进脱贫。二是建立九大战区调度体系：全县划分9个战区，由县委常委、人大、政协主要领导牵头包片包村，形成九大战区指挥调度体系，督导推进扶贫工作。三是分级压实脱贫攻坚责任：在明确乡村脱贫主体责任基础上，强化县级领导责

任，36个副县级领导同县委书记、县长签订了脱贫攻坚责任书，包乡包村包贫困户，建立了以上率下、倒逼落实的责任机制。

二 以灵活的机制推进产业扶贫，提升脱贫质量

突出顶层设计引领，精准谋划扶贫产业，本着扶贫抓产业、产业抓片区、片区育龙头、龙头带基地、基地连农户的思路，在全县建立了八大产业片区、七种模式、八大主导产业的发展格局，推行片区扶贫、园区扶贫、龙头企业扶贫、合作社扶贫、旅游扶贫、巢状市场扶贫、资产收益扶贫七种模式，形成了旅游、林果、养殖、种植、苗木花卉、光伏、电商、家庭手工业八大富民产业，形成了长短结合、以短养长的产业发展机制，实现贫困户产业全覆盖。巢状市场扶贫经验被推荐到国务院扶贫办，相关代表在全省农业农村会议上进行了全域旅游扶贫典型发言。

三 发挥山区自然优势，引导推广巢状市场小农户扶贫模式

中国农业大学与易县扶贫办合作，以易县坡仓乡桑岗村为试点，实践推广了巢状市场小农户扶贫模式，即组织山区农户生产、城市居民消费的产消直接对接的扶贫模式。以"山区贫困小农户现在有什么"的生计资源为出发点，以健康农产品和地方特色产品为供给端，以城市普通消费者对健康食物的需求为接入口，以巢状市场为交易和互动的组织形式，通过农村贫困人口和城市人口的相互信任和共同参与，成功地将生计资源和社会资本转化为贫困人口的收入，实现精准、稳定和可持续的脱贫，彰显共享、协调、绿色、创新的精准扶贫理念，搭建便于农户参与的新平台，达到平台订购、村民增收、社区消费满意的目的，让生产者安心生产，消费者放心消费，建立生产者与消费者的互信。具体做法如下。一是发挥山区自然资源优势，组织贫困户生产特色农产品，激发其脱贫致富的内生动力。中国农业大学研究团队与桑岗村委会合作，成立自助协会，动员贫困户成立生产小组，起初由中国农业大学引导，发展成熟后由农户自我管理，研究团队搞好指导服务。二是依托社会网络发展消费群体，搭建产销平台。借助新媒体平台，逐渐发展壮大消费者群体，截至2017年底，仅桑岗村、宝石村两个村直接对接的消费者已超过500户城市家庭。三是城乡对接，开展产品配送，实现互利共赢。城市消费者根据每周的消费需求，通过信息平台向生产者下单，生产者按消费者的要求，组织农户生

产，及时配送，桑岗村、宝石村先后在北京、保定建立了11个固定配送点。这种巢状市场小农户扶贫模式起到了纽带连接的作用，也增强了山区农户与城市消费者的互动、互信，在增加山区贫困户收入的同时，也促进了乡村旅游业的发展。这种扶贫模式充分利用农户生产的资源优势，调动了农户生产的积极性，是精准扶贫措施的进一步深化。易县以之作为主要扶贫模式，与中国农业大学深度合作，制定巢状市场发展规划，在现有6个乡镇22个村基础上，全面覆盖山区乡村。

四 以严格的制度管理项目，发挥资金效益

一是建立项目库制度：在全省率先建立了项目储备库、在建项目库、项目效益跟踪库三个项目库。2017年项目储备库有项目2162个，项目资金12.63926亿元；在建项目库有项目683个，项目资金2.557亿元，项目管理实施更精准。二是建立项目管理实施制度：创新提出了项目管理"十步工作法"，项目安排坚持"七个优先"（产业项目优先、配套项目优先、深度贫困村优先、小型公益性和生产设施建设优先、贫困退出达标建设优先、带动能力强的项目优先、落地快的项目优先），项目实施坚持"三个原则、四种模式"（三个原则：贫困户受益、催生内生动力、政策兜底+产业扶持；四种模式：直接扶持到户、入股合作社、入股龙头企业、资产收益扶贫），确保资金效益有保障。易县项目管理经验在全省扶贫办主任会上推广宣讲。2017年整合资金26672.34万元，整合比例为93%；落实县本级财政投入扶贫专项资金3939万元，较2016年提高了6%。

五 以全新的社会帮扶形式，激发内生动力

积极推进落实教育、医疗、住房三保障政策，让贫困群众有获得感、认知感、幸福感，并着力开展专项行动，激发群众内生动力，实现被动扶贫向我要脱贫转变。一是开展提神、富脑、暖心、增智专项帮扶行动：投资1100万元对162个贫困村进行环境综合治理，村庄面貌焕然一新；开展文化下乡295场次，65个贫困村的上万名群众文化生活得到了丰富；在全县干部中开展帮扶暖心行动，扶贫责任人每周入户一次，驻村工作队每天入户，一对一进行帮扶和政策宣传；举办培训班1500余场次，培训土专家3200名，培养新型职业农民366名和技术能手2000人，实现转移就业近万人，3万多名贫困群众受益。二是创新推进医疗代办服务制：深入推进健康扶贫专项行动，面对困难群众量身定制医疗代办服务制度，162个贫困村建起了村级医疗代办站，27个乡镇卫生院设立了医疗代办服务处，3家医院开设了医疗代办服务窗口，3000余户贫困户从中受益，医疗代办服务制度在全省进行了推广，群众满意度普遍提升。

第十六章　河北省威县扶贫开发案例

第一节　威县扶贫开发现状

一　威县基本情况

威县位于河北省南部黑龙港流域，辖11镇5乡（原5镇11乡）、1个省级高新区、522个行政村，总面积1012平方公里，人口60万，为所属邢台市人口第二、面积第三大县。威县是革命老区，抗日战争和解放战争时期，冀南党政军机关及附属机构曾在此驻扎七年之久，老一辈无产阶级革命家邓小平、刘伯承等在此工作生活过，是中国改革开放先驱之一任仲夷、中国核工业奠基人之一刘杰等名人的故乡。基本县情是"四不靠两没有"（不靠山、不靠海、不靠铁路、不靠大城市，地下没矿藏、地上没资源），曾是远近闻名的"大、破、穷"县，1999～2009年全部财政收入一直在8000万元左右徘徊。近年来，大力推进"四化联动"，县域经济社会得到快速发展：工业形成了"3+2"（电子信息、汽车及零部件、农产品深加工三个主导产业，通用航空、新材料两个新兴产业）产业体系，农业打造了"三带三园"（沿西沙河优质林果带、沿106国道设施蔬菜带、沿金沙河"南鸡北牛"畜禽养殖带，4.5万亩现代农业园区、君乐宝乳业园区、宏博肉食加工园区）体系；2017年威县全部财政收入突破8亿元，公共预算收入突破5亿元；以2009年为基数，8年间公共预算收入、森林覆盖率、全辖区居民储蓄存款、工业用电量均增长了10倍，获得"国家现代农业示范区""国家新型城镇化试点""国家农村三产融合试点示范县""国家级园林县城"等殊荣。2014年1月威县成为河北省第一个县级综合改革试点，先后承担省级以上改革试点项目26项，河北省推广8项、全国推广2项改革经验。

二 威县扶贫脱贫总体情况

威县的贫困状况可以概括为"一广、两多、三少、四难":"一广",即贫困人口分布广,贫困人口分布于所有乡镇507个行政村,97.1%的村有贫困人口。"两多",即因病致贫人员多,建档立卡贫困人口中因病致贫者占到58%以上;低保救助人员多,建档立卡贫困人口中享受低保、五保救助者占比59.9%。"三少",即文化设施少,80%的村没有文化广场,60%的村农家书屋有名无实;产业覆盖少,农业产业化经营率不到40%,梨、葡萄等富民产业仅覆盖25个村,农民增收渠道窄;技能人才少,农村致富带头人缺乏,人才密度指数低于全省5.2个百分点。"四难",即出行难,全县一半以上的村主街道没有硬化,70%的村主街道没有照明路灯;就医难,60%的村没有标准化卫生室,绝大多数村医没有经过正规培训;上学难,全县农村几乎没有达标公办幼儿园,30%的农村中小学校校舍不达标,45%的学校缺少器材设备;饮水难,全县近1/4的村没有安装自来水管,群众安全饮水没保障。

针对上述状况,着眼保证现行标准下的脱贫质量,威县坚持实事求是,确定了"不错不漏、硬件达标、政策落实、保障有力、群众满意"总目标,按照市场思维、社会治理理念和"产业、政策双扶持双兜底"总体思路,探索实施了"四个动起来、四个全覆盖"(党委政府动起来、富民产业全覆盖,企业农户动起来、股份合作全覆盖,银行保险动起来、金融支撑全覆盖,社会各界动起来、帮扶救助全覆盖)路径,全党动员、全员压上、全力以赴、强力攻坚。截至目前,全县剩余贫困人口2438户5494人(含自然减员110人),贫困发生率降至1.19%。全国产业精准扶贫现场会观摩团到威县观摩,"金鸡帮扶"项目入选中央政治局第39次集体学习资料;扶贫开发工作在河北省2016年度各县(市、区)31项重点工作考核中排名第一,脱贫攻坚工作在河北省2017年度62个贫困县成效考核排名第二;威县县委书记在河北省县(市、区)委书记工作交流会、脱贫攻坚"擂台赛"、产业扶贫现场会上作典型发言。

三 威县退出指标完成情况

对照中办、国办《关于建立贫困退出机制的意见》和《河北省贫困退出工作实施细则》,威县脱贫工作较好完成了各项指标。

(1) 贫困户退出方面

对照"6项退出标准"（人均纯收入稳定超过国家扶贫标准，通过产业就业实现稳定增收，实现安全饮水，实现住房安全，义务教育阶段无辍学学生，全部参加城乡居民基本医疗保险），按照贫困户提出申请－逐户测算人均收入－召开村民代表大会进行民主评议－公示后报乡政府审核－审核名单在村二次公示无异议后报县扶贫办复审－复审后县级新闻媒体和村公告"六步工作法"，驻村工作队和贫困户一起算账，坚决做到让群众认账、让群众认可。2014年以来，共退出建档立卡贫困户7329户，目前剩余建档立卡未脱贫户2438户。

(2) 贫困村退出方面

对照"9项退出标准"（综合贫困发生率低于2%，通过产业就业实现稳定增收的贫困户比例达到100%，贫困户城乡居民基本医疗保险参保率达到100%，村内主要道路硬化、亮化，有基本环境卫生设施，有标准化村卫生室，有基本文化服务设施，村级组织健全发挥作用明显，村级集体经济年收入高于2万元），按照"乡初选、县审定、市核查"的程序，2014年以来，退出贫困村147个，剩余贫困村34个。

(3) 贫困县退出方面

对照"7项退出指标"和国检评估验收方案，具体完成情况如下。

——"两度一率"达到贫困县退出标准。以2014年底全县乡村户籍119875户461096人为基数，按目前全县剩余未脱贫人口5494人计算（未剔除自然减员110人），贫困发生率1.19%。市初检核查和省退出验收检查评估，未发现错退、漏评现象。

——群众认可度高于90%。市初检核查抽样596户，群众认可度95%以上。省验收评估抽样1089户，群众认可度94.31%。

——脱贫攻坚部署翔实。成立由县委书记、县长任"双组长"的组织机构，明确县委副书记兼任脱贫办主任专职抓脱贫，层层签订责任状，构建县、乡、村三级书记抓扶贫的工作体制。每年召开三级干部大会，安排部署扶贫脱贫工作；定期召开县委常委会、政府常务会、领导小组会议，调度扶贫脱贫工作、协调解决问题，确保工作、政策、责任"三落实"。

——"两不愁，三保障"政策落实到位。深入实施民政兜底、扶贫助学、基本医疗、饮水安全、住房安全、社会保障"六个全覆盖"工程，织密织牢脱贫保障网络，切实提高贫困群众获得感。建档立卡贫困群众基本医疗参保率、子女享受教育扶贫政策比例、产业带动就业稳定增收比例、安全饮水和住房安全比例均达到100%。

——基础设施和公共服务全覆盖。实施畅通出行、文化惠民、设施达标、环境治理、智慧建设"五大工程",全面提升农村基础设施和公共服务水平。2019年县政府出资1亿元,按照贫困村建设标准打造341个非贫困村,补齐公共服务短板,解决了硬件建设不充分、不均衡问题。

——后续帮扶及巩固提升措施完善。坚持问题导向,优化政策供给,制定了《威县"十三五"脱贫攻坚规划》《关于做好精准脱贫后续帮扶及巩固提升的实施意见》《脱贫攻坚三年行动计划(2018-2020年)》,强化到村到户到人的精准帮扶举措。

第二节 威县"两不愁,三保障"政策落实情况

在坚定不移落实中央和省市"规定动作"的同时,威县下足绣花功夫,创新扶贫模式,实施"七大攻坚战",做到"七个到村到户",变"大水漫灌"为"精准滴灌",确保贫困群众高标准实现"两不愁,三保障"。

一 实施基础工作攻坚战,巩固帮扶到村到户全覆盖成果

只有把贫困人口和致贫原因搞清楚,才能做到扶真贫、真扶贫,脱真贫、真脱贫。为此,威县健全完善"三项机制"。一是精准识别机制。严格按照中央和省市安排部署,开展建档立卡"回头看",做到"三个一"。①制定一套识别方案。制定《威县农村贫困人口建档立卡"回头看"工作方案》等"1+4+1"方案,形成识别-建档-追责的监管机制,使省市"两率一度"回头看工作更加细化、量化、具体化。②设计一套识别模式。每村绘制住户分布图,一次入户摸清贫困户+低保户+危房户+特困户"四个底数",精准识别。同时,绘制基础设施建设图,明确路、路灯、广场等设施建设布局,做到一目了然。③建立一套联动体制。建立领导住村解剖、工作队留痕、部门比对信息、群众评议打分"四级联动"机制。开展"我到基层住一晚"活动,县级领导带头按照每人分包2个村、每村3户的标准,逐户走访、逐项算账;在全省率先建立精准扶贫大数据平台,通过手机App客户端GPS定位,动态记录贫困户底数、致贫原因、

帮扶措施、收入情况等，做到过程留痕；建立与公安、民政、人社等部门数据信息共享机制，动态监控各群体人员生产生活状况；严格把握"两不愁，三保障"识别标准和"六不评""五必看""六优先"识别政策，最大限度减少失误，全县未出现因识别退出引发的信访案件。二是驻村帮扶机制。成立精准脱贫驻村干部管理办公室，常态化开展"三查两看一提升"（查工作纪律、工作作风、工作落实，看帮扶成效、群众公认，提升贫困村发展能力）管理，建立县直单位与帮扶村捆绑责任制，变工作队驻村为单位联村，形成单位做后盾、班子成员做表率、一把手负总责的工作体系。三是档案模板机制。制定扶贫手册填写模板，细化为家庭情况、家庭成员、帮扶责任人、帮扶措施、帮扶成效"五项内容"，明确2014~2018年度具体工作要求，细化4类28项74个注意事项和34项到户到人贫困户应该享受的政策清单，做到基础信息、填写内容、逻辑关系"三个清楚"。

二 实施产业扶贫攻坚战，巩固产业到村到户全覆盖成果

按照"产业为基、机制突破"总体思路，坚持把产业扶贫、绿色减贫作为重中之重，探索多种利益联结机制。一是培育富民产业。针对过去"一棉独大"、产业覆盖率低的情况，聘请中科院专家编制现代农业规划，全县打造形成"三带三园"总体布局，覆盖了所有贫困户和90%以上的行政村，农业产业化经营率由43.7%提高到65.1%。二是创新联结机制。复制拓展"金鸡"模式，全县形成白羽、金牛、威梨、根力多"四大资产收益扶贫模式"，覆盖14655名贫困群众，2018年每人分红450元以上，有效解决了有人力没技术、有产品没资金、有利益没机制的问题，实现金融资本与龙头企业融合发展。同时，还探索出"三权分置"利益分配保障机制，181个重点村每村增加4万元集体收入，用于贫困村"特惠岗位"支出和公益事业维护，破解无钱办事难题。三是拓展农民增收渠道。按照"262"（龙头企业占20%，合作社和家庭农场占60%，分散经营占20%）方针，流转土地49.41万亩，流转率达到47.97%，14.5万名农村劳动力从土地上解放出来，实现"一份土地挣三份收益"，年均增收2万元。四是拓展合作模式。制定《支持农民合作社加快发展意见》，探索土地+资金、工资+效益提成、资产自有+统一管理、联合经营等农民专业合作社建设新模式，培树了118家"示范社"，威县被评为全省农村股份合作制

经济示范县。5年来，贫困群众年人均纯收入增长14%以上，农村小型轿车年均增加1.1万辆，县城商品房没有库存，43%的购房者为农村居民，农民获得感、归属感显著提高，也有力推进了城乡一体化。五是做多个经营主体。按照规模化、组织化、标准化、智慧化"四化"方针，深化农业供给侧结构性改革，出台《农业领域招商优惠政策》，实施德青源蛋鸡、君乐宝奶牛、宏博肉鸡、海升梨基地等一批重大项目，培育市级以上产业化龙头企业36家，延伸产业链、提升价值链、拓宽增收链、完善利益链，三次产业比例由2012年的44.1∶31.5∶24.4，变为2017年的30.1∶34.1∶35.7。六是拓宽覆盖领域。实施电商扶贫，威县成为国家"电子商务进农村综合示范县"，直接带动1560户贫困户脱贫致富；实施光伏太阳能扶贫，培树了42个示范村327个示范户，每户年均收益2800元，正向全县复制推广；实施手工业扶贫，培树了30个粗布纺织、箱包制作等示范村，实现产业对贫困村户全面多层覆盖。

三 实施政策落实攻坚战，巩固政策到村到户全覆盖成果

实施民政兜底、扶贫助学、基本医疗、安全饮水、住房安全、社会保障"六个全覆盖"工程，高标准确保群众实现"两不愁，三保障"。一是民政兜底全覆盖。坚持低保线与扶贫线"两线合一"，制定《农村最低生活保障制度与扶贫开发政策有效衔接实施意见》，建档立卡贫困人口13574人享受低保救助，占全部建档立卡贫困人口的59.3%，2018年每人每月平均补助186.7元，高出省定标准11.7元。具体补助标准如下。①低保贫困户，保障标准由2017年每人3300元，提高到每人3600元。②五保贫困户，分散供养标准由2017年每人4560元，提高到每人4800元；集中供养标准由2017年每人6720元，提高到每人7020元。③残疾人贫困户，每人每年发放660元生活补贴，一级、二级重度残疾人增加600元护理津贴。2017年全县发放低保救助金3762万元、五保供养金1307万元、残疾人补贴313万元，民政兜底做到应保尽保、应扶尽扶。二是扶贫助学全覆盖。以减少贫困代际传递为目标，2012年以来威县共投资11.8亿元，改扩建危旧校舍89间、更新教学设备125套，威县被评为全国"两基"教育工作先进县、全国教育质量监测工作先进县。全面推行农村义务教育学校营养餐改善计划，4.9万名农村学生受益。严格落实建档立卡贫困学生学前资助、义务教育贫困寄宿生"两免一补"、高中和中职"三免一助"、

"雨露计划"等政策，2016年以来，威县累计发放国家专项救助资金597.2万元、救助4369人次，发放学前资助资金31.3万元、救助396人，发放"两免一补"资金253.8万元、救助2978人，发放"三免一助"资金182.1万元、救助479人，发放"雨露计划"资金130.05万元、救助516人。同时，落实普惠性救助政策，2014年以来发放资金6018万元，累计资助5.93万人次，全县无一名学生因贫辍学，2017年威县被教育部和河北省认定为义务教育发展基本均衡县。三是基本医疗全覆盖。落实先诊疗后付费、"一站式"报销服务，在省市"三个一批"（大病救助一批、重病兜底一批、慢性病保障一批）基础上，创新"五个一批"（普通住院治疗一批、重大疾病救助一批、慢性病救助一批、家庭病床管理一批、家庭医生签约一批）管理服务，解决因病致贫返贫问题。①住院报销一批，县内住院合规报销90%（2018年4月19日后市内报销95%）、基本医疗报销封顶线15万元，2017年住院4070人次、基本医疗报销162.99万元，2018年住院2375人次、报销100.13万元。②大病救助一批，不设起付线、封顶线50万元，2017年救助4070人次，通过免除起付线、提高报销比例等政策，比普通群众多报销132.32万元；2018年救助2375人次，多报销87.47万元。同时，对患有9类大病的贫困患者实行集中救治，2017年以来159人享受政策，报销226.71万元。③慢性病救助一批，门诊慢性病不设起付线，18种普通慢性病封顶线6000元、报销75%，4种重大慢性病封顶线15万元、报销90%（2018年4月19日后市内报销95%），2017年报销3600人次、181.87万元，其中建档立卡贫困人口315人报销，比普通群众多报销29.89万元。④家庭病床管理一批，对长期住院且非病危慢性病贫困患者，创新设立"家庭病床"，根据病种报销75%~90%后再救助80%，2017年以来2119人设立家庭病床，除正常报销外又减轻负担127.14万元。⑤"签约医生"服务一批，对长期服药的贫困患者，提供"爱心助贫包"，合规药品基本医疗报销70%（年度限额500元），个人自付部分由医疗救助基金再报销80%，2017年以来签约4912人，除正常报销外又减轻负担221.04万元。"家庭病床"成为威县2017年拟向全省推广的6项改革经验之一，顺利通过省专家组评估。四是饮水安全全覆盖。2014年以来，投资5600万元解决121个村的饮水安全问题，其中投资2565万元解决了50个贫困村的饮水安全问题。2017年又投资272.8万元，对15个乡镇47个贫困村的农业水利设施进行维修、养护，更换3个贫困村饮水安全管道。目前，全县522个村全部实现安全饮水，水质检测全部合格。五是安全住房全覆盖。2014年以来，常态化开展农户住房安全大排查，争取上级资金3258万元修建危房2782座。2018年又把399户未脱贫户危房列入上级资金改造计划，现已全部完工，入住165户；对不符合危房改造政策但是危房的，按照2017年新建补贴2.3万元、修缮补助8000元的标准，由县财政出资进行改造。县财政列入专项预算1000万元，对随时排查发现的住房安全隐患问题，立整立改，2018年以来利用县财政资金改造危房156座。同时，对仍居住在危险住房，但有多处住房的农户，做思想工作劝其搬入安全住房，确保全县所有群众住房安全。六是社会保障全覆盖。县财政出资为符合条件的贫困人口缴纳医疗保险和养老保险，参保率均达到100%。县财政出资380万元为建档立卡贫困群众购买商业补充医疗保险，为4.8万名年收入4000元以下的临界边缘群众缴纳防贫保险，构建精准防贫长效机制。2017年商业补充医疗保险惠及1720名贫困群众、使其获益77.78万元，防贫保险惠及329名边缘群众、使其获益125.67万元，解决贫困群众因病返贫、边缘群众因病因灾致贫难题。同时，探索医疗卫生与养老服务融合模式，鼓励社会力量开办敬老院，引进资金1亿元，兴建大型农村敬老院3个、农村社区敬老院27个，总床位达到2200张；创新"医养结合"模式，探索农村社区养老机构与镇村医疗机构、社区卫生服务中心互通协作机制，鼓励医疗机构在敬老院内开设医务室或就诊点，建成3家"医养结合"养老机构和1个医养中心，邢台市在威县召开现场观摩会。

四 实施基础设施攻坚战，巩固公共服务到村到户全覆盖成果

威县政府在用好各项扶贫脱贫政策的同时，勒紧裤腰带，全面提升农村基础设施和公共服务水平。一是坚持规划强引领。高标准编制城乡"1+3+N+180"（县城+3个卫星镇+N个重点镇+180个中心村）总体规划和镇村体系规划，大力度推进"七个一体化"（规划建设、产业发展、基础设施、劳动力就业与社会保障、公共服务、生态环境、社会治理一体化），威县获"河北省人居环境奖"等殊荣。二是硬件建设高标准。投资1.26亿元，高标准完成181个贫困村主街道硬化、亮化、墁砖铺设，县财政又出资1亿元，按照贫困村标准，完成341个非贫困村主街道硬化49.6万平方米，安装路灯1.13万盏。在投资1100万元完成181个贫困村

文化设施建设基础上，县财政出资2900余万元建设341个非贫困村文化广场、农家书屋、科普长廊，让农村群众都能享受到城里人的基本文化服务，威县被评为全国群众体育工作先进单位。三是公共服务全覆盖。投资498万元新建91个标准化卫生室，全县卫生室全部达到"三室分离"；投资640万元新建5个乡镇卫生院，投资2.35亿元建设县医院门诊楼、中医院病房楼、妇幼保健院综合楼。四是路网建设全通畅。坚持"精准扶贫，交通先行"，投资3.45亿元新建农村道路294.7公里，特别是按照"产业规划到哪里，道路就通到哪里"的原则，投资1.62亿元建设97.7公里的西沙河梨产业带等路网，惠及74个贫困村8万名群众，铺就连接外界的致富路、小康路；投资5.1亿元建设城区道路63.8公里，是新中国成立前威县城区道路总长的1倍多。开通15条城乡公交线路，构建乡镇到县城半小时、农村到县城一小时"交通圈"。实施"智慧威县"建设，投资1.35亿元铺设光缆1800多公里覆盖所有乡村，522个村通电、通光纤宽带，4G网络实现全覆盖。同时，不断提升用电质量，多次进行农网改造，彻底解决了线径细、电压低问题，全县农村未发生重大安全用电事故。五是环境卫生大改善。财政每年投资4400万元把522个村环境卫生全部外包，实现城乡环卫一体化运营，彻底解决垃圾"围村"和村内"脏乱差"问题。正在开展"空心村"治理、厕所革命，补齐农村人居环境短板。

五　实施激发内力攻坚战，巩固就业到村到户全覆盖成果

坚持扶贫与扶志相结合，鼓励贫困群众破除"等、靠、要"思想，树立通过双手勤劳致富的鲜明导向。一是强化技能培训。依托教育部定点帮扶支持的职教园区，开展家政服务、建筑装饰等就业创业技能培训26期、惠及2500多人次，让有劳动能力的每名贫困群众都能学到一门技术。探索"订单培训+生活补贴""学校+企业+贫困学生"培训模式，实现"职教一人、就业一人、脱贫一户"，该做法被《人民日报》海外版报道。实施农民职称评定改革试点，评定"农民技术员""农民技师"148人，激发贫困群众学科技、用科技的积极性，探索专业化农民培育新路径。二是扶持创业就业。以优先安排有劳动能力的贫困群众就业为目标，每年举办"促进转移就业、助力脱贫攻坚"为主题的"春风行动"，仅2017年就有40余家用工企业、6家培训机构参加对接洽谈，150余名贫困群众当

场签约。依托县人力资源市场，探索了集用工、就业、咨询、培训于一体的"就业用工服务110"，助推群众就业、企业招工。制定建档立卡贫困群众自主创业特殊扶持政策，采取入驻创业孵化园、减免房租水电费、职业介绍等一系列举措，降低贫困群众创业门槛。6年来到县内工业园区企业打工2478人，到龙头企业和合作社打工1.1万人，有劳动能力的贫困群众都实现了充分就业。三是强化金融扶持。搭建投融资平台、担保平台、土地流转平台、普惠金融平台"四大平台"，专门设立县属国有农投公司，为13家涉农企业融资3.04亿元，6723户贫困户获益；结合"威梨"扶贫模式，探索政－银－企－户－保"梨想贷""永不分梨"贷款，加大扶贫小额信贷政策入户宣传，为2家合作社及352户贫困户贷款1677万元。四是培树典型示范。在县电视台、威县报开辟"扶贫工作在路上""脱贫攻坚进行时""时代先锋"等专栏，培树了贫困残疾人创业典型——王运报、贫困户脱贫典型——孙福爱等典范，营造脱贫光荣的浓厚氛围。

六 实施社会参与攻坚战，巩固帮扶到村到户全覆盖成果

一是探索公益补充。成立威县公益志愿者协会和18个分会，开展"善行威县，扶贫惠民"等志愿服务活动，6年来捐赠扶贫济困款物折合1000余万元。二是推广孝道文化。弘扬孙家寨孝亲敬老民风，把赡养老人纳入村规民约，开展"好媳妇""好婆婆""好儿女"等评选，引导群众形成尊老敬老、移风易俗新风尚，建成250个尊老敬老示范村，弘扬正能量，践行社会主义核心价值观。三是举办爱心捐助。开展"扶贫先扶智，我为威县做贡献——爱心捐书活动"，获捐图书15万册，目前全县各村农家书屋都达到了标准要求。在县城人流密集地方和住宅小区，安装衣物捐助箱，捐献衣物3万余件。四是发挥企业示范效应。深化"百企帮百村"活动，引导42家民营企业与贫困村结成帮扶对子，开展就业、产业、技术、项目扶贫济危救难助学活动，帮助贫困村拓宽致富门路、开发特色资源，培育主导产业、增强"造血"功能，全省"千企帮千村"现场会在威县召开。

七 实施党建脱贫攻坚战，巩固组织影响到村到户全覆盖脱贫成果

坚持抓党建促脱贫攻坚，围绕落实主体责任、发挥各级党组织战斗堡垒和党员干部先锋模范作用，做到"五个加力"，切实把党的政治优势充

分发挥出来。一是主体责任加力。调整充实书记、县长任"双组长"的扶贫开发和脱贫工作领导小组,建立三级书记抓脱贫责任体系,层层签订责任状;在全市率先成立脱贫攻坚办公室,由县委副书记兼任脱贫办主任专职抓脱贫,定期召开县委常委会、政府常务会和脱贫攻坚领导小组会议,传达贯彻上级要求,安排调度当前工作。仅2017年以来,就召开6次脱贫攻坚三级干部大会和16次常委扩大会、18次领导小组议事会,2018年又举办4期脱贫攻坚主体责任"擂台赛",评议打分、晾晒工作成绩。二是驻村帮扶加力。坚持从科级以上干部中遴选工作队长、第一书记,从脱贫攻坚一线选拔优秀干部,181个重点村老队员不撤、新队员压上,341个非贫困村全部派驻督导联系人,实现全县所有农村所有贫困户分包联系"全覆盖",全县64.2%的科级干部、71.6%的党政机关和事业单位干部压上了扶贫一线。三是政策宣传加力。编印《脱贫攻坚资料汇编》《脱贫攻坚知识手册(口袋书)》,通过以考促学、视频提问等检验政策掌握落实情况。建立乡村微信群539个,实现村村全覆盖,定期推送扶贫政策,使党声政声送下去、民情民意传上来。四是激励问责加力。坚持内激动力与外严问责两手抓,提拔重用30名脱贫一线表现突出的干部,后备干部队伍中参与脱贫工作的占到70%;出台《容错纠错实施办法》,为担当者担责、给干事者撑腰;制定《领导干部能上能下实施细则》,明确脱贫攻坚6种"下"的情形,形成能者上、庸者让、劣者下的鲜明导向。扎实开展扶贫领域腐败和作风专项治理,发现违纪违法线索238个、作风问题线索175个,给予党政纪处分53人、组织处理347人,发挥警示震慑效应。五是基层组织加力。加强村级党组织标准化、制度化、智慧化"三化"建设,深入开展"脱贫攻坚党旗红"活动,村级党组织各项建设内容达到标准要求,邢台市在威县召开现场观摩会。

第三节 威县脱贫攻坚工作初步成效及展望

2018年以来,结合国家考核河北反馈意见、省验收评估和专项检查组督导发现的问题,威县常态化开展督查精准识别、产业覆盖、政策落实、硬件达标、档案资料活动,县级领导以上率下,没有特殊任务每天深入村户开展"五个一"工作,通过帮干一天农活、查验一次政策落实、解决一个实际问题、进行一次谈心交流、开展一次收入调查,督促推动了整改落实。县领导在全省脱贫攻坚"擂台赛"上作典型发言。脱贫攻坚的持续深化,推动了全县经济社会快速发展。一是群众生活水平显著提升。2017年城乡居民收入分别达到22221元、8083元,是2012年的1.6倍、1.7倍。贫困群众年人均纯收入增长14%以上,农村小型轿车年均增加1.1万辆,县城商品房没有库存,43%的购房者为农村居民。二是社会治理水平显著提升。将扶贫脱贫政策、程序、结果向社会和群众公开,让人人熟知政策、了解政策,增强了全社会的公开、公正、公平意识,按规矩办事、按程序办事成为常态。三是干部工作方法显著改善。各级干部真心实意进村入户,与群众同吃同住同劳动,坐在一条板凳上拉家常、心交心、办实事、解难事,密切了党群干群关系,许多群众深有感触地说:"党的老传统又回来了!"四是村风民风显著提升。坚持移风易俗,村村制定村规民约,成立红白理事会,开展孝亲敬老等评选活动,形成了互帮互助、赡养老人的新风尚。五是群众获得感显著提升。践行以人民为中心的发展理念,坚持人财物向脱贫主战场倾斜,大力度开展环境卫生治理,补齐公共服务短板,让改革发展成果惠及更多群众。六是党的执政基础显著增强。各级党组织和党员干部冲在扶贫一线,基层党组织的凝聚力得到进一步加强,党员干部先锋模范作用得到充分发挥。

威县将以验收评估为新的起点,坚持问题导向、目标导向、效果导向,着眼"后三年"、更瞄准"三年后",以省政府批准综改试点延长深化3年为契机,启动实施乡村振兴战略,探索创新群众增收和扶贫脱贫长效机制。一是坚持绿色引领,促进产业振兴。按照绿色可持续原则,继续加大扶持梨产业工作力度,完善产业规划、创新政策机制,在扩大规模、提质增效上实现新突破;加快君乐宝三牧和深加工项目建设进度,谋划推进四牧、五牧建设,力争早日建成;抓好食用菌发展,聘请首席专家、建设专业队伍、实施品牌运作,提升产品质量和档次。二是深化绿色治理,促进生态提质。创新实施"五方(县政府、科研院所、龙头企业、金融机构、保险公司)握手"行动,建成君乐宝沼气、优净有机肥、根力多聚能肥等项目,形成"畜-肥-果(菜)"生态循环链条。持续实施造林绿化,同步深化水、绿、路、旅游、产业"五网合一",推动实现"绿色减贫"。三是打造绿色链条,促进群众增收。坚持三产融合理念,实施好投资20亿元的宏博肉鸡熟食、德清源蛋肉加工、君乐宝乳制品、冷链物流等延链项目;编制全域旅游规划,实施总投资115亿元的现代农业公园、特色小镇群等旅游项目；实施好以电商为龙头的手工业扶贫，出台优惠政策，鼓励引导群众脱贫致富。四是建设绿色家园，促进生态宜居。按照"产业兴旺、生态宜居、乡风文明、治理有效、生活富裕"的总要求，加快在建新民居推进，加快"厕所革命"速度，大力度整治改善人居环境，确保乡村全面振兴，农业强、农村美、农民富全面实现。五是创新社会治理，促进乡风文明。继续深化以基层党组织为龙头的社会治理，深入开展移风易俗活动，推广复制孝道文化，深化"爱威县、献良策、做贡献"活动，引导群众践行社会主义核心价值观，以党风带政风促民风传家风，弘扬正能量，激发精气神。

第十七章 河北省故城县扶贫开发案例

第一节 故城县扶贫开发现状

一 故城县基本情况

故城县南北跨越61公里，东西横卧33公里，辖区总面积为941平方公里。2014年末，全县总人口52.53万，农业人口42.71万（占总人口的81.3%），境内以汉族人口为主。

故城县是传统的农业地区，全境位于黑龙港流域，地势低洼，土地盐碱，自然灾害频发，资源缺乏。辖区内9镇4乡贫困人口4.3万人，其中，年人均纯收入在2300元以下的4.1万人。这4.1万贫困人口分布在故城县13个乡镇的538个行政村。

二 故城县扶贫开发取得的成效

面对复杂多变的外部环境和艰巨繁重的发展任务，故城县全县上下认真学习习近平总书记系列讲话精神，深入贯彻落实中央、省和市的各项决策部署，同心同向，拼搏奋斗，社会全面发展取得了新成就。全县经济实力显著增强，产业结构调整步伐加快，城乡面貌明显改观，生态环境建设成效显著，人民生活水平稳步提高，社会各项事业蓬勃发展。

——经济实力持续增强。2011年以来，故城县主要经济指标持续稳步增长，全部财政收入、公共财政一般预算收入、规模以上工业增加值、固定资产投资等多项指标增速位居全市前列。2015年全县生产总值96.9亿元、同比增长11.8%，人均生产总值19285元、同比增长8.06%；全部财政收入10.02亿元，是2010年的3倍多，公共财政一般预算收入5.76亿元、同比增长32.7%；社会消费品零售总额52.3亿元、同比增长13.6%，全面完成"十二五"目标任务。

——产业结构调整步伐加快。三次产业比由2010年的32.8∶35.3∶31.9调整为2015年的23.1∶30.9∶46，产业结构逐步改善。非农产业增加值比重达到76.9%，比2010年提高9.7个百分点，产业内部结构更趋合理。蔬菜、林果、禽畜等重点产业产值稳步提升，2015年农业产业化经营率达62%以上。工业主导产业逐步培育壮大，2015年服装服饰、车辆装备制造、新能源新材料三大主导产业企业总量达到1500家，5年增长5倍多。商贸、物流、金融、电子商务等生活和生产性服务业快速发展，2015年服务业实现增加值44.6亿元。

——城乡面貌明显改观。坚持县城、特色镇和中心村为重点的统筹一体化发展理念，县城扩容升级步伐加快，基础设施建设加速推进，农村面貌明显改观。县城城建累计投入120多亿元，县城功能品位大幅提升。城乡交通累计投入30.6亿元，是"十一五"时期的3倍多，衡德高速故城支线及连接线建成通车，邢德路养护改造工程全面完工，农村公路翻修改造达387公里，建设里程全市第一，故城县交通枢纽优势进一步显现。能源、水利、信息等基础设施保障能力显著提高。农村面貌改造提升累计投入15亿元，涌现出大曹庄、前沙岗、尹里村等一批升级版的现代农村。2015年城镇化率达到41.57%，比"十一五"时期末提高7.66个百分点。

——改革开放步伐加快。行政审批、农村土地流转、商事制度、医药卫生等重点领域改革取得阶段性成效。行政审批制度着力做到"简、放、优、限"，"三个平台、两个代办"建设完善提升，"三证合一、一照一证"改革有效落实，"三个清单"编制完成，在全市率先组建"中介超市"及电子招投标交易平台。深入实施医药卫生体制改革，新农合得到巩固提高，公共卫生均等化得到促进，公立医院改革扎实推进，基本药物制度改革进一步深化，故城县被确定为全省第一批基层医药卫生体制改革综合试点县之一。创新投融资机制改革，对外开放成效显著，五年累计进出口总额超37亿美元。承接京津产业转移步伐加快，招商引资取得新突破，泰国正大、冀中能源、新希望六和等一批名企落户故城。

——生态环境建设成效显著。2011年以来，全县万元GDP能耗累计降低超过18%，连年完成省下达的节能减排年度目标任务。大气污染防治行动等专项行动开展，生态治理不断加强，环境质量明显改善。县城区和重点园区污水和垃圾处理体系已基本建成，生活生产污水处理能力明显增强。奥冠、同心、海清等一批重点企业在节能环保方面采用先进的技术和设备，起到示范带头作用。生态工程建设加速推进，地下水超采综合治理工作顺利实施，造林绿化提前实现"一人一亩林"目标。

三 故城县扶贫开发工作面临的严峻挑战

故城县地处黑龙港流域，一不靠山，二不临海，矿产资源缺乏，作为传统农业地区，自然灾害频发，地下水位持续下降，农业生产成本逐年增加，缺水问题已严重制约故城县农村经济的发展。基础设施和生产生活条件长期得不到应有改善是故城县脱贫攻坚面临的严峻挑战。

第一，农田水利基础设施建设滞后，现有田间水利工程年久失修，且配套不尽合理，缺少节水设施等因素，是制约农业增产、农民增收的主要问题。

第二，村民行路难问题依然存在，通村公路及村内主要街道急需硬化，如果遇上雨雪天气，道路泥泞，根本无法行走，农副产品运输困难。

第三，农业生产用电保障率不高，变压器、高低压输电线路不足，遇上抗旱灌溉用电高峰期，限荷停电事件时有发生。

第四，人畜安全饮水问题还没有得到解决，浅层淡水量不足，且存在不同程度的水质污染，深层淡水含氟量超标，急需水处理及降氟设备。

四 故城县扶贫开发工作的战略定位与目标任务

（一）战略定位

故城县地理位置优越，土地资源充足，历史文化底蕴深厚，生态资源丰富，"十三五"时期，故城在京津冀协同发展中"一城两区四基地"的发展定位得到强化，即大运河生态休闲文化产业带重要节点城市、优质绿色农副产品供应区、现代物流产业集中延伸区，服装服饰产业转移基地、装备制造科技成果承接转化基地、高端食品生产加工基地、新能源新材料研发应用基地。

（二）目标任务

"十三五"目标的设定，紧紧围绕"增比进位、效益提升、跨越图强"的总体目标，即经济要保持快速增长，主要经济指标增速高于全市平均水平，力争实现总量晋位；发展质量和效益提高，全部财政收入占地区生产总值比重、公共财政预算收入占全部财政收入比重进一步提升；实现

"两个提前翻番、一个全面建成"：地区生产总值提前比2010年翻一番，城乡居民收入提前比2010年翻一番，到2020年全面建成小康社会。故城县重点把握经济发展、结构调整、科技创新、深化改革、环境保护和民生改善等方面，提出以下设想。

——经济实力实现新跨越。经济保持平稳较快增长，发展质量和效益明显提高。主要经济指标在全市总量晋位，全县经济发展水平和档次得到全面提升，到2020年如期全面建成小康社会。"十三五"期间，故城县地区生产总值年均增长9%以上，确保提前比2010年翻一番，人均生产总值与全市的差距进一步缩小；全部财政收入占GDP比重进一步加大，公共财政一般预算收入年均增长10%以上。投资持续增长，消费逐步提高，形成投资消费协调拉动经济增长的格局。

——经济结构持续优化。经济发展方式转变成效明显，现代农业加快发展，农业基础地位进一步加强，工业主导产业和特色优势产业进一步发展壮大，战略性新兴产业和现代服务业发展取得新突破，三次产业结构进一步协调，实现经济绿色可持续发展。

——科技创新支撑有力。推动经济增长由要素拉动向创新驱动转变，强化京津冀协同创新，完善体制机制和政策保障，研发投入比重进一步提高。突破一批产业共性关键技术，打造一批具有自主知识产权和知名品牌的优势企业，形成以企业为主体的创新体系，科技进步对经济发展的贡献率明显提升。

——生态环境明显改善。城乡环境综合整治深入推进，大气、水、土壤污染治理取得良好成效，地下水超采等重点生态修复工程深入实施，生态安全保障体系基本建成，空气质量明显改善。资源综合利用率和废弃物处理率稳步提高，清洁生产和资源循环利用体系初步建立，可持续发展水平进一步提升。城市建成区绿化率达到40%以上，争取达到45%。

——人民生活水平明显提高。城乡居民收入增速高于经济增速，确保提前比2010年翻一番。教育、医疗、养老等城乡基本公共服务水平均稳步提高，社会保障体系更加健全，人民生活质量、健康水平、居住环境显著提升。现行标准下农村贫困人口实现脱贫，省级扶贫开发重点县"摘帽"。

第二节 故城县主要扶贫举措

一 发展产业扶贫

故城县推进产业技术创新，深入实施"中国制造2025"战略，加快京津技术成果转化，推动产业结构向中高端迈进。坚持"有中生新"，采用新技术、新工艺、新装备改造提升传统产业，增强产业核心竞争力和可持续发展能力。重点在服装服饰、车辆装备制造业、新能源新材料等领域掌握一批优势技术、关键技术和先进技术。坚持"无中生有"，围绕电子信息、节能环保、智能装备等领域，实施一批重大创新工程，建设一批战略性新兴产业项目和重点科技支撑项目。

推动平台全面发展。加大基础设施和配套功能建设力度，提升园区吸附力和承载力。创新园区合作模式，积极引入战略投资者，全力抓好北京磁源"园中园"、北京九鼎产业园、北京房山产业园、正大食品产业园、宏泰产业园、故城（青云店）承接北京产业转移示范区建设。进一步明确园区定位、发展规划、发展目标。高新技术产业开发区，2017年力争建成省级高新技术产业开发区，主营业务收入确保达到100亿元。营东工业园，以裘皮裘革产业为主攻方向，加快产业集聚，提升产业水平，增强产业竞争力，主营业务收入力争突破100亿元。东大洼现代农业示范区，大力发展现代农业全产业链项目，力争成为国家级现代农业示范区、国家级现代农业科技示范园区。

把握重点发展方向。围绕新能源新材料、高端装备制造、节能环保等重点产业，培育新的增长点，谋划实施一批战略性新兴产业项目和重点科技支撑项目，着力推进天工机器人、博得轨道交通设备、冀中能源智能矿用装备等项目投产达效。把高新技术产业开发区作为培育发展战略性新兴产业的重要载体，引导人才、技术、资金、土地等资源向战略性新兴产业领域集聚。

加大产业扶持力度。设立战略性新兴产业发展基金，重点用于技术先进、市场前景广阔、发展潜力大，当前还处于起步阶段的项目前期培育和企业创新能力建设。重点加大对青竹、奥冠、同心、金宝等龙头企业培育力度，支持企业做大做强，打造产业发展的新"引擎"，带动战略性新兴产业规模水平跃升。

（一）发展特色农业脱贫

积极创建农业发展新格局。立足北京、天津、石家庄、济南等大中城市的消费需求，以优质绿色农副产品为重点，着力打造农业发展新格局。突出做好东大洼现代农业示范区建设，确保将其打造成为国家级农业示范园区。充分发挥沿运河优势，大力发展设施蔬菜产业，打造百里设施蔬菜产业带。大力发展西瓜、蔬菜等设施农业种植产业，打造南部设施农业种植片区；大力发展奶牛、生猪、肉鸭等设施农业种养产业，打造北部设施农业种养片区。

积极发展农业产业化。立足精品，积极发展禽类、猪、牛、羊养殖，培育一批农业新型经营主体，大力引进和培育农业产业化龙头企业，围绕着泰国正大集团肉鸡养殖和新希望六和生猪养殖等大项目，建立农业养殖、加工全产业链发展模式，提升农业产业化水平。到2020年，农业产业化经营总量达到200亿元以上。

培育龙头企业，以龙头企业引领农业发展。围绕企业关心的政策、信息、人才等方面进行调研，积极为企业提供服务和解决难题。可以灵活采用"公司+合作社+基地+农户""公司+合作社+村级集体经济""公司+合作社+农户"等发展模式，保证贫困户入股分红，为贫困户建立持续稳定的增收渠道，带动一批贫困户脱贫。为进一步促进现代化农业发展，创新打造"农业+"发展模式、推行"农业+市场"模式、推行"农业+旅游"模式，推进农业与加工、旅游、电商等产业合作，促进三大产业良性融合发展。

（二）发展特色畜牧业脱贫

畜牧业在故城县农民增收和扶贫开发工作中的地位日渐突出、特点显著，已经成为民营资本投资的重要领域。故城县的经济发展水平不高，生产和生活的基础条件差，单纯地依靠传统种植业摆脱贫困是行不通的。只有把脱贫增收的担子放在畜牧业上，把它当作脱贫致富的主导产业，才能走上发家致富的道路。

故城县突出生态资源优势，按照"生猪生产为主，家禽扩规模，牛、羊兼顾"的发展思路，加快畜牧产业结构调整，转变畜牧业生产模式，推进畜牧业生产专业化、标准化、规模化进程，大力引导并推动广大农户增收致富。2016~2020年畜牧业效益提高，全县规模养殖场（小区）达到1000个，预计总投资5000万元，畜牧业产值达到30亿元，占大农业产值的50%。

（三）发展加工制造业脱贫

1. 农林产品加工

促进农产品加工业提档升级，推动农村资源整合，企业聚合，一、二、三产业融合发展。计划至2020年，建立大型饲料厂1个，供应本县及周边地区养殖户养殖畜禽，地理位置选在养殖密集区的西半屯镇与武官寨镇交界处，预计投资2500万元；建造集宰杀、分割、速冻于一体的小型家禽屠宰场1个，地址选在交通较为发达的西半屯镇的南部，依托建国镇与山东交界处大桥的地理位置优势，汇集周边县区及本县的家禽屠宰业务，屠宰分割后方便运往山东深加工厂，预计占地200亩，投资3000万元。

2. 现代轻纺业

裘皮裘革产业是故城县的主导产业之一，是特色优势行业，该产业关联度高、吸纳就业能力强、劳动技术密集，在壮大县域经济、促进就业、增加出口等方面均起到积极作用。故城县要延伸产业链条，培育自有品牌，完善服务平台。以兆鑫集团和兴弘嘉集团为龙头企业，带动周边产业链条的发展，形成完整的产业链；引导服装企业做大做强，开发服装品牌，发展服装加工系列产品，扩大生产规模，逐步发展出口加工。"十三五"期间如果裘皮裘革产业每年按25%的增速增长，到2020年底将实现销售收入520亿元。

3. 发展机械工业

机械工业产品主要包括同业公司的冶金设备、金良公司的工程机械、同心公司的风机配件、同德公司的罗茨风机、天工科技公司的专用机械设备以及章林的铸造业产品等，2014年该产业实现销售收入15亿元左右。下一步同业公司将新上冶金设备制造项目并扩大原产品产能，金良公司将新上工程车架项目，同德公司将进一步扩大罗茨风机产能，天工公司以新增的专用机械设备项目为依托扩产增效，同时章林铸造业中的一批发展势头良好、规模不断扩大的企业也将以工业项目区为依托征地搞技改扩能增效。下一步故城县机械工业将进一步加大技术创新及自主创新能力，致力于传统产品向高、精、尖产品升级,力促产业结构优化升级,扶持骨干企业扩大产品出口,力争企业上市,进一步做大单体、做强群体。"十二五"及"十三五"期间,如果按照全县工业增速25%计算,到2020年将实现销售收入110亿元。

4. 车辆装备制造业

以高新区、衡德工业园为主平台,以星月、众成、正大、赛之顺、株丕特、博得、奥冠等企业为核心,以汽车配件和轨道交通车辆部件为重点,加快推进关联企业向"高、精、尖、优、特、新"迈进,打造中国北方最大的车辆装备制造业基地。

(四)资产收益脱贫

为了更好地发挥市场在资源配置中的决定性作用,整合配置各类扶贫开发资源,更加广泛、有效地调动社会力量,构建政府、市场、社会协同推进的多元化大扶贫格局。为有效解决扶贫资金分散到户项目难以实施、使用效益低下等难题,按照"资本到户、权益到户、效益到户"原则,贫困村成立合作组织,贫困户自愿将到户扶贫资金入股村合作组织,村合作组织将扶贫资金打捆,集中入股到故城县益民农业发展有限公司,用于泰国正大集团现代农业全产业链项目,每年贫困户可获得保底分红,比例为入股资金的9%,另外,每户补助1.2万元。

二 旅游开发扶贫

加强旅游设施建设。加快改善旅游交通条件,着力抓好连接主要景区及景区间公路建设,提高公路等级,尽快完善全县各主要旅游景区间的旅游公路网络。同时,加快景区设施建设。充分利用贫困地区的旅游资源和区位优势,发展一批客栈、民宿、度假乡村、旅游小镇、民族特色村镇等乡村旅游新业态。引导贫困农户通过直接参与旅游经营、发展农宅合作、提供接待服务、销售土特产品等多种途径提高收入水平。深度挖掘现代农业园区、特色产业生产加工基地的生态休闲、农事体验、旅游观光、文化传承、科技教育等发展潜力。

以营东皮草文化产业园区为突破口,大力发展裘皮裘革服饰,营东工业园区要切实转变传统营销手段,借助旅游业发展,进一步做大打响运河裘都品牌。在旅游业发展的基础上,大力宣传龙凤贡面、甘陵春酒、故城三豆、郭庄煊饼、卷卷、面筋、熏肉等当地特色食品，形成特色食品产业。

三 就业创业扶贫

以扩大和稳定就业为目标，继续实施更加积极的就业扶贫政策。加强职业教育和职业培训，大力推行职业培训机构与企业联合互动的培训模式，增强职业培训的针对性。完善失业保险制度，提高失业保险覆盖率和统筹层次，发挥其对预防失业和促进就业的保障作用。大力倡导全民，尤其是农村人口素质教育，提高就业增收的思想意识，确保"十三五"期间实现城镇新增就业1.8万人，城镇登记失业率控制在4.5%以内。

（一）提升贫困人口的综合素质

加强职业技能培训和法律知识宣传。县政府应该加强对贫困人口劳动技能培训力度，不应该"纸上谈兵"，要积极落实相关的扶贫政策，加强对农村劳动力的职业技能培训。一方面，可以鼓励相关的职业技术学校扩大招生，加强对农村青年劳动力的职业教育，提高劳动力的综合素质，切实解决青壮年失业的问题；另一方面，要加大技能培训宣传力度，鼓励村民积极参与技能培训讲座，鼓励种植业、养殖业经验丰富的人员多多与村民交流，同时还可以宣传劳动维权知识，及时派人讲解相关法律法规知识、务工常识和维权保护基本常识等，提高贫困劳动力的就业素质并转移就业。

加强贫困地区人才培养体系建设。人才是摆脱贫困的关键因素，要实施"走出去"与"引进来"相结合的措施，鼓励当地优秀的青年人才走出去开阔视野，储备更多知识，为贫困地区日后发展建言献策。要引进一批"高精尖"专项人才，努力培养造就一支规模宏大的拥有一定专业知识或技能的农村实用人才队伍，为农村全面建设小康社会服务。通过加强人才培养，可以更快地实现农业现代化、经营现代化，带动贫困地区的经济发展，提高收入水平，为进一步脱贫夯实基础。

推广农业技术培训。故城县村民目前仍有大部分以种植业为生，要积极推进农业技术培训，促进种植业科学化、现代化，普及农业科技新成果和良种良法，鼓励农业专家积极下乡普及相关耕种知识，有针对性地讲解，做到因地制宜发展特色农业，积极引导农民利用现代科学技术以及知识改善种植状况，脱贫致富。推广农业技术培训，使故城县群众基本掌握1~2门实用生产技术，促进粮食高产量、高质量，解决农村经济和温饱问题。

（二）实施人才创新工程

加强人才平台载体建设，改进人才引进方式，坚持项目引进与人才引进并举。围绕主导产业和战略性新兴产业发展，加强创业平台建设，发挥优势企业的主体作用，加大政府支持力度，积极引进和培养创新创业领军人才。完善人才流动机制，开展与京津等发达地区人才合作交流，积极与京津高校、科研院所对接，努力营造支持高层次人才创业创新的宽松政策环境。依托县职教中心，以主导产业为方向，加大对产业工人培训力度，打造创新发展的人才队伍。

四 文化产业扶贫

（一）发挥传统文化在市场中的作用

坚持把社会效益放在首位，社会效益和经济效益相统一，故城县要依托自身独特的传统文化，在做好传统文化传承的同时，注重发挥文化品牌的经济效益，重点发展一批具有当地文化特色的产业，到2020年，实现企业生产总值占全县GDP的8%，同时要注重从以下方面进行发展创新。

1. 龙凤贡面

龙凤贡面是在省政策的支持下开办的重点扶持产业，其发展要注重利用好政策优势，加快发展龙凤贡面的产量，不断扩大贡面的原材料种植、收购，形成龙凤贡面的产销一体化，一方面可以增加当地种植业的收入，另一方面可以依托特色文化食品产业带动经济发展。

2. 青竹颜料

青竹颜料作为故城县产品创新的代表，在国内同行业中长期处于领先地位，在今后的发展中，要更加注重创新、永续发展，相关的产业要在特色的基础上，打造走出去战略，使得品牌能够获得更广泛的认识。除此之外，还要注重产业的多元化发展，在生产青竹颜料的同时，兼顾文具用品、美术用品的开发生产。争取在2020年，青竹颜料成为国内美术颜料代表品牌，得到国民的认可，实现销售收入过亿元的增长。

3. 甘陵春酒

酒文化作为中国传统文化之一，在文化产业中具有重要的地位，故城县要依托酒业这个具有传承意义的文化产业，大力发展企业规模，一方面要研发高品质白酒，另一方面更要注重对文化的传承，弘扬"甘陵春"的文化底蕴，可以在企业厂区内建成"甘陵春酒"展览馆，进行保护性实物展览、文献展览。

（二）加强文化建设和自然遗产保护与开发

积极发展红色旅游文化，加强"四二九"烈士陵园的保护，投资建成革命烈士教育礼堂和节振国等抗日英雄纪念馆。通过红色旅游产业增强民族自信心与荣誉感，还可以促进故城县经济的发展，增加地方收入。另外，还要注重对文化遗产的保护，正确地把控文化遗产的保护与开发的力度。未来十年内，将以大运河申遗为契机，在大运河郑口挑水坝大堤外侧，拟投资1.5亿元，建成运河遗址公园和运河民俗博物馆各1处；依托政策扶持，加大投资力度，拟投资5000万元，恢复庆林寺原始寺院，形成与运河遗址公园、运河民俗博物馆等旅游景点；投入足够资金，加大对省级文物保护单位十二里教堂等一批文物遗产的保护与维修。

（三）发展民族工艺品

将大力支持恢复景泰蓝工艺品制作工艺，力争到2020年末建成景泰蓝制作工艺保护中心。

五 发展教育扶贫

教育扶贫对于阻断贫困代际遗传具有至关重要的作用。推动学前教育、义务教育、高中阶段教育协调发展，让贫困家庭子女都接受公平有质量的教育。未来十年，大力整合教育资源，加大建设力度，形成"一城三区"学校、县城高教园区、乡镇八大学区、特教幼教教学区以点带面、相对集中、覆盖全县的新格局，进一步打造公平教育、高质教育、创新教育。

（一）提升基础教育水平

提质发展义务教育。推进故城县义务教育均衡发展，提高义务教育水平，实现贫困学生从应试教育向全面素质教育转变。实施农村寄宿制学校标准化建设工程和农村义务教育阶段薄弱学校改造工程，推进学校基础设施建设标准化。实施乡村教师支持计划，完善教育优势资源支持薄弱学校机制。力争2020年，小学适龄儿童入学率达100%，初中适龄少年入学率为100%。确保义务教育得到全面落实。

扩大学前教育。规范幼儿园管理，提高学前教育教学水平。推进学前教育现代化进程，进一步规范学前教育管理，促进学前教育有序发展。力争到2020年，学前三年教育入园率达到100%，城区公办幼儿园普遍达到省二级一类以上办学标准，社区幼托机构规范发展，建设具有一定规模、管理规范、设施达标的公办幼儿园15所，基本实现每乡镇有2~3所规范化、高标准幼儿园。

大力发展好高中阶段教育。加大贫困地区高中突破工程和基础薄弱普通高中建设项目实施力度，着力改善寄宿生活条件，着力加强实验室、专用教室、功能教室、图书室等内部设施设备建设，大力充实、完善各学科的课程教学资源。加强郑口中学标准化建设，完善高级中学配套设施建设，进一步提升普通高中办学条件。力争到2020年，全县初中毕业生升学率达90%以上，高标准普及高中教育。

加快乡村教师队伍建设进度。中小学教师"省培计划"重点向故城县这类贫困地区倾斜，为乡村学校定向培养留得下、稳得住的一专多能教师，实施经济困难地区补充教师经费资助计划，完善教师资源配置。

（二）降低贫困家庭学生就学负担

进一步完善家庭经济困难学生资助政策体系，全力提高资助效率和扩大资助面，实现"应助尽助，精准资助"，不让一个学生因家庭经济困难而失学，不让一个家庭因就学而返贫。抓好义务教育阶段学生资助工作，逐步提高资助标准。全县贫困农村义务教育学校全部实现营养改善计划，覆盖率达100%，逐步改善学生营养状况，学生体质健康得到进一步增强。继续抓好普通高中贫困学生资助工作，认真落实普通高中、大学、中职学校"三免一补"政策。对于农村留守儿童，要按照"以家庭为主、以乡村为主、以教育为主"的原则，进一步做好留守儿童关爱服务工作，使留守儿童普遍能接受基本的教育，身心得到健康发展，合法权益得到有效保障，成长环境有较大改善，不让一个留守儿童因得不到关爱而失学。

（三）加快发展现代职业教育

根据国家大力发展职业教育要求，进一步促进教育资源整合，实现职业教育"集团化发展"，更好服务"一城三区"经济发展，拟定县职教中心搬迁至郑口中学以南。完善标准化建设，进一步扩大职业教育招生规模，增强职业教育服务县域经济发展的实力，全面做好农村富余劳动力转移培训和农民实用技术培训。力争到2020年，初步建成集职教、科研、新增劳动力培训、新农民培训为一体的国家职业教育改革试验区，公民终身教育体系基本形成。

六 健康保障扶贫

按照"保基本、强基层、建机制"的总体要求，深化医药卫生体制改革，完善农村医疗卫生服务体系，提升医疗卫生服务能力，稳步提高农村居民健康水平。"十三五"期间，规划实施农村医疗卫生事业建设项目4项，新建县中医院、县妇幼保健院和医疗垃圾处理站，同时进行信息化建设。拟投资总额2.3亿元。

2016～2020年，从故城县实际出发，逐步建立一个适应故城县经济发展水平、适应人民健康需求、以政府为主导的疾病预防控制服务体系。到2020年，故城县疾控各项业务工作指标达到全省先进水平，疾病预防控制体系进一步完善，使疾病预防控制机构公共卫生服务整体履职能力得到进一步增强。

加强重点疾病防治。加强对农村重大疾病防控技术的支持和指导，强化预防接种管理，保持免疫规划疫苗高接种率水平。加强重点地方病和慢性病监测和防治能力建设，做好癌症早诊早治工作，建立健全慢性病综合防治机制。

全面提升妇幼健康服务水平。加快妇幼健康服务机构建设与管理改革，推进保健和临床实质融合、群体保健和个体保健有机融合、公共卫生和临床医疗人才交流融合，为妇女儿童提供全生命周期保健服务。开展出生缺陷综合防治，采取三级预防措施，提高出生人口素质。为妇幼人群提供孕产妇保健、儿童保健和计划生育基本技术服务。着力实施免费孕前优生健康检查项目、增补叶酸预防神经管缺陷项目、儿童营养改善项目和新生儿疾病筛查项目。全县妇女总和生育率保持在1.8左右，符合政策生育率，达到90%。

七 社会保障兜底

脱贫攻坚是"十三五"时期主要政治任务，是第一民生工程，而社会保障兜底扶贫则是打赢脱贫攻坚战、建成全面小康社会的关键。

（一）健全社会保障制度

实施全民参保计划，推进机关事业单位养老保险制度改革，突出做好农民工、非公有制经济组织从业人员、城镇个体工商户以及灵活就业人员等群体参加职工社会养老保险工作，实现法定人群全覆盖。落实统一的城乡居民基本养老保险制度，完善城镇职工和城乡居民基本养老保险制度，完善城乡居民基本医疗保险制度，稳步提高社保待遇和水平。加大对公办养老机构资金投入，进一步完善对民办养老服务机构的政策扶持和激励机制，积极应对人口老龄化。

（二）建立完善社会化养老体系

认真落实老年人社会优待服务政策，加快建立高龄、病残、特困老人救助扶持制度。在城市依托社区，不断加强尊老、敬老、助老宣传，强化居家养老意识和责任，积极兴办居家养老院，妥善解决空巢老人难以自理等难题，2016~2020年，全县城镇、农村老年人100%纳入社会保障和社会救助体系，落实城镇"三无"老年人和农村五保对象最低生活全额保障，农村特困老年人在养老、医疗等方面的困难能得到及时有效保障和救助。继续实施百岁以上老年人高龄津贴政策，根据有关政策和实际，适度降低高龄津贴年龄界限，2016~2020年为80岁以上老年人发放老龄补贴。适时提高补贴标准，构建多层次的老年保障体系。

（三）完善残疾人扶贫开发制度

全面贯彻新时期国家残疾人扶贫工作方针，着眼于解决残疾人最关心、最直接、最现实的利益问题。不断提高残疾人的生活水平，努力缩小残疾人与健全人的贫富差距，推动更多残疾人脱贫致富、共奔小康。"十二五"期间，尽快解决低收入残疾人的温饱问题，继续巩固已有的扶贫成果，提高贫困残疾人的生活质量，改善残疾人生活环境。到2020年末，力争扶持3500名农村残疾人脱贫，使初步解决温饱的残疾人稳定提高收入，采取切实有效的措施扶助11000名残疾人向富裕型小康水平迈进。

（1）切实加强对残疾人扶贫开发工作的领导。进一步提高对残疾人扶贫开发工作的认识，提高对扶贫开发工作的重要性、必要性和紧迫性的认识。全县要统一贯彻落实对残疾人的扶贫开发措施，促进故城县残疾人扶贫开发工作顺利进行。

（2）对低收入残疾人采取以直接扶贫为主的方式，把有助于直接解决农村残疾人温饱的种植业、养殖业、手工业和家庭副业作为扶持的重点。提高残疾人贫困户收入和生活水平。

（3）开展科技扶贫工作。充分利用社会力量、职业技术培训机构，大力开展残疾人实用技术培训，提高残疾人掌握实用技术的能力和文化素质，做到每个受训的贫困残疾人都能掌握一项或多项实用技术，培训后能适应农业生产劳动的需要。

参考文献

Ebener S, Murray C, Tandon A, et al. From Wealth to Health: Modelling the Distribution of Income Per Capital at the Sub‐national Level Using Night‐Time Light Imagery . International Journal of Health Geographic, 2005, 4 (1): 5.

Noor A M, Alegana V A, Gething P W, et al. Using Remotely Sensed Night‐time Light as A Proxy for Poverty in Africa. Population Health Metrics, 2008, 6 (1): 1-13.

阿马蒂亚·森：《贫困与饥荒——论权利与剥夺》，王宇、王文玉译，商务印书馆，2001。

白维军：《精准扶贫对西方反贫困理论的借鉴与发展》，《中国人力资源社会保障》2018第9期。

丁声俊：《国外关于"食物安全"的论述及代表性定义》，《世界农业》2006年第2期。

范小建主编《中国农村扶贫开发纲要（2011—2020年）》，中国财政经济出版社，2012。

高帆：《城乡居民的粮食消费弹性：一个估算》，《改革》2005年第8期。

高帅：《贫困识别、演进与精准扶贫研究》，经济科学出版社，2016。

高帅、王征兵：《贫困地区农村人口粮食消费及成因分析》，中国农业经济学会，2013。

《关于未来十年武陵山区扶贫开发的政策建议》，内部研究报告。

国务院扶贫开发领导小组办公室组织编写《脱贫攻坚政策解读》，党建读物出版社，2016。

胡联、王娜、汪三贵：《精准扶贫的理论创新——基于马克思主义政治经济学视角》，《财贸研究》2017年第7期。

胡兴东、杨林,《中国扶贫模式研究》,人民出版社,2018。

黄承伟、覃志敏:《论精准扶贫与国家扶贫治理体系建构》,《中国延安干部学院学报》,2015年第1期。

黄承伟:《汶川地震灾后民困村恢复重建规划设计与实施展望》,《扶贫开发》2009年第11期。

黄承伟:《中国扶贫开发道路研究:评述与展望》,《中国农业大学学报》(社会科学版),2016年第5期。

江帆:《精准扶贫对象的认定和退出机制研究》,中南财经政法大学博士学位论文,2018。

李博:《贫困线测定研究综述》,《当代经济》2008年第2期。

李道亮、傅泽田:《我国可持续食物安全的实证研究》,《中国农业大学学报》2000年第4期。

李向荣、谭强林:《粮食安全的国内外评价指标体系及对策研究》,《中国农业资源与区划》2008年第1期,第22~24页

李小云、张雪梅、唐丽霞:《我国中央财政扶贫资金的瞄准分析》,《中国农业大学学报》(社会科学版),2005年第3期。

李兴洲、邢贞良:《我国教育扶贫的理论与实践创新研究》,《中国教育发展与减贫研究》2018年第2期。

李周主编《中国可持续发展总纲》第19卷,《中国反贫困与可持续发展》,科学出版社,2007。

李祖佩、曹晋:《精英俘获与基层治理:基于我国中部某村的实证考察》,《探索》2012年第5期。

刘璐琳、彭芬:《中国精准扶贫与案例研究》,中国人民大学出版社,2019。

刘敏:《社会资本导向型扶贫模式及其政策应用》,社会科学文献出版社,2019。

刘明辉、刘灿:《精准扶贫的可持续发展研究——基于〈资本论〉的贫困理论》,《苏州大学学报》(哲学社会科学版)2018年第2期。

刘杉:《改革开放以来中国共产党反贫困理论研究》,河南大学,2019。

刘晓梅:《关于我国粮食安全评价指标体系的探讨》,《财贸经济》2004年第9期。

刘艳华、徐勇：《中国农村多维贫困地理识别及类型划分》，《地理学报》2015年第6期。

陆汉文、黄承伟：《中国精准扶贫发展报告（2017）》，社会科学文献出版社，2017。

栾胜基：《集特困地区（武陵山区）"生态扶贫"研究报告》，内部研究报告。

罗文春：《习近平精准扶贫重要论述研究》，《经济研究导刊》2019年第29期。

聂凤英：《粮食安全与食品安全研究》，中国农业科学技术出版社，2006。

潘竟虎、胡艳兴：《基于夜间灯光数据的中国多维贫困空间识别》，《经济地理》2016年第11期。

彭筱薇：《我国扶贫工作中公共投资效应问题研究》，江西财经大学硕士学位论文，2019。

齐宁林：《中国农村多维贫困测度与动态演化研究》，浙江工商大学硕士学位论文，2013。

史志乐：《1978－2015中国扶贫演进历程评述》，《中国市场》2016年第24期。

孙大伟，《中国特色扶贫开发的政策与实践》，中国社会科学出版社，2019。

田丰韶：《文化振兴视角下扶贫扶志理论思考与政策创新》，《改革与开放》2018年第19期。

汪三贵、曾小溪、梁晓敏，《当代中国扶贫》，中国人民大学出版社，2019。

邢成举：《精英俘获：扶贫资源分配的乡村叙事》，社会科学文献出版社，2017。

邢成举、李小云：《精英俘获与财政扶贫项目目标偏离的研究》，《中国行政管理》2013年第9期。

邢成举、魏程琳、赵晓峰：《新时代的贫困治理：理论、实践与反思》，社会科学文献出版社，2019。

姚云云、班宝申：《新常态下我国农村人文贫困识别——"包容性发展"价值理念的解释》，《西南交通大学学报》2016年第3期。

游俊、冷志明、丁建军:《中国连片特困区发展报告（2016—2017）》,社会科学文献出版社,2017。

张磊主编《中国扶贫开发政策演变（1949—2005年）》,中国财政经济出版社,2007。

结　语

本书在第一篇梳理了我国反贫困的伟大历史进程；在第二篇理论篇主要阐述了贫困、贫困成因、贫困识别理论及贫困线测度标准与贫困监测方法，运用了教育扶贫理论、产业化扶贫理论、可持续发展理论及其他视角下的贫困理论等介绍扶贫帮扶；在实践篇介绍了上述理论在实践中的应用，以云南省、福建省泉州市、河南省南召县、河北省易县、威县、故城县为例，对其贫困状况、致贫原因、扶贫开发的措施等综合运用文献研究法、案例分析法、统计分析法等方法进行分析，提出了不同地区完善扶贫开发的对策建议，以期能够在今后的扶贫工作中提供理论和实践方面的指导。

贫困问题一直是困扰着各个发达国家和发展中国家的世界性难题，每个国家都在积极努力寻找适合各国发展的方式，力求更好地减少贫困，使各国人民能够共同分享人类经济繁荣带来的硕果。中国从 20 世纪 80 年代开始实施开发式扶贫以来，取得了令人欣喜的成绩，贫困人口大规模减少，为世界减贫工作提供了新思路。但是，随着贫困人口的减少，经济增长对减贫的作用逐渐减弱，贫困问题也有了新的变化，过去开发式的扶贫模式已经不能完全适应现阶段的扶贫要求，因此，我国也在不断调整着扶贫瞄准机制，提出了新的精准扶贫要求。"精准扶贫"不仅是当前新阶段、新形势下一种因地制宜的扶贫方式，也是当今党中央、国务院为解决扶贫而提出的新要求与新思路，可以有效解决在扶贫工作中存在的目标不明、底数不清、效果不佳、施策不准等问题，是全面建成小康社会的重要保障。精准扶贫的工作符合当今时代发展的要求，符合我国基本国情。该政策的实施，是我国打响脱贫攻坚战的第一枪，可以有效促进我国人民共享改革发展成果，实现共同富裕。"精准扶贫"的有效实施不仅是中国特色社会主义制度优越性的重要体现，也是在经济发展新常态下扩大国际需求、促进经济增长的重要途径。"精准扶贫"的实施关乎小康社会全面建成，关乎人民福祉，更关乎国家长治久安与亿万民众"中国梦"的顺利实现。但是，精准扶贫政策在实践中出现的如贫困户的识别不精准、乡村治理现状堪忧、贫困户思想观念落后及当前扶贫政策本身的缺陷等问题，给精准扶贫工作带来诸多挑战，而这些挑战可能导致精准扶贫工作不能取得应有的效果。针对现阶段精准扶贫工作面临的挑战，本书通过对实践案例的分析借鉴提出完善精准扶贫的相关建议。

首先，创新精准识别贫困方法。可以由政府引入有能力的第三方参与，并且做好宣传工作，共享扶贫信息，以此避免信息不对称对贫困识别的影响。另外，在思想层面对扶贫受众进行教育，鼓励并引导贫困农户主动加入贫困识别的过程中来，以此提高识别精准度。

其次，创新扶贫帮扶措施。充分利用大数据资源及信息化平台开展扶贫项目；着重培养和提高劳动力素质，教育能够有效提升贫困人口的综合素质，因此需将农业基础教育放在第一位，让教育引领技术发展，技术引领产业发展，产业引领地区发展；注重对贫困农民的职业技术培训，给予回乡创业的年轻人一定的优惠政策及帮助，发挥龙头企业和人才带动脱贫致富的作用，科学开发当地资源并进行合理利用，努力培育具有当地特色且发展潜力较强的产业，注重提高贫困地区自我积累与发展的能力，创造出一条依靠自身实力提高产量、脱贫致富的新途径，加快精准扶贫项目进程，同时减少农户再次返贫的可能；注重扶贫开发的规模性，关注教育、卫生、社保等方面，加快基础设施建设，因地制宜进行产业发展、产业提升。

最后，完善激励约束机制、保障机制和考核机制。政府相关部门要加强制度建设，有效利用财政政策，发挥公共政策的强大作用，加大对贫困地区的转移支付力度，平衡贫富地区收入分配，缩小贫富差距，实现社会利益的均衡化，使得贫困地区人口能够共享经济发展成果。在扶贫开发政策方面进一步完善，促进国家宏观政策向贫困地区倾斜，健全完善贫困人口的社会保障制度；动员全社会力量，加强扶贫开发能力建设。

总之，实施精准扶贫不仅要在扶贫方式上进行创新与调整，还要及时进行制度和政策上的突破，为精准扶贫的顺利开展提供保障。

本书阐述了精准扶贫的相关理论并对相关案例进行分析，为我国精准扶贫工作提出了可行的措施与对策。本书研究的根本目的是为贫困与反贫困理论的完善提供研究思路、为扶贫工作的创新和调整提供理论和实践指导。当然，本书还有很多不足之处。由于文中涉及的精准扶贫工作需要大量的实地调研和资料，对相关理论还缺乏全面深入的研究，并且笔者囿于精力和学识，对理论与实际的结合缺少更深刻的见解，这将有待在之后的研究中进一步提升。

在编写本书期间，我得到了各级领导、专家的悉心指导和大力支持，在此表示深切的敬意和由衷的感谢。感谢河北省社会建设和治理研究基地、河北大学燕赵文化研究院和河北大学数字经济与管理研究院的支持，河北省社科基金重大项目我省精准扶贫典型案例研究和河北省教育厅重大攻关项目全面脱贫后防返贫长效机制研究的支持。感谢所有参与本书编写、修改的领导，谢谢你们对我工作上的支持。感谢给予我大力支持的各位同事们，如果没有他们在工作中的热情帮助，编写工作不会如此顺利地完成。最后对本书中引用的书籍、论文及数据的原作者表示衷心的感谢。本书中提到的理论与实践结论尚有不足，因此还望各位专家老师多多指教！

图书在版编目（CIP）数据

精准扶贫理论与实践研究／段洪波著．--北京：社会科学文献出版社，2020.12
　国家社科基金后期资助项目
　ISBN 978－7－5201－7002－4

　Ⅰ.①精… Ⅱ.①段… Ⅲ.①扶贫模式－研究－中国 Ⅳ.①F126

中国版本图书馆CIP数据核字（2020）第255526号

·国家社科基金后期资助项目·

精准扶贫理论与实践研究

著　　者／段洪波

出 版 人／王利民
组稿编辑／任文武
责任编辑／丁　凡

出　　版／社会科学文献出版社·城市和绿色发展分社（010）59367143
　　　　　地址：北京市北三环中路甲29号院华龙大厦　邮编：100029
　　　　　网址：www.ssap.com.cn
发　　行／市场营销中心（010）59367081　59367083
印　　装／三河市龙林印务有限公司

规　　格／开　本：787mm×1092mm　1/16
　　　　　印　张：17.25　字　数：287千字
版　　次／2020年12月第1版　2020年12月第1次印刷
书　　号／ISBN 978－7－5201－7002－4
定　　价／98.00元

本书如有印装质量问题，请与读者服务中心（010－59367028）联系

▲ 版权所有 翻印必究